KiWi

KiWi 29 Bernt Engelmann
Das neue Schwarzbuch

Bernt Engelmann

Das neue Schwarzbuch

Strauß, Kohl & Co.

Kiepenheuer & Witsch

Unter Mitarbeit
des Presseausschusses Demokratische Initiative (PDI)

Umschlag Hannes Jähn, Köln, unter Verwendung eines Photos
auf der Umschlagrückseite von Karl Heinz Abel
Gesamtherstellung Clausen & Bosse, Leck
ISBN 3 462 01574 5

Vorbemerkung

Dieses ›Neue Schwarzbuch Strauß, Kohl & Co‹ soll den Wählerinnen und Wählern »in diesem unserem Lande« Hintergrundinformationen liefern, die ihnen von den Medien meist vorenthalten werden. Nur wer informiert ist, kann vernünftige Entscheidungen treffen und läßt sich von hohlen Phrasen, faulen Tricks und Holzhammer-Propaganda nicht mehr so leicht beeinflussen. Wer nicht Bescheid weiß, geht leicht denen auf den Leim, die mit Biedermannsmiene und an das Harmoniebedürfnis des einzelnen appellierendem Geschwafel (Helmut Kohl: »Das blanke Ich muß wieder in dem Wir des Volkes aufgehen«) zu tarnen versuchen, um was es ihnen in Wahrheit geht: um die Erhaltung der Macht, der eigenen und der des großen Geldes, um Profit für wenige zu Lasten der meisten, zum Beispiel beim Bau überflüssiger, höchst gefährlicher Atomkraftwerke oder durch Aufstellung neuer Erstschlagswaffen, beschönigend ›Nachrüstung‹ genannt.

Dieses Schwarzbuch, das fünfte in elf Jahren, ist vor allem für diejenigen bestimmt, die sich bisher für Politik wenig interessiert haben, zu jung zum Wählen waren oder erst jetzt darauf gekommen sind, daß man mehr wissen muß, wenn man wichtige Entscheidungen treffen soll oder mit anderen argumentieren will.

Dabei muß man mitunter weit in die Vergangenheit zurückgehen, um gegenwärtige Zusammenhänge zu entdecken und verständlich zu machen.
Hier ein ganz aktuelles Beispiel:
Unmittelbar bevor dieses »Neue Schwarzbuch Strauß, Kohl und Co.« in Druck ging, drangen – am 11. Januar 1983 – Beamte der Bundesanwaltschaft und des Bundeskriminalamts in die Redaktionsräume der Hamburger Monatszeitschrift *Konkret* ein und durchsuchten dann auch die Privatwohnungen des Chefredakteurs Manfred Bissinger und des *Konkret*-Autors Jürgen Saupe, angeblich wegen des Verdachts der »Preisgabe von Staatsgeheimnissen« und mit Ermächtigung des Bundeskanzleramts, unterschrieben von Kohls engem Vertrauten und Staatssekretär, Waldemar Schreckenberger. Diese von der Bundesanwaltschaft dann sogleich zur »Routineangelegenheit« heruntergespielte Aktion wurde offiziell begründet mit der mehr als ein Jahr zurückliegenden *Konkret*-Veröffentlichung einer Geschichte über den Bundesnachrichtendienst (BND) und den früheren BND-Spitzenfunktionär Hans Langemann, der dann unter Franz Josef Strauß und Innenminister Tandler Chef der bayerischen Staatsschutzdienste geworden war.
Die Aktion gegen *Konkret* ist nicht nur ein Anschlag auf die Pressefreiheit. Sie zeigt auch, daß Helmut Kohl entschlossen ist, den Rückschritt in die Adenauer-Zeit im Eiltempo zu vollziehen und dabei die Staatsmacht ebenso skrupellos gegen ihm lästige Presseorgane einzusetzen wie einige der seinerzeit Verantwortlichen. Es sei hier nur verwiesen auf die Aktion des damaligen Adenauer-Ministers Franz Josef Strauß gegen das Nachrichtenmagazin *Der Spiegel* im Jahre 1962, ebenfalls mit Hilfe der Bundesanwaltschaft und ebenfalls wegen angeblichen Verrats von Staatsgeheimnissen. Die Geschichte und die Folgen dieser Ak-

tion werden in diesem Schwarzbuch im Kapitel »Wer ist Franz Josef Strauß?« detailliert beschrieben.
Damals drängte sich vielen der Verdacht auf, daß es sich dabei in Wahrheit um einen privaten Racheakt des vom *Spiegel* in der FIBAG-Affäre hart angegriffenen Ministers Strauß handelte. Strauß mußte dann wegen Amtsmißbrauchs sowie nicht zuletzt auch weil er den Bundestag belogen hatte als Minister zurücktreten.
So wie damals Strauß gegen den *Spiegel*, so hat jetzt Helmut Kohl gegen *Konkret* reagiert. Der Verdacht liegt nahe, der in diesem Schwarzbuch – im Kapitel »Wer ist Helmut Kohl?« – beschriebene Angriff des *Konkret*-Chefredakteurs Manfred Bissinger gegen Kanzler Kohl könnte in Wahrheit die Ursache der Polizeiaktion gegen *Konkret* gewesen sein oder sie zumindest ausgelöst haben. Denn im Januarheft 1983 der Zeitschrift *Konkret* wird klipp und klar begründet, warum Helmut Kohl als ein scheinheiliger Schwätzer anzusehen ist, wenn er von »der intakten Familie als Grundlage von Staat und Gesellschaft« sowie von Sitte, Anstand und Sauberkeit als ausgerechnet seinen höchsten Tugenden vollmundig daherredet.
Aber – so versuchen nun Kohls Gehilfen die Sache darzustellen – der bundesrichterliche Durchsuchungsbeschluß sei bereits am 29. Dezember 1982 unterzeichnet worden, die Geschichte über die regelwidrig zur Regierungsdirektorin und Kanzlerreferentin ernannte Kohl-Gefährtin Juliane Weber habe erst in der Januar-Ausgabe von *Konkret* gestanden, könne also wohl kaum der Anlaß für die Durchsuchung gewesen sein. Die Wahrheit hingegen ist, daß *Konkret* seine Januarausgabe wegen der Feiertage bereits am 21. Dezember 1982 ausgeliefert hat. So war also Zeit genug, etwaige Rachegelüste reifen zu lassen und dann auch zu stillen.
Dieses eine Beispiel beweist bereits: Es war unerläßlich, in diesem Schwarzbuch auch auf weit zurückliegende Vorgänge ein-

zugehen, selbst solche aus der Nazi-Zeit zu schildern, die mit unseren heutigen Problemen nur scheinbar nichts zu tun haben. Sonst wäre manches, was heute geschieht, nicht verständlich. Auch mußte manches wiederholt werden, was schon in früheren Schwarzbüchern (oder im ›Weißbuch: Frieden‹) von mir beschrieben worden ist. Die heute 18–20jährigen Erstwähler waren ja erst gerade 7 bis 9 Jahre alt, als mein erstes Schwarzbuch – über die Affären des Franz Josef Strauß – herauskam.
Vielleicht meinen viele, Strauß sei doch unwichtig; es gehe doch diesmal nur um den biederen und treuherzigen Helmut Kohl. Vielleicht bewundern manche sogar den schlitzohrigen Franz Josef Strauß als großen Politiker, ohne zu bedenken, daß sie selbst die hohen Zechen mitbezahlen müssen, die dieser Staatsmann uns zu hinterlassen pflegt. Vielleicht fragen sie sich auch, wenn sie dieses Buch gelesen haben: Wieso sind Strauß, Kohl & Co – Leute, von denen der eine gerichtlich bescheinigt bekam, daß ihm ›der Ruch der Korruption‹ anhafte, der andere ›nachts aus dem Bett springen‹ mußte, wenn ein Konzernherr nach ihm klingelte, und ein dritter, heute Minister, nur wegen ärztlich attestierter Geistestrübung nicht wegen Falscheids ins Gefängnis kam –, wieso sind diese Leute noch immer maßgebende Politiker?
Die Antwort müssen die Leser selber geben – am besten mit ihrer Wählerstimme. Damit können sie dazu beitragen, daß die Anzahl derer, die auf Strauß, Kohl & Co hereinfallen, nicht noch wächst, sondern dahinschmilzt – wie Schnee in der Märzsonne.

Rottach, 11. Januar 1983 Bernt Engelmann

Müssen wir nur noch schwarz sehen?

Seit dem 1. Oktober 1982 ist die Bundesrepublik Deutschland ein fast totaler CDU-Staat, und dies, obwohl bei den letzten Bundestagswahlen am 5. Oktober 1980 genau 53,5 Prozent der Wähler für das Fortbestehen der sozialliberalen Koalition unter Führung von Helmut Schmidt (SPD) gestimmt haben.
Mit Hilfe der abgefallenen »Gruppe Genscher-Lambsdorff«, wie Franz Josef Strauß die Rumpf-FDP nennt, wurde Bundeskanzler Helmut Schmidt gestürzt und Helmut Kohl (CDU) zum neuen Kanzler gewählt – mit einer Mehrheit von sieben Stimmen und gegen den erklärten Willen jener Wähler, denen der FDP-Vorsitzende Hans Dietrich Genscher im Herbst 1980 feierlich versprochen hatte, er werde »vier Jahre als zuverlässiger und aufrichtiger Partner« mit Helmut Schmidt und den Sozialdemokraten die Koalition fortsetzen.
Ein Drittel der FDP-Bundestagsfraktion, darunter fast alle Frauen, verweigerten Genscher die Gefolgschaft bei seinem Betrug am Wähler, der auch – so die Bundestagsvizepräsidentin Lieselotte Funcke (FDP) – ein »Verrat liberaler Grundsätze« war. Bei den Landtagswahlen in Hessen und bei den Bürgerschaftswahlen in Hamburg haben die Wähler deutlich gemacht, was sie von Genschers Wortbruch und von der Partei seines

neuen Partners Helmut Kohl, der CDU, halten. In beiden Bundesländern erhielten die Sozialdemokraten Helmut Schmidts einen klaren Vertrauensbeweis, in Hamburg sogar die absolute Mehrheit. Die FDP, von Genscher und Graf Lambsdorff zur »Schwindelfirma« gemacht, verkümmerte zu politischer Bedeutungslosigkeit. Aus der Abkürzung FDP machte der Volksmund »Fast Drei Prozent«. Aber dennoch regiert in Bonn nun Kanzler Kohl, und er braucht auf seinen Koalitionspartner keine Rücksicht mehr zu nehmen. »Das Erpressungspotential der FDP ist gleich Null«, konnte ein Ministerkollege des Vizekanzlers Genscher befriedigt feststellen.

Daß Helmut Kohl doch noch Kanzler werden könnte, nachdem ihm die Bundesbürger 1976 eine klare Absage erteilt hatten, bezweifelte beinahe jeder. Sein »Männerfreund« Franz Josef Strauß hatte Kohl überdies in seiner berühmt-berüchtigten ›Wienerwald‹-Rede vom Herbst 1976 bescheinigt, daß ihm »alles« dazu fehle, Kanzler zu werden. Strauß damals über Helmut Kohl: »Er ist total unfähig. Ihm fehlen die charakterlichen, die geistigen und die politischen Voraussetzungen. Ihm fehlt alles dafür!«*

Ob dieses Urteil nun richtig war oder nicht – jedenfalls ist Helmut Kohl jetzt Bundeskanzler, und er wird es wohl bleiben – bis zum 6. März 1983.

Kohl könnte sogar, falls die Union am 6. März 1983 die absolute Mehrheit erringen sollte, weitere vier Jahre im Amt bleiben – mit sehr ernsten Folgen für uns alle. Jeder Mann und erst recht jede Frau würden sie zu spüren bekommen – als Steuerzahler, als Empfänger von sozialen Beihilfen aller Art, als Lohn- und Gehaltsempfänger, als Mieter, aber auch als mit steigenden Preisen konfrontierte Käufer.

* Strauß ist von seinen damaligen Äußerungen nunmehr abgerückt. Er hat Helmut Kohl »Lernfähigkeit« bescheinigt und erklärt, er wünsche ihm als Kanzler »alles Gute«.

Zwar mag an eine längere Regierungszeit Kohls niemand so recht glauben. Nach Meinung der meisten, auch im Lager der CDU/CSU, ist er nur ein »Übergangskanzler«. Aber niemand sollte Kohl – vor allem aber diejenigen, die hinter ihm stehen und die ihn an die Macht gebracht haben – leichtfertig unterschätzen. Es ist auch kein Trost, davon auszugehen, daß Kohl, falls er nicht schon die nächsten Wahlen verliert, von Franz Josef Strauß entmachtet werden wird. Der CSU-Chef spottete ja schon 1976: »Es ist mir egal, wer unter mir Kanzler ist...« Genauso sieht es Strauß noch immer – vorausgesetzt, die Union bleibt am Ruder, und die Wähler machen keinen Strich durch die CSU-Rechnung.

Auch diejenigen, die die »Gruppe Genscher-Lambsdorff« finanziell kräftig unterstützt und mit ihrer Hilfe Helmut Kohl ins Kanzleramt bugsiert haben, damit das Odium des manipulierten Sturzes von Helmut Schmidt an Kohl hängenbleibt, gehen davon aus, daß künftig Franz Josef Strauß die Richtlinien der Politik bestimmen wird, gleich ob als Kanzler oder als dessen – im Gegensatz zur FDP mit erheblichem Erpressungspotential ausgestatteter – Vize. Strauß und seine Freunde im Pentagon und in den Chefetagen der multinationalen Konzerne haben da schon ganz bestimmte Pläne:

Das »Gruselkabinett« Kohl-Genscher-Lambsdorff-Zimmermann soll »erst mal aufräumen« mit den sozialliberalen Reformen und der von Willy Brandt eingeleiteten, von Helmut Schmidt erfolgreich fortgesetzten Politik der Entspannung. Es soll die ersten tiefen Schnitte ins soziale Netz ausführen, die Steuerschraube bei den kleinen und mittleren Verdienern kräftig anziehen, die Hindernisse beseitigen, die dem Kernkraftbau und anderen Lieblingsprojekten der Konzerne noch im Wege stehen und die Weichen stellen für die eilige Rückfahrt in die Zeit des kalten Kriegs, in die ›formierte Gesellschaft‹, in den

Muff der Ära Adenauer, und alles zum Segen der Allianz des Großen Geldes.
Ein paar Kostproben von dem, was uns nach dem Willen der neuen Regierung Kohl und ihrer milliardenschweren Gönner erwartet, haben wir ja schon bekommen:
Genschers Beschwörungsformel von der »Kontinuität« der erfolgreichen Entspannungspolitik, von Strauß sofort als »Modewort« abgetan, ist aus dem Wortschatz Helmut Kohls bereits gestrichen. Der neue Innen-Staatssekretär Carl-Dieter Spranger (CSU) redet bereits davon, daß es die »Unterwerfungspolitik gegenüber kommunistischen Staaten« radikal zu ändern gelte. Kohl selbst will die »lasche« Politik der Friedenssicherung durch Entspannung schleunigst ersetzen durch eine Politik der Stärke – nach dem Vorbild von US-Präsident Ronald Reagan.
Den von Helmut Schmidt sorgfältig bewahrten Handlungsspielraum der Europäer gegenüber Washington hat Kohl bereits preisgegeben. Schon bei seinem Antrittsbesuch im Weißen Haus versicherte er Ronald Reagan, daß seine Kanzlerschaft »auch im Interesse der USA« liege, denn nach einem Wahlsieg am 6. März hätte die CDU/CSU-Regierung in Bonn freie Hand, die neuen amerikanischen Mittelstreckenraketen in der Bundesrepublik aufzustellen und gegen die Friedensbewegung mit polizeilichen Mitteln energisch vorzugehen.
Das gefiel dem amerikanischen Präsidenten, und er versprach Helmut Kohl, das seine dazu beizutragen, damit die Konservativen in Bonn am Ruder bleiben können.
Auf eine Frage Henry Kissingers, des früheren US-Außenministers, warum überhaupt Neuwahlen nötig seien, machte Kohl – wie der ›Spiegel‹ aus New York meldete – den Amerikanern deutlich, daß er zur Aufstellung der neuen Raketen den Rückhalt eines Wahlsiegs brauche und für einen solchen Wahlsieg wiederum die volle Unterstützung Washingtons. Das liege im

Interesse der USA, denn, so Helmut Kohl, »wer gegen den NATO-Doppelbeschluß ist, besorgt das Geschäft Moskaus« und will »Westeuropa aus der NATO lösen«. Wörtlich sagte der Kanzler:
»Wenn keine Neuwahlen stattfinden würden, würden die Gegner dieses Beschlusses, die Anhänger einer Neutralisierung Mitteleuropas, argumentieren: Die Wähler haben das nicht gewußt. Die Wähler müssen ihr Wort dazu sprechen.«
Daraufhin überschrieb die große amerikanische Zeitung ›Baltimore Sun‹ ihren Leitartikel zum Kohl-Antrittsbesuch: »Der Raketenaufstellungskanzler«.
Kohl äußerte bei seinem USA-Besuch auch nicht die leiseste Kritik an der Politik Ronald Reagans. Während Helmut Schmidt sich in Washington stets energisch für die europäischen Interessen eingesetzt hat, war von Kohl kein Wort des Tadels, zum Beispiel an der amerikanischen Hochzinspolitik, zu hören. Im Gegenteil, er sagte wörtlich: »Ich bin nicht der Sprecher der Europäer, ich bin nicht der Dolmetscher der Europäer, ich bin ein anderer Helmut!« Und das ist ausnahmsweise richtig.
Der alte und neue Außenminister Genscher hat sich diesem neuen Kurs der Anbiederung an Ronald Reagan schon angepaßt: In dem 17seitigen FDP-Wahlkampfpapier ist von Entspannung nur noch ein einziges Mal verschämt die Rede.
Aber nicht allein auf dem wichtigen Gebiet der Außen- und Sicherheitspolitik, auch in allen anderen Bereichen hat mit Helmut Kohls Einzug ins Kanzleramt der Rückschritt schon begonnen: Als eine der ersten Amtshandlungen gab Kohl dem bayerischen Ministerpräsidenten, wie dieser sogleich bekanntmachte, die »bindende Zusage«, daß der Rhein-Main-Donau-Kanal, dieses wirtschaftlich unsinnige, äußerst kostspielige und die Landschaftsschutzgebiete einer ganzen Region für immer zerstörende Projekt, »auf jeden Fall zu Ende gebaut« werden würde, obwohl

schon heute feststeht, daß der Kanal für alle Zeiten ein Zuschußobjekt bleiben wird. Die bisher dümmste Begründung, warum man ihn dennoch bauen müsse, lieferte der bayerische Innenminister Gerold Tandler im März 1982: Der Kanal sei »zur schnellen Heranführung von Reserven im Falle einer kriegerischen Auseinandersetzung« von »strategischer Bedeutung« – ein Schiff von Mainz nach Nürnberg braucht schließlich nur sechs Tage... Da lohnt es sich schon, meint Tandler, Milliarden zu investieren und eine intakte Landschaft zu zerstören.

Überhaupt: Umweltschutz wird bei der neuen Regierung ganz klein geschrieben. Nur was der Großindustrie garantiert nicht weh tut, hat Aussicht, in das Programm Helmut Kohls aufgenommen zu werden. Dafür sorgt vor allem der neue Bundesinnenminister Dr. Friedrich Zimmermann (CSU), jahrelang engster Vertrauter von Strauß. Zimmermanns Staatssekretär und Sprachrohr, Carl-Dietrich Spranger (CSU), erklärte bereits, Kontinuität beim Umweltschutz sei unerwünscht. »Es soll ja gerade Schluß sein mit der Verunsicherung durch die Umweltpolitik. Die jungen Bürger sind ja wegen dieser Verunsicherung zu den Grünen übergelaufen ...!« Da ist es wohl besser, meint Spranger, man verschweigt oder verharmlost zumindest, was die Bürger auf die ihrer Umwelt drohenden Gefahren aufmerksam machen könnte.

Auch den Datenschutz wollen Zimmermann und Spranger »modifizieren«. Dabei – wie auch in anderen Fragen – gibt sich Zimmermann betont zurückhaltend, Spranger hingegen betätigt sich als Scharfmacher. »Der Datenschutz«, verkündete er, »hat keinen absoluten Vorrang vor den Sicherheitsinteressen des Staates«, und er sieht die Sicherheitsinteressen auch dort berührt, wo niemand es vermutet hätte. Überall wittert er kommunistische Unterwanderung: in den Gewerkschaften, in den Rundfunkanstalten, beim Parteiennachwuchs von SPD und FDP, auf den

Kanzeln und besonders bei den Umweltschützern und anderen Bürgerinitiativen sowie in der Friedensbewegung. Sein Motto lautet: Was unsere Kreise stört, ist kommunistisch unterwandert und hat folglich keinen Anspruch auf Datenschutz, denn unsere Sicherheit geht vor!

Einer der ersten Aufträge Sprangers als Staatssekretär an seine Beamten im Bundesinnenministerium ist eine genaue ›Durchleuchtung‹ der Grünen durch den Verfassungsschutz im Hinblick auf eine von ihm vermutete Beeinflussung dieser Gruppierung durch Kommunisten. Die Verbreitung einer Studie über den Rechtsextremismus in der Bundesrepublik wurde dagegen von Spranger sofort gestoppt.

Weitere Programmpunkte der CSU-Riege im Bundesinnenministerium sind eine Verschärfung des Demonstrationsrechts und eine Änderung des Paragraphen 125 des Strafgesetzbuchs. Danach sollen nicht nur gewalttätige Demonstranten bestraft werden, sondern auch gewaltlose Mitdemonstranten, die sich nicht rechtzeitig aus dem Krawall entfernen konnten.

Das Ausländerrecht soll ebenfalls wesentlich verschärft werden. Als erstes planen Zimmermann und Spranger, die Altersgrenze für Kinder, die zu ihren Eltern in die Bundesrepublik nachreisen dürfen, von derzeit 16 auf sechs Jahre zu senken. Und mit 18 Jahren soll ihr Aufenthaltsrecht von dem ihrer Eltern abgetrennt werden, damit man sie wieder nach Hause schicken kann.

Sodann will Zimmermann – unter dem Vorwand der Kostendämpfung im Gesundheitswesen – die von den Sozialliberalen durchgesetzte Liberalisierung des Abtreibungsparagraphen 218 drastisch einschränken. Der neue Justizminister Hans Engelhardt (FDP) solle, so Zimmermann, nicht die geltenden Regelungen verteidigen, sondern den »Mißbrauch der sozialen Indikation« endlich abstellen. Dafür sollen im Justizministerium einige Gesetzesänderungen, die von SPD / FDP bereits vorbereitet waren, vor allem die zur Bekämpfung der Wirtschaftskriminalität, nach dem Willen der CDU / CSU in den Schubladen bleiben.

Wie es die Unionsparteien im Bereich der Bildungspolitik zu halten gedenken, haben sie bereits klargemacht durch die Abschaffung des Schüler-BAFöG und die Umstellung der Studentenstipendien auf Darlehen. Damit ist ein wichtiges Stück Chancengleichheit schon beseitigt worden. CDU-Bildungsministerin Dorothee Wilm verspricht sich von diesen und weiteren Maßnahmen »erzieherische Wirkungen«. Hinter solchen Phrasen verbirgt sich die von den Konservativen seit eh und je vertretene Ansicht, daß die Bildungsprivilegien der Reichen verteidigt werden müßten, wie es unter Adenauer noch der Fall war; daß Arbeitnehmerkinder eigentlich nicht aufs Gymnasium oder gar auf die Universität gehörten; daß die von den Sozialdemokraten erfolgreich durchgesetzte Chancengleichheit im Bildungsbereich nur ein »kostspieliger und gefährlicher Firlefanz« wäre, wie es einmal ein bayerischer Kultusminister so treffend formuliert hat.

Auch bei den Entwicklungshilfe-Plänen der neuen konservativen Regierung zeigt sich der allgemeine Rückfall in die Politik der fünfziger und frühen sechziger Jahre. Jürgen Warnke (CSU), der für Entwicklungshilfe und Zusammenarbeit mit der Dritten Welt zuständige neue Minister, zuvor Hauptgeschäftsführer eines Industrieverbands, ist als neuer Ressortchef schon dabei, die Entwicklungsländer in ›gute‹ und ›böse‹ einzuteilen. Es versteht sich dabei fast von selbst, daß ›gut‹ nur das ist, was den CSU-Vorstellungen und den Interessen der großen Konzerne entspricht.

Zum Staatssekretär im Bundesministerium für wirtschaftliche Zusammenarbeit rückte denn auch der Strauß-Spezi Siegfried Lengl auf, bislang Hauptgeschäftsführer der ultrarechten Hanns-Seidel-Stiftung mit Sitz im Wildbad Kreuth. Über diese

Einrichtung pflegt Franz Josef Strauß seit vielen Jahren seine engen Kontakte zu allen weit rechts stehenden Regierungen, Militärdiktaturen, Apartheids-Fanatikern, Putschisten und den dahinterstehenden Geheimdiensten und Interessenvertretern der multinationalen Konzerne.
Die neue Entwicklungspolitik, die – so der Minister Warnke – »den amerikanischen Interessen stärker als bisher Rechnung tragen« soll, ist indessen nur noch ein Randgebiet konservativer Machtausübung. Als vordringlich sieht die Regierung Kohl ihre Aufgabe, »endlich Ordnung« zu schaffen – so als hätte unter Helmut Schmidt das Chaos geherrscht. Gemeint ist mit dem ›Ordnung schaffen‹ jedoch vor allem die Beseitigung sozialer Rücksichten und Hilfen für die wirtschaftlich Schwächeren. Das betrifft nicht allein das, was im Konzernmanagement-Jargon als »Sozialklimbim« bezeichnet wird, sondern auch die angebliche ›Verhätschelung‹ der Arbeiter, Angestellten und Studenten, Mütter und Rentner, mit der nun Schluß sein soll.
Was der Sturz des SPD-Kanzlers Schmidt durch die »Gruppe Genscher-Lambsdorff« und die Machtübernahme in Bonn durch die konservative ›Schwarze Riege‹ Helmut Kohls für den Durchschnittsbürger finanziell bedeuten, ist gerade erst in Umrissen erkennbar geworden. Die Einschnitte ins soziale Netz werden sich in ganzer Härte erst in etwa sechs Monaten auszuwirken beginnen – nach den Wahlen.
Dann werden sie in jeder Haushaltskasse spürbar werden: Der Abbau des Mieterschutzes, die Ermunterung der Hausbesitzer zu drastischen Mieterhöhungen, die Streichungen beim Kindergeld, der Wegfall der Ausbildungsbeihilfen für Schüler und Studenten, das Hinausschieben der fälligen Rentenerhöhung, die Erhöhung der Selbstbeteiligungssätze im Gesundheitswesen, die Kürzung der Sozialausgaben und vor allem die Anhebung des Mehrwertsteuersatzes. Das alles und einiges mehr, was das Ka-

binett Kohl-Genscher inzwischen beschlossen hat, wird erst vom zweiten Halbjahr 1983 an den Bundesbürgern auf bittere Weise klarmachen, daß nun keine Rücksicht mehr auf die Einkommensschwachen genommen wird.

Denn die neue CDU-CSU-Rest-FDP-Regierung ist wahrlich keine Interessenvertretung der Arbeitnehmer und des unteren Mittelstands, sondern ein Instrument der Konzernherren und Bankbosse. Der einzige Arbeitnehmervertreter in der Regierung, »das gewerkschaftliche Feigenblatt des Kabinetts Kohl«, wie er von einem Unions-Ministerpräsidenten kürzlich genannt wurde, ist Arbeitsminister Norbert Blüm. Er hat sich seiner neuen Umgebung aber bereits angepaßt und offenbar vergessen, was er als Gewerkschafter und Vorsitzender der Sozialausschüsse eben noch gefordert hat. Als CDU-Abgeordneter schrieb er 1977 im ›Spiegel‹: »Wer allein auf Wachstum seine Hoffnungen setzt, dem werden arbeitsmarktpolitische Enttäuschungen nicht erspart bleiben«, und seine vernünftige Schlußfolgerung lautete damals: »Es führt kein Weg an der Arbeitszeitverkürzung vorbei« – mit vollem Lohnausgleich, wie er vom DGB gefordert wird.

Doch davon ist im Programm der neuen Regierung nichts zu finden, und Minister Blüm weiß keinen besseren Vorschlag als – eine Lohnpause!

In den dreizehn Jahren, in denen SPD-Kanzler die Bundesrepublik regiert haben, stieg die Lohnquote im privaten Unternehmensbereich von 67,8 auf 73,6 Prozent. Die Gewinnquote der Unternehmer soll dagegen von 10,3 auf 6,0 Prozent gesunken sein. Jedenfalls haben breite Bevölkerungsschichten davon profitiert, nicht zuletzt auch der auf privaten Konsum angewiesene gewerbliche Mittelstand.

Doch das soll nun anders werden: Die Regierung plant einen Lohn-, Gehalts- und Rentenstop, was bei steigenden Mieten und Preisen eine Einkommensminderung für alle wirtschaftlich Abhängigen bedeutet. Zugleich will die Regierung Kohl die Unternehmer, vor allem die großen Konzerne, kräftig fördern – durch Investitionshilfen und Steuererleichterungen. Das soll die Arbeitslosigkeit verringern, von der man annimmt, daß sie im Frühjahr 1983 noch weiter angestiegen ist. Aber die Investitionshilfen, wie ›die Wirtschaft‹, sprich: die Großindustrie, sie fordert, werden mit Gewißheit keine Verringerung der Arbeitslosigkeit bewirken können. Reagans Patentrezepte, erst recht Mrs. Thatchers nicht minder konservatives Programm, an dem Helmut Kohl sich zu orientieren gedenkt, haben das Heer der Arbeitslosen in den USA und in Großbritannien nur noch größer werden lassen. In der Bundesrepublik wird es nicht anders sein: Gerade die Großprojekte, die die Regierung Kohl zu fördern beabsichtigt, sind eher geeignet, weitere Arbeitsplätze durch Rationalisierung zu vernichten. Das gilt nicht zuletzt für den Bau von Kernkraftwerken, der im Zuge der »echten Wende in der Energiepolitik«, die Kohl seinen Freunden von der Industrie versprochen hat, jetzt vorangetrieben werden soll.

Seit langem gaukelt die CDU / CSU den Bürgern vor, durch den Bau neuer Kernkraftwerke würden dauerhafte Arbeitsplätze geschaffen. Indessen hat der Energie-Report der amerikanischen Harvard-Universität nachgewiesen, daß bei Kernkraftwerken die Arbeitsplatzrechnung negativ ausfällt. Von allen anderen Nachteilen, von der Umweltzerstörung bis zu den erheblich vermehrten Gefahren im Katastrophen- oder gar im Kriegsfall, einmal abgesehen, werden durch den KKW-Bau längerfristig Arbeitsplätze vernichtet.

Zwar behauptet das Management der KWU – Kraftwerk-Union –, die hierzulande die Kernkraftwerke baut, sie könne mit einem Schlag, teils direkt, teils indirekt, 44000 neue Arbeitsplätze schaffen, wenn Politiker und Verwaltungsgerichte sie doch nur ließen – die Industrie sei ja zu den dringend nötigen Investitionen auf dem Energiesektor bereit!

Doch in Wahrheit gibt es – wie selbst die konservative ›Wirtschaftswoche‹ erst kürzlich einräumen mußte – bei den bundesdeutschen Stromerzeugern überhaupt keinen Investitionsstau, und von dauerhaften neuen Arbeitsplätzen im Bereich der Kernkraft kann auch nicht die Rede sein.

»Von den etwa 60 Milliarden DM Investitionsmitteln, die dank administrativer Verzögerungen gegenwärtig ungenutzt festliegen sollen«, stellte der ›Spiegel‹ in einer Untersuchung vom Herbst 1982 fest, »entfallen 30 Milliarden DM allein auf Kernkraftwerke. Aber die meisten von ihnen bedeuten nur Ersatz für alte Kraftwerke ... und bringen folglich kaum neue Arbeitsplätze. Wer soll denn auch, bei insgesamt sinkendem Energiebedarf, den vielen zusätzlichen Strom kaufen? Dagegen beengt die Konzentration der Energiepolitik auf die Nuklearwirtschaft, den Schnellen Brüter eingeschlossen, viele Möglichkeiten der Regierung, mit steuerlichen Mitteln Impulse zum Energiesparen und zum rationellen Energieeinsatz zu geben ... Hunderttausende privater Hausbesitzer warten nur darauf, vom Staat Rahmenbedingungen und Zielvorgaben für Energie-(Einsparungs-) Investitionen im oder am eigenen Heim zu bekommen ...«

Auch die vom neuen Bundespostminister Christian Schwarz-Schilling so vehement angestrebte Verkabelung der Bundesrepublik würde, von ihren negativen medien- und gesellschaftspolitischen Auswirkungen einmal abgesehen, die Arbeitslosenzahl nicht dauerhaft verringern – im Gegenteil: Zwar rechnet der – bis zu seinem Eintritt ins Kabinett einerseits Vorsitzender der Enquete-Kommission für neue Medien, andererseits Mitbegründer der 1980 gestarteten »Projektgesellschaft für Kabel-Kommunikation mbH«, an der seine Ehefrau Marie-Luise bis zum 1. Oktober 1982 erheblich beteiligt war – Minister Schwarz-Schilling

vor, er könnte durch die Total-Verkabelung 80000 bis 100000 neue Arbeitsplätze schaffen. Doch sobald die neuen Informations- und Datenabruf-Einrichtungen auch in das mittlere Gewerbe und in die Haushalte dringen, werden – wie die Fachleute errechnet haben – weit mehr als die doppelte Anzahl von Arbeitsplätzen, vor allem in Büros und im Dienstleistungsgewerbe, gerade durch die Verkabelung vernichtet werden.
Die Liste der Trugschlüsse und bewußten Täuschungen des Wählers ließe sich beliebig fortsetzen, desgleichen die der personellen Fehlbesetzungen in Helmut Kohls ›Gruselkabinett‹. Denn Schwarz-Schilling ist wahrlich nicht der einzige Minister, der wegen unzulässiger Verquickung von Amt und privaten Geschäften niemals hätte berufen werden dürfen. Es sei hier nur daran erinnert, daß gegen Bundeswirtschaftsminister Otto Graf Lambsdorff, der sich vom Flick-Konzern ›Vorteile‹ – eine sechsstellige Summe – gewähren ließ und Flicks Befreiung von 450 Millionen DM fälliger Steuern befürwortete, wohl demnächst Anklage erhoben werden wird. Und man darf wohl auch bezweifeln, ob Helmut Kohl mit der Berufung des Dr. Friedrich Zimmermann zum Bundesinnenminister die richtige Wahl getroffen hat. Bereits dessen Vereidigung rief im Bundestag Protest hervor, denn 1960, nach der sogenannten bayerischen Spielbanken-Affäre, mittels derer die CSU die seinerzeit noch gewichtige Bayernpartei ruinierte, war der damalige CSU-Generalsekretär Dr. jur. Friedrich Zimmermann wegen fahrlässigen Falscheids verurteilt worden, und nach erfolgreicher Revision hatte es nur deshalb für einen Freispruch gelangt, weil ihm Gutachter ›zeitweilige geistige Ausfallerscheinungen‹ attestierten.
Aber vielleicht gerade weil Politiker wie Zimmermann, Schwarz-Schilling oder Graf Lambsdorff keine so blütenweißen Westen vorzuweisen haben, sitzen sie heute in Kohls Kabinett. Denn schließlich ist die Regierung Kohl ja zu dem Zweck instal-

liert worden, die Interessen einiger Großkonzerne durchzusetzen.
Sie soll eine stockkonservative Politik im Schlepptau Washingtons betreiben, weiter auf- und nachrüsten, den sozialen Besitzstand abbauen, breiten Bevölkerungsschichten mehr Lasten aufbürden und die Reichen noch reicher werden lassen, zugleich das Ganze mit allerlei Mätzchen publikumswirksam verbrämen. Wie solche – wohl eigens für ›Bild‹- und ›Bildpost‹-Leser erdachte – Mätzchen beschaffen sind, soll an einem Beispiel verdeutlich werden:
Kaum war Helmut Kohl Kanzler geworden, verkündete er ein ›Notopfer‹ seiner Regierung, nämlich den großmütigen Verzicht aller Minister und Staatssekretäre auf fünf Prozent ihrer Bezüge – eine hübsche, von arglosen Bürgern mit wohlgefälligem Kopfnicken aufgenommene Geste, doch in Wahrheit der blanke Hohn! Denn schon Helmut Schmidt und sein Kabinett hatten freiwillig auf die Anhebung ihrer Bezüge für 1982 verzichtet, was je Minister rund 600 DM monatlich an Einsparung bedeutete. Das neue Kabinett ging jedoch von seinen gesetzlichen Ansprüchen aus, nicht von den tatsächlichen Bezügen seiner Vorgänger. Auch ließ es, was den fünfprozentigen Verzicht betraf, die erklecklichen Ortszuschläge unberührt.
Tatsächlich ist die Einsparung gegenüber den echten Bezügen der Mannschaft Helmut Schmidts äußerst gering. Bonner Haushaltsexperten berechneten, daß jeder Kohl-Minister genau 37,90 DM monatlich weniger bekommt als sein sozialliberaler Vorgänger ...!
Außerdem verschwieg Helmut Kohl den Bürgern, daß trotz dieses von ihm so gerühmten ›Notopfers‹ die Personalkosten seines Kabinetts insgesamt kräftig gestiegen sind – um 1,4 Millionen DM. Denn soviel kosten die vier zusätzlichen CDU/CSU-Staatsminister und -Parlamentarischen Staatssekretäre nebst ih-

ren persönlichen Referenten, Sekretärinnen und Fahrern. Kanzler Kohl hielt diese Vergrößerung und Verteuerung seines Kabinetts für unerläßlich – obwohl seine Partei noch kurz vor der ›Wende‹ die Abschaffung solcher, wie sie fand, »völlig überflüssiger« Posten gefordert und recht überzeugend begründet hat, wie im Bundestagsprotokoll nachzulesen ist.
»Dies ist nicht die Stunde ...«, würde Helmut Kohl vermutlich seine Antwort beginnen, wenn er mit solchen unbequemen Wahrheiten konfrontiert wird. Er liebt es, mit pompösen Phrasen die Realität zu verkleistern und dann hinzuzufügen: »Ich bin keiner von denen, die sich – ich sage es einmal drastisch – in die Tasche lügen ...«
Das wirft die Frage auf, wer er denn nun tatsächlich ist, dieser neue Kanzler, von dem man eigentlich nur weiß, daß er aus Ludwigshafen stammt, kohlisch ausgedrückt: »Mein Leben ist von dort ausgegangen, und ich habe dies nie geleugnet ...«; daß er sich mühsam und beflissen, mit vielen Rückschlägen hochgedient hat; daß er ein vorbildlicher Ehemann und Familienvater sein soll, zudem sehr bedacht auf Würde, auf Stil, auf die »geistig-moralische, die geschichtliche Dimension«. Jedenfalls wollen er und die ihm freundlich gesinnten Medien uns dies glauben machen. Aber wer ist Helmut Kohl wirklich? Wer sind oder waren seine Förderer?

Wer ist Helmut Kohl?

Aus der Schar führender Unionspolitiker ragt seit 1975 einer deutlich heraus, und dies nicht nur wegen seiner Körpergröße von 1,93 Metern, sondern auch, weil er damals Parteivorsitzender der Christdemokraten und gemeinsamer Kanzlerkandidat von CDU und CSU wurde, außerdem Ministerpräsident des 3,7 Millionen Einwohner zählenden Bundeslands Rheinland-Pfalz war.

Wer ist dieser Helmut Kohl, den noch vor acht Jahren außerhalb seines engeren Wirkungsbereichs kaum jemand kannte und der nach Genschers fliegendem Wechsel im Herbst 1982 Helmut Schmidt stürzen konnte und so unverhofft doch noch Bundeskanzler wurde?

»KOHL, Helmut, Dr. phil., kaufmännischer Angestellter, Mitglied des Landtags von Rheinland-Pfalz (seit 1959), wohnhaft in Ludwigshafen/Rh.; geboren am 3. April 1930 in Ludwigshafen; katholisch; Ausbildung: Oberrealschule Ludwigshafen/Rh., Universitäten Frankfurt/Main und Heidelberg (Rechts- und Staatswissenschaften, Geschichte), Promotion 1958. Mitbegründer (1947) und (seit 1954) stellvertretender Landesvorsitzender der Jungen Union in Rheinland-Pfalz; Kreisvorsitzender (seit 1958) der CDU in Ludwigshafen/Rh.; Mitglied des Lan-

desvorstands der CDU in Rheinland-Pfalz; Mitglied des Stadtrats (Fraktionsvorsitz CDU) von Ludwigshafen / Rh.«
So lautet eine ältere, auf Kohls eigenen Angaben beruhende Eintragung in »*Wer ist wer?*«, und man kann daraus einiges, wenn auch nicht gerade viel entnehmen: Da wurde offenbar eine provinzielle Parteikarriere mit Ausgangspunkt und Hausmachtzentrum im rund 180000 Einwohner zählenden, wirtschaftlich von der BASF beherrschten und von der SPD regierten Ludwigshafen zielstrebig schon 1947 von einem damals 17jährigen Oberrealschüler begonnen und während eines Studiums fortgesetzt, das erst neun Jahre nach dem Abitur und dann nicht, wie zunächst beabsichtigt, mit dem Dr. jur. und der Großen juristischen Staatsprüfung, sondern mit dem Dr. phil. seinen Abschluß fand.
Aber wer fragt schon danach, ob und wann ein Politiker einen Doktorgrad erworben hat oder gar welchen? Nicht einmal Kohls autorisierter Biograph Karl Günter Simon, der dem heutigen Kanzlerkandidaten der Unionsparteien in einem 1969 erschienenen Werk mit dem Titel »Die Kronprinzen« immerhin schon ein knappes Dutzend Seiten gewidmet hat.
Simons Bericht ist zu entnehmen, daß Helmut Kohl aus »schwarzem Elternhaus«, aus einer kleinbürgerlichen Beamtenfamilie, stammt; daß der kräftige, hochgewachsene junge Mann bereits als Oberprimaner im Bundestagswahlkampf des Jahres 1949 für die CDU als Redner aufgetreten ist (und zwar keineswegs so sanft und zurückhaltend, wie er sich heute gibt); daß er dann »langsam, Schritt für Schritt« Karriere machte und doch, »weil er nicht stolperte« wie die anderen, »immer der Schnellste« war:
Mit 25 Jahren schon Mitglied des rheinland-pfälzischen Landesvorstands der CDU, mit 28 ihr Kreisvorsitzender in Ludwigshafen und jüngster Landtagsabgeordneter im Mainzer Parlament, mit 34 bereits im CDU-Bundesvorstand, mit 36 Landesvorsit-

zender seiner Partei und schließlich mit erst 39 Jahren Ministerpräsident von Rheinland-Pfalz.
Während dieses raschen Aufstiegs blieb Helmut Kohl noch die Zeit, sich als kaufmännischer Angestellter der Miederwarenfabrik ›Felina‹ in Mannheim sowie bei der BASF etwas Geld zu verdienen und zum Abschluß seines Studiums eine Doktorarbeit über »Das Wiedererstarken der Parteien nach dem Zusammenbruch« zu schreiben. Sodann konnte er, nachdem er sich als Berufspolitiker etabliert hatte, seine Verlobte, eine Ludwigshafenerin, heiraten und wurde in den folgenden Jahren Vater zweier Söhne, Walter und Peter, sowie Besitzer eines Häuschens in Ludwigshafen-Gartenstadt.

Auch dieser – von Helmut Kohl genehmigten – Skizze seines Werdegangs, die in Karl Günter Simons Buch ›Die Kronprinzen‹ nachzulesen ist, läßt sich absolut nichts darüber entnehmen, welchen besonderen Eigenschaften der nunmehrige Kanzlerkandidat der Unionsparteien seine steile Parteikarriere eigentlich zu verdanken hat; welche inner- oder auch außerparteilichen Förderer dem aufstrebenden Nachwuchspolitiker und jetzigen Parteichef Helmut Kohl zur Seite gestanden haben (und vielleicht noch immer stehen), und ob es irgendwelche starken politischen, wirtschaftlichen oder privaten Einflüsse gibt, denen ein als Bundeskanzler für die Bonner Politik verantwortlicher Helmut Kohl ausgesetzt ist und weiterhin wäre, falls die Unionsparteien die Bundestagswahl am 6. März 1983 gewinnen und allein die Macht übernehmen sollten.
Da solche Informationen aber für jeden Wähler äußerst wichtig sind, müssen wir uns mit diesen Fragen etwas eingehender beschäftigen. Man möchte schließlich wissen, mit wem man es eigentlich zu tun hat, und erst recht, mit wem man es zu tun bekäme, sollte Helmut Kohl im März 1983 durch den Willen der

Wähler dort bleiben, wohin ihn nur Genschers Verrat bisher gebracht hat: an der Spitze unseres Staatsapparats.

Die besonderen – positiven wie negativen – Eigenschaften des CDU/CSU-Kanzlerkandidaten Kohl haben am treffendsten einige führende Unionspolitiker beschrieben. Auch gibt es ein interessantes Psychogramm, das im Februar 1976 in der politisch neutralen, populärwissenschaftlichen Zeitschrift ›Warum‹ erschienen ist. Doch zunächst wollen wir Kohls Parteifreunde zu Wort kommen lassen.
Der frühere Bundesminister Hermann Höcherl (CSU), über Helmut Kohl befragt, meinte lächelnd: »Also, ich möchte schon sagen, daß Kohl einen soliden Eindruck macht ... Na ja, der intellektuelle Überflieger ist er nicht.« In anderen Worten: ›Er wirkt doch ganz gut – oder?‹ Und: ›Nun ja, er ist geistig nicht allzu rege, aber das macht er wett durch unermüdliches Streben.‹
Auf dem CDU-Bundesparteitag, der im Mai 1976 in Hannover stattfand und den Wahlkampf einläuten sollte, wurde Helmut Kohls große Rede allgemein für mißlungen gehalten. »So einig war sich die Union selten«, berichtete ›Der Spiegel‹ am 31. Mai. »Rechte und Linke, Reformisten und Konservative empfanden die rhetorischen Leistungen ihres Kanzlerkandidaten und Parteivorsitzenden auf dem Wahlkonvent in Hannover gleichermaßen negativ. Rechtsaußen Alfred Dregger spöttisch: ›Jeder muß in der Weise reden, in der es ihm gegeben ist.‹« Und der neue niedersächsische Ministerpräsident Ernst Albrecht meinte düster: »Er ist eben der Helmut Kohl, der er ist; er ist kein Volkstribun.« Als Helmut Kohl dann in seinem Schlußwort an den Parteitag ausrief: »Jetzt treten wir mit der Gewißheit an, daß wir das Fundament für den Sieg am 3. Oktober geschaffen haben«, da rührte sich keine Hand zum Applaus. Ein Delegierter flüsterte, weithin hörbar, seinem Nachbarn zu: »Das ist ein Schwarzer

Riese – aber aus nasser Pappe ...« Doch ob es Helmut Kohl wirklich so sehr an Energie und Standvermögen mangelt, wie viele glauben, muß aus mancherlei Gründen bezweifelt werden. So heißt es dazu in dem bereits erwähnten Psychogramm: »Tatsächlich entspricht das weiche Image, das Kohl der Öffentlichkeit zeigt, nicht seiner Mentalität ... Kohl ist der Mann ... der Widerspruch nicht duldet und der von Kompromissen nichts hält. Kohl ähnelt Strauß mehr, als das Wahlvolk meint ...« Und daß gerade diese letzte Feststellung zutrifft, dafür gibt es eine ganze Reihe von Bestätigungen, teils von Freunden und Gönnern Kohls, teils von seinen langjährigen ärgsten Gegnern.
Um mit einem politischen Kontrahenten anzufangen: Der Ludwigshafener SPD-Oberbürgermeister und Volljurist Dr. Werner Ludwig beklagte an Helmut Kohl vor allem dessen »schlechte Manieren« und charakterisierte ihn als einen »ungehobelten, schrecklichen Menschen«. Man könnte dies achselzuckend als feindselige Äußerung eines kommunalpolitischen Gegners abtun, gäbe es nicht fast wörtlich gleichlautende Urteile über Helmut Kohl, die nicht von Widersachern, sondern von seinen engsten Freunden und Förderern stammen, und Kohl selbst gibt mitunter zu: »Das Schlimmste an mir ist mein Mundwerk.«
Dennoch glaubt Helmut Kohl, daß man ihm seine Rücksichtslosigkeit, seine verletzende Grobheit und sein oft unkontrolliertes ›Mundwerk‹ nicht anmerkt, weil er gelernt hat, sich gut zu verstellen. Er ist überzeugt davon – so das erwähnte Psychogramm –, »mit weicher Welle nach oben getragen zu werden. Bislang ist ihm dies auch immer gelungen – in Rheinland-Pfalz. Durch unermüdliche Anpassung.«
Anpassung an wen?
Nun, natürlich stets an die jeweils Mächtigsten in seiner Partei und in der sie fördernden Wirtschaft, zunächst an die lokale CDU-Prominenz von Ludwigshafen und an seinen Amtsvor-

gänger als Ministerpräsidenten, Peter Altmeier, den er dann einfach beiseiteschob, als er seine Stunde gekommen sah; als junger Nachwuchspolitiker auch an den greisen Autokraten und Menschenverächter Konrad Adenauer, dem er recht geschickt sich beliebt zu machen verstand und der als Neunzigjähriger den jungen Streber Kohl zur Geburtstagsfeier einlud; später an Kurt Georg Kiesinger und an den damaligen CDU-Generalsekretär Bruno Heck, die sich dann beide nachdrücklich für Helmut Kohl einsetzten, bis dieser befand, daß er nun seine wackeren Förderer nicht mehr brauchte. Um das Psychogramm noch ein letztes Mal zu zitieren: »Er war immer ein Karriere-Typ.«

Zum Karrieredenken eines CDU-Berufspolitikers gehört auch die Suche nach außerparteilichem Rückhalt, zunächst bei der regionalen Unternehmerschaft. Dort fand der von brennendem Ehrgeiz erfüllte Führer der Ludwigshafener Jungen Union schon 1958 einen millionenschweren Gönner, der Kohls Talente zu schätzen wußte und, wie er später selbst darüber sagte, »einen guten Riecher« für kommende Spitzenpolitiker hatte, die sich einem Industriellen dann als sehr nützlich erweisen konnten.

Helmut Kohls reicher Gönner und auf dessen spätere Dankbarkeit erpichter Förderer in jenen Jahren, als der heutige Ministerpräsident und CDU/CSU-Kanzlerkandidat noch ein nahezu unbekannter Doktorand war und sich, nach oben ungemein anpassungsfähig, nach unten hin – und erst recht mit Rivalen – erstaunlich grob, großmäulig und rücksichtslos, um ein Landtagsmandat bewarb, war ein damals recht bedeutender Industrieller, Großaktionär und Vorstandsvorsitzender eines aufblühenden Unternehmens mit rund zweitausend Beschäftigten in der von Ludwigshafen nur acht Kilometer entfernten pfälzischen Kreisstadt Frankenthal.

Fast zwei Jahrzehnte lang, während aus dem Ludwigshafener JU-Führer ein Stadtrat, dann ein CDU-Landtagsabgeordneter, schließlich ein rheinland-pfälzischer Ministerpräsident, CDU-Bundesvorsitzender und Kanzlerkandidat wurde, war Helmut Kohl ein häufiger Gast in der Frankenthaler Industriellen-Villa. In allen diesen Jahren gab es zwischen Helmut Kohl und dem Frankenthaler Industriellen zahlreiche Gespräche über politische und wirtschaftliche Fragen. Der junge Politiker holte sich manchen Rat von seinem um 23 Jahre älteren, fast väterlichen Freund, ließ sich von diesem erzählen, wie man aus bescheidenen Anfängen über Krieg, Niederlage und Währungsreform hinweg zu Multimillionärs- und Konzernherren-Höhen aufsteigt, und er scheint sich damals vorgenommen zu haben, es einmal mindestens ebensoweit zu bringen wie sein mächtiger Gönner. Dessen glänzende Beziehungen zu bereits arrivierten und kommenden Spitzenleuten in Politik und Wirtschaft kamen dem aufsteigenden Jungpolitiker Helmut Kohl zugute. Und manchmal konnte der wohlhabende und einflußreiche Konzernboß, dank seiner großen Möglichkeiten, dem begabten Nachwuchspolitiker helfen.

Natürlich präsentierte Helmut Kohl seinem Förderer auch das Mädchen, mit dem er sich zu verloben gedachte, und erst nachdem seine zukünftige Ehefrau Hannelore von der Familie des Frankenthaler Industriellen in Augenschein genommen worden war, traf Helmut Kohl Vorbereitungen für die Gründung eines eigenen Hausstands.

Hie und da konnte auch der inzwischen zum Landtagsabgeordneten mit wachsendem Einfluß avancierte Kohl bereits seinerseits dem Freund ein paar Gefälligkeiten erweisen, doch davon später. Und der reiche Industrielle steigerte sodann das Ansehen Helmut Kohls, indem er diesen mitnahm auf eine Auslandsreise, wie sie sich damals ein noch unbekannter Provinzpolitiker kaum zu erträumen wagte; Frau Hannelore Kohl durfte derweilen mit der Gattin des Industriellen Ferien im schweizerischen Zermatt machen, wo den Damen ein luxuriöses Chalet zur Verfügung stand. Die Traumreise, auf die Helmut Kohl von seinem noblen Förderer mitgenommen wurde, ging nach Afrika, ins Königreich Marokko, dessen Honorarkonsul für Rheinland-Pfalz und Hessen sein väterlicher Freund inzwischen geworden war. Und dank der fürsorglichen Betreuung, die der Herrscher über das Land zwischen Rifgebirge und westlicher Sahara seinem Konsul und dessen Gast zuteil werden ließ, wurde das Ganze für den jungen Politiker aus Ludwigshafen zu einem unvergeßlichen Erlebnis wie aus Tausendundeiner Nacht. Kohl lernte so erstmals ein Stück Orient kennen, noch dazu aus der Millionärsperspektive, betreut von den Würdenträgern des Sultans und mit allen Annehmlichkeiten, die normalen Touristen vorenthalten bleiben. Übrigens, das sei hier am Rand vermerkt, weil es das harte Urteil des Ludwigshafener Oberbürgermeisters über Helmut Kohl bestätigt: Auch der ihm so wohlwollende Industrielle rügte, gerade im Anschluß an diese Marokkoreise, die schlechten Manieren seines Schützlings. Wie schon gelegentlich zuvor und noch oftmals später, als Kohl schon längst Ministerpräsident von Rheinland-Pfalz geworden war, bedauerte der Herr Konsul, wenngleich nur im engeren Familien- und Freundeskreis, das »ungehobelte Benehmen« Kohls und seine »schrecklichen« Umgangsformen.

Aber der reiche Fabrikant nahm solche kleinen Unarten Helmut Kohls in Kauf, wohl weil er sich von ihm bald weitere und bedeutendere Gefälligkeiten erhoffte.

Übrigens, dieser – inzwischen verstorbene – Kohl-Mäzen, Industrielle und Konsul von Marokko hieß Dr. Fritz Karl Ries; er war der Chef und Großaktionär des ›PEGULAN‹-Konzerns mit Hauptsitz in Frankenthal/Pfalz, und wir werden auf diesen Dr. Ries noch ausführlich zurückkommen.

Hier sei über ihn und seinen Konzern nur noch bemerkt, daß es

bei Pegulan, einem bekannten Fußbodenbelag aus Kunststoff, im Jahre 1975 eine Absatzkrise und für den Konzern erhebliche wirtschaftliche Schwierigkeiten gab. Nur durch eine Landesbürgschaft konnten die Banken dazu bewogen werden, dem Unternehmen noch einmal über die Runden zu helfen. Das Fachblatt ›Wirtschaftswoche‹ meldete dazu am 5. März 1976: »Tatsächlich müssen die Finanzkalamitäten bei Ries und den Pegulan-Werken noch gravierender sein, als in der WiWo vom 23. Januar 1976 dargestellt. Der rheinland-pfälzische Finanzminister Johann Wilhelm Gaddum mußte dem SPD-Abgeordneten Rainer Rund auf eine Anfrage zur Pegulan-Krise denn auch eingestehen: ›Landesbürgschaften werden nur dann gewährt, wenn die Sicherheiten im Sinne der Beleihungsgrundsätze der Kreditinstitute nicht ausreichen.‹ Im Klartext heißt das: Pegulan hätte ohne die Bürgschaft des Landes keinen Kredit mehr bekommen. Ob indes diese Landeshilfe allein wegen der gefährdeten Pegulan-Arbeitsplätze zugesagt wurde oder ob der CDU-Kanzlerkandidat und Rheinland-Pfalz-Chef Kohl zusätzlich ein gutes Wort für Ries einlegte, bleibt offen.«
Offen bleibt auch, ob der sowohl von der seriösen ›Wirtschaftswoche‹ als auch vom exklusiven ›Managermagazin‹ verbreitete angebliche Ries-Ausspruch über Kohl – »Auch wenn ich ihn nachts um drei anrufe, muß er springen« – korrekt wiedergegeben worden ist. Immerhin bezeichnen Ries-Tochter Monika und deren Ehemann, Rechtsanwalt Herbert Krall, dieses Zitat als »durchaus der Riesschen Auffassung von Kohl entsprechend«.
Indes, mit Gewißheit läßt sich nur sagen, daß das von Helmut Kohl geführte Land Rheinland-Pfalz den Konzern des Dr. Ries durch Übernahme von Bürgschaften in Millionenhöhe lange vor dem Zusammenbruch bewahrt hat. Dabei hat möglicherweise auch der Umstand eine Rolle gespielt, daß dem Ries-Konzern schon in vergangenen Jahren bedeutende Landesmittel zuteil ge-

worden waren, deren Gesamthöhe von Fachleuten auf zig Millionen DM veranschlagt wird.
Doch zunächst zurück zu Helmut Kohl, dem langjährigen Intimus des Pegulan-Konzernchefs, der als rheinland-pfälzischer Ministerpräsident seinem Gönner Konsul Dr. Fritz Ries wegen dessen »unternehmerischer Leistung und Engagement für die Gesellschaft« im Februar 1972 den Stern zum Großen Bundesverdienstkreuz an den Frack heften konnte.
Später betrachtete Kohl den »guten Menschen von Frankenthal« mit zunehmender Besorgnis. Nicht zuletzt wohl deshalb, weil die Ries-Ansichten über Kohl und seine Beziehungen zu ihm in die Öffentlichkeit zu dringen begannen, aber wohl auch, weil ihm des Konsuls immer kräftigeres ›Mitmischen‹ bei der Entwicklung von Unions-Strategien unangenehm wurde.
Doch es gab auch noch einen anderen Grund, weshalb Helmut Kohl den einst von ihm so geschätzten Konzernchef mit wachsendem Argwohn betrachtete. Denn Dr. Fritz Ries war geschäftlich wie privat auch noch mit einem anderen Spitzenpolitiker der Unionsparteien eng verbunden: mit Franz Josef Strauß. Genauer: Der CSU-Chef und Kohl-Widersacher Franz Josef Strauß war mit Dr. Fritz Ries gut befreundet und häufig dessen Gast, zumal auf dem Ries-Schloß Pichlarn in der österreichischen Steiermark. Und Frau Marianne Strauß, geborene Zwicknagl, die Ehefrau des CSU-Vorsitzenden, war am Konzernbesitz des Dr. Ries nicht unerheblich beteiligt.*
Eine solche doppelte, politisch-freundschaftliche und wirtschaftlich-familiäre Verbindung zwischen seinem alten Freund und Gönner Dr. Ries und seinem parteiinternen Gegner und Rivalen Strauß war Helmut Kohl offenbar etwas unheimlich und bereitete ihm Sorgen. Seine Stirn legte sich in horizontale und

* Siehe Foto auf Umschlagrückseite.

vertikale Falten, wenn er darauf angesprochen wurde. Zwar war Kohl davon überzeugt, daß er auf längere Sicht, durch geduldiges Zuwarten, diese mögliche Gefahr politisch überleben könnte; er war schließlich erheblich jünger als der damals 61jährige Strauß und der fast 70jährige Ries. Doch nun hatte er sich als Kanzlerkandidat bereits zu weit hervorgewagt, und was seinen altersmäßigen Vorteil angeht, so hieß es in seinem Psychogramm durchaus zutreffend: »Kohls Jugend zündet nicht. Psychologen meinen, das hinge mit seiner Mimik zusammen. Es sei die Mimik eines alten Mannes, die in erster Linie Sorge signalisiere ... Einen jungen Mann stellt man sich ganz anders vor ... Auch Kohls Sprache ist nicht die Sprache eines mitreißenden Politikers. Zuhörer und Fernseher schalten ab, wenn Kohl spricht ... Er spricht nicht zum Volk, sondern mit sich selbst ...«
Helmut Kohl ist sich dieser Schwächen durchaus bewußt, und deshalb fühlt er sich seinem Rivalen Franz Josef Strauß häufig nicht gewachsen. Denn Strauß hat gerade die Eigenschaften, die Kohl fehlen; besonders im Wahlkampf brilliert Strauß mit seinen demagogischen Fähigkeiten (wogegen Helmut Kohl seine tatsächlich vorhandenen ›Strauß-Eigenschaften‹ – Rechthaberei, Überheblichkeit und Rücksichtslosigkeit – der Öffentlichkeit sorgfältig verbergen zu müssen meint, weil er auf ›weicher Welle‹ zu siegen hofft).
Auch weiß Helmut Kohl, daß für ihn kein Weg an Strauß vorbeiführt: Sollte es den Unionsparteien unter Kohls Führung am 6. März 1983 wieder – wie 1972, 1976 und 1980 – mißlingen, die absolute Mehrheit der Bundestagsmandate zu erringen, dann wäre es mit Helmut Kohls mit Genschers Hilfe erschlichener Kanzlerschaft vorbei und dann wäre der CSU-Boß sofort zur Stelle und hielte ein Scherbengericht ab, bei dem von Kohl als Bundespolitiker nichts mehr übrigbleiben dürfte. Sollten aber die Unionsparteien siegen und Kohl auch von den Wählern als

Kanzler bestätigt werden, dann wird Franz Josef Strauß erst recht sofort zur Stelle sein. Es steht für Helmut Kohl zu befürchten, daß ihm auch in solchem Falle böse Zeiten als Kanzler bevorständen, denn Bonns starker Mann hieße dann nicht Kohl, sondern Strauß. Womöglich machte sich Strauß dann in bezug auf Kohl das Wort ihres gemeinsamen Freundes, des Konsuls Dr. Ries, zu eigen: *»Wenn ich den nachts um drei anrufe, muß er springen!«*
Überhaupt – der Geist des verstorbenen Dr. Ries ist in der Führungsmannschaft der Christenunion und besonders im Hause Kohl noch sehr lebendig und wirkt sich dort auf unterschiedlichste Weise aus, auch und gerade im Privatleben. Von diesem dürfte eigentlich hier nicht die Rede sein; für die Verletzung der Intimsphäre gibt es nur eine Berechtigung, aber die hat Helmut Kohl selbst geliefert. Er hat sich nämlich nicht nur die alle Normen verletzenden Praktiken seines verstorbenen Gönners Ries zu eigen gemacht, sondern auch dessen Verachtung für die *misera contribuens plebs*, wie die Akademiker im Hause Ries ›das arme steuerzahlende Volk‹ zu verspotten pflegten.
Ehe und Familie – das sind Lieblingsthemen des Volksredners Kohl: »Ich spreche so leidenschaftlich gerade zu diesem Thema«, tönt er, »weil für mich ganz klar ist, daß die immer wieder notwendige geistig-moralische Erneuerung unseres Landes eben nur dann kommen kann, wenn die Jungen ihr Beispiel zu Hause erfahren ... und eingeübt werden in die Tugenden unseres Landes am Beispiel der eigenen Eltern, in der Wärme und Geborgenheit der eigenen Familie.«
Soweit eine typische Phrase Kohls, wie sie leicht abgewandelt in fast jeder seiner Reden auftaucht. Doch als er von Mainz nach Bonn umzog, blieben seine Frau Hannelore und die beiden Söhne zurück im Oggersheimer Bungalow. Seine Sekretärin Juliane Weber nahm er hingegen mit, nicht nur ins Bonner Büro, sondern auch ins neue Haus in Bonn-Pech.

Am 14. Oktober meldete ›Bild‹ aus der ›geheimnisvollen Welt der neuen Nr. 1‹, der Kanzlergattin Hannelore Kohl: Sie ›kam nach Bonn selten, übernachtet hat sie dort so gut wie nie‹. »Wie ein Mann seine Familie behandelt und wie er über die Familie spricht, kann im Gegensatz nicht krasser sein als bei Helmut Kohl«, hat Manfred Bissinger in ›konkret‹ dazu bemerkt. »Seine Worte sind scheinheilig und verlogen, wenn man weiß, wie er lebt. In Bonn ist es ein offenes Geheimnis. Die Journalisten kennen nicht nur Juliane Weber (die übrigens auch verheiratet ist) ... Die Wahrheit schreiben will keiner ... Das höchste der Gefühle ist mal ein Scherz für Insider. Der ›Spiegel‹ über Juliane Weber: ›Sie schlägt ihm auch die Eier auf, weil der Kanzler sie so heiß nicht anfassen mag.‹ Normalerweise würde man darüber zur Tagesordnung übergehen ...«

Bei Kanzler Helmut Kohl wurde jedoch – und zwar von ihm selbst – dafür gesorgt, daß man *nicht* taktvoll darüber hinweggehen kann. Takt und Anstand sind ohnehin nicht Helmut Kohls starke Seiten – das hat schon sein Gönner Konsul Dr. Ries, der selbst nicht gerade pingelig war, häufig bemängelt. Aber mit der Anpassung seines Verhältnisses zu Frau Weber an die gerade – dank Genschers Wählerbetrug und Seitenwechsel – errungene Kanzlerwürde hat Helmut Kohl alle Anstandsverletzungen und Taktlosigkeiten anderer, früherer und heutiger, Würdenträger der Bundesrepublik in den Schatten gestellt:

Zum erstenmal in der Geschichte unseres Staats hat mit ihm ein Kanzler die Finanzierung seines Verhältnisses den Steuerzahlern aufgebürdet. Auf Wunsch von Helmut Kohl wurde Juliane Weber im Bundeskanzleramt eingestellt – als seine persönliche Referentin mit den Bezügen eines Regierungsdirektors (mindestens 5000 DM Monatsgehalt) ...!

Gegen die Einwände des Kanzleramt-Personalrats, Frau Weber fehle die erforderliche Schul- und Hochschulbildung, machte

Kohl das »einzigartige« Vertrauensverhältnis geltend, das zwischen Juliane Weber und ihm bestehe, und er setzte sich damit durch.

»Es gilt für uns der Satz«, erklärte Kanzler Kohl in derselben Woche, »eine gesunde Familie ist die Voraussetzung eines gesunden Staates, und Staatspolitik muß täglich sich an diesen Satz erinnern ...« Frau Hannelore und den Söhnen daheim in Mainz müssen die Ohren geklungen haben. Die Bundesbürger aber können von Glück sagen, daß Kohls ›väterlicher Freund‹ und Förderer nicht mehr von seinem, inzwischen zum Kanzler aufgestiegenen Protegé behaupten kann: »Wenn ich den nachts um drei anrufe, dann muß er springen ...!« Denn Konsul Dr. Ries verstand sich wie kaum ein zweiter auf die Nutzbarmachung des Wissens um geheime Berührungspunkte hochpolitischer, wirtschaftlicher und sehr privater Interessen.

Wer waren Fritz Ries und sein ›Leibfuchs‹?

Wer Genaueres über Helmut Kohl, die anderen führenden Politiker der im Oktober 1982 gebildeten Koalition aus CDU/CSU und Rest-FDP wissen und die wahren Motive erfahren will, die zum Bündnis zwischen Kohl und Genscher und zum Sturz von Helmut Schmidt geführt haben, muß die Herkunft und den Werdegang einiger Exponenten der neuen konservativen Politik studieren und wird dabei unweigerlich auf Leute stoßen, bei denen schon vor einigen Jahren alle Fäden zusammengelaufen sind und von denen die Weichen gestellt wurden.
Einer dieser ›Weichensteller‹ im Hintergrund war – bis zu seinem mysteriösen Ende im Jahre 1978 – der Konsul Dr. Fritz Ries, der eigentliche Entdecker und langjährige Förderer des unbekannten Provinzpolitikers Helmut Kohl. Der letzte Eintrag vor seinem Tode im Prominenten-Lexikon ›Wer ist wer?‹ lautete:
RIES, Fritz, Dr. jur., Konsul, Vorstandsvorsitzender der Pegulan-Werke AG (Gründer und Mehrheitsaktionär) in 6710 Frankenthal/Pfalz. – Geboren 4. Februar 1907 in Saarbrücken (Vater: Karl Ries; Mutter: Johanna geb. Schmelzer); verheiratet seit 1949 mit Dora geb. Abitsch. – Große juristische Staatsprüfung. – 1934ff. persönlich haftender Gesellschafter der Flügel &

Polter KG, Leipzig; Ehrenvorsitzender des Verbands der Deutschen Bodenbelags-, Kunststoff-Folien- und Beschichtungsindustrie, Frankfurt/Main; Aufsichtsratsvorsitzender der Badischen Plastic-Werke, Bötzingen; Beiratsmitglied der Commerzbank AG, Frankfurt/Main; Marokkanischer Honorarkonsul für Hessen und Rheinland-Pfalz; 1967 Großes Bundesverdienstkreuz, 1972 Stern dazu.«

Diese spärlichen Informationen, die über den Werdegang des Dr. Ries wenig, über seine politische Rolle gar nichts aussagen, bedürfen einiger Ergänzungen:

Fritz Karl Ries – wie der Konsul mit vollem Namen hieß – war der Sohn des Inhabers einer renommierten Möbelhandlung in Saarbrücken. Nach dem Abitur begann er ein Jurastudium, erst in Köln, dann in Heidelberg. Er trat als Student der schlagenden Verbindung ›Suevia‹ bei, die zum Kösener Senioren-Convent gehört, und holte sich dort bei Mensuren jene ›Schmisse‹ genannten Fechtnarben, die für eine Karriere, sowohl in der Industrie als auch in der preußischen Verwaltung, damals sehr förderlich waren. Unmittelbar vor dem Verbot der korpsstudentischen Mensuren forderte er auch einen Kommilitonen, der seine Ehre verletzt hatte, auf Pistolen, wobei ihm sein Leibfuchs die Waffen zum Kampfplatz trug.

Dieser ihm zur ›kommentmäßigen‹ Erziehung anvertraute ›Fuchs‹ – so nannte man in den feudalen Korps die Erst- und Zweitsemester – war der acht Jahre jüngere Jurastudent Hanns Martin Schleyer aus Offenburg in Baden, der spätere Präsident des Bundesverbands der Deutschen Industrie (BDI) und der Bundesvereinigung Deutscher Arbeitgeberverbände (BDA), der im Herbst 1977 von Terroristen entführt und ermordet wurde.

Schleyer, Sohn eines Landgerichtsdirektors, war schon 1931 in die Hitlerjugend eingetreten, 1933 in die SS aufgenommen worden (Mitgliedsnummer 227014) und galt mit 19 Jahren bereits als

›Alter Kämpfer‹, der von 1934 an die Universität Heidelberg in eine ›Forschungs- und Erziehungsanstalt nationalsozialistischer Prägung‹ zu verwandeln sich bemühte. Er leitete dort, später auch in Innsbruck und dann in Prag, das ›Studentenwerk‹, aus dessen SS-Mannschaftshäusern der Sicherheitsdienst (SD) seinen Nachwuchs rekrutierte. Von 1939 an stand der SS-Führer Dr. Schleyer im neuen ›Protektorat Böhmen und Mähren‹ an der Spitze der gesamten SS-›Hochschularbeit‹; ihm unterstanden rund 160 Angestellte, und sein Jahresetat, einschließlich Liegenschaftsvermögen, betrug knapp zehn Millionen Reichsmark. Im Verlaufe des Krieges erlangte er noch größeren Einfluß, doch davon später.

Dr. Schleyers älterer Studienfreund Ries hingegen, der 1933 in die Nazipartei eingetreten war und Anfang 1934 zum Dr. jur. promovierte, wurde schon wenige Monate nach Beendigung seines Universitätsstudiums selbständiger Unternehmer: Er erwarb in Leipzig die Firma Flügel & Polter und fungierte als deren alleiniger geschäftsführender Gesellschafter. Sein Schwiegervater – Dr. Ries hatte kurz zuvor eine Rheydter Zahnarzt-Tochter geheiratet – hatte das erforderliche Kapital zur Verfügung gestellt.

In den folgenden Jahren entwickelte Dr. Fritz Ries – wie er selbst in einem Schreiben an eine hohe Parteidienststelle ohne falsche Bescheidenheit anführte – »eine außerordentliche unternehmerische Aktivität«. Er machte aus dem 120-Mann-Betrieb zur Herstellung von Gummiartikeln in wenigen Jahren einen mittleren Konzern, der bald mit einigen seiner Spezialprodukte branchenführend war.

Bei den Tochterfirmen, die er der Firma Flügel & Polter verschaffte, handelte es sich zwar nicht ausschließlich um zuvor in jüdischem Besitz befindliche Unternehmen, doch waren die zahlreichen sogenannten ›Arisierungen‹ ausschlaggebend für seinen ungewöhnlichen Erfolg. Durch die judenfeindliche Politik der Nazis waren die bisherigen Inhaber gezwungen, ihre Betriebe weit unter dem wahren Wert und zu demütigenden Bedingungen zu verkaufen.

Neben kleineren und größeren jüdischen Unternehmen erwarb Dr. Fritz Ries im Jahre 1938, als die judenfeindlichen Maßnahmen noch rigoroser geworden waren, auch die »Mitteldeutsche Gummi- und Guttapercha-Gesellschaft Edelmuth & Co« in Frankfurt am Main. Diese Transaktion wurde allen Geschäftsfreunden mit einem Rundschreiben mitgeteilt, wobei in der linken oberen Ecke des Briefbogens eine Präservativ-Schachtel der Marke ›MIGUIN‹ abgebildet war; sie trug den stolzen Aufdruck: »Jetzt arisch!« Der Text des Schreibens lautete:

»Sehr geehrter Geschäftsfreund!

Hierdurch teilen wir Ihnen höflich mit, daß unsere Firma auf Grund des Genehmigungsbescheides des Herrn Regierungspräsidenten in Wiesbaden vom 1. Mai 1938 in den Besitz der arischen Firma ›Hevea Gummiwarenfabrik GmbH‹ in Finsterwalde, Sitz in Leipzig, übergegangen ist. Die Geschäftsleitung der bisherigen Gesellschafter ist erloschen. Unsere Firma wird demnächst ihren Sitz verlegen und dann den kürzeren Namen ›MIGUIN Gummiwaren GmbH‹ erhalten. Nähere Einzelheiten werden wir Ihnen noch rechtzeitig bekanntgeben. Als neuer Geschäftsführer zeichnet Dr. Fritz Ries, Leipzig ...«

Sodann wurde in diesem Rundschreiben den geehrten Geschäftsfreunden noch mitgeteilt, daß sie weiterhin die Gewähr hätten, »immer nur die bekannten vorzüglichen ›MIGUIN‹-Qualitäten zu erhalten, schon allein deshalb, weil die ›Hevea‹ – bisher die alleinige Herstellerfirma unserer hygienischen Gummiwaren gewesen ist. Heil Hitler!«

Dr. Ries hatte also durch die von ihm zuvor erworbene Präservativfabrik ›Hevea‹ kurzerhand deren Hauptabnehmer, die in jüdi-

schem Besitz gewesene Markenartikel-Vertriebsfirma ›MIGUIN‹, ›arisieren‹ lassen, und zwar – wie sich aus dem erhalten gebliebenen Briefwechsel ergibt, auf besonders brutale Weise. Damit und mit weiteren bedeutenden Präservativmarken, zum Beispiel ›Rotpunkt‹, wurde er zum großdeutschen Branchenführer. Anzumerken wäre noch, daß Dr. Ries für seine rüde, bald auch im gerade dem Reich ›angeschlossenen‹ Österreich praktizierte ›Arisierungs‹politik die erforderliche Rückendeckung gehabt zu haben scheint. Dafür sprechen nicht nur Geschäftsunterlagen, worin die »Unterstützung durch die NSDAP-Kreisleitung« ausdrücklich hervorgehoben wird, sondern auch ein Dokument besonderer Art:
Mit Datum vom 15. Mai 1936 hatte nämlich das Polizeipräsidium Leipzig dem »Herrn Präsidenten des Geheimen Staatspolizeiamtes Sachsen III in Dresden« gemeldet, daß der »Fabrikant Dr. Fritz Ries, geboren am 4. Februar 1907 zu Saarbrücken, Reichsdeutscher, evangelisch-lutherisch, verheiratet und in Leipzig N 22, Lenaustr. 3, wohnhaft ... politisch einwandfrei und zuverlässig«, zudem Parteigenosse sei und daher »die Eignung als Vertrauensmann für besondere Angelegenheiten« besitze. Dieses als »streng vertraulich« gekennzeichnete Schreiben mit dem Aktenzeichen St. A. Dr. 700/34/36 hatte dann am 20. Juni 1936 im Präsidium des Geheimen Staatspolizeiamtes Dresden den handschriftlichen Vermerk erhalten: »Dr. Ries als V-Mann vorsehen!«

Vom Herbst 1939 an, also gleich nach dem Ausbruch des Zweiten Weltkriegs, »wurden alle Konzernbetriebe – so heißt es in einem Bericht des dienstältesten Flügel & Polter-Prokuristen Arno Bückert – auf den Kriegsbedarf der Wehrmacht umgestellt und stark erweitert. Die Beschäftigtenzahl stieg bis Anfang 1941 auf 1200. Der Konzernumsatz – 1934 knapp 500000 Reichsmark – schnellte empor auf 10,86 Millionen RM ...«

Umsätze und Beschäftigtenzahl stiegen aber bald noch weit höher an, denn von 1941 an dehnte Dr. Fritz Ries seinen Gummikonzern auch auf die annektierten polnischen Gebiete aus. Sein neuer Manager, der ihn bei den erforderlichen Verhandlungen, speziell mit den Beauftragten der zuständigen Reichstreuhandstelle Ost, äußerst energisch und in beeindruckender SS-Uniform unterstützte, war der Standartenführer im Sicherheitsdienst (SD) Herbert Packebusch. An sein anmaßendes und brutales Auftreten erinnern sich ehemalige Angehörige der Reichstreuhandstelle Ost noch heute, nach mehr als vierzig Jahren, mit plastischer Deutlichkeit.
Packebusch, nach dem übrigens die Staatsanwaltschaft Kiel wegen dringenden Verdachts des Mordes in sehr zahlreichen Fällen seit Jahren vergeblich fahndet, gehörte seit 1928 der NSDAP, seit 1931 der SS und seit 1937 auch dem Sicherheitsdienst (SD) an. 1942, als er bereits als Direktor in den Diensten des Dr. Ries stand, wurde er »für Verdienste bei den Einsatzgruppen in den ehemals polnischen Gebieten« mit dem Kriegsverdienstkreuz 2. Klasse ausgezeichnet – ein recht bescheidener Lohn, wenn man bedenkt, wie gründlich diese Mordkommandos die Ausrottung der polnischen Intelligenz betrieben hatten.
Auch Konzernchef Dr. Fritz Ries erhielt 1942 das Kriegsverdienstkreuz 2. Klasse, er jedoch nur in Anerkennung seiner hervorragenden Leistungen als Lieferant von Wehrmachtsbedarf. Diese tatsächlich ganz enormen Leistungen waren indessen nicht von Dr. Fritz Ries allein erbracht worden:
So beschäftigte er beispielsweise, allein bei den von ihm ›übernommenen‹ Betrieben der ›Oberschlesischen Gummiwerke‹ in Trzebinia (Westgalizien), laut einer ›Gefolgschaftsübersicht‹ vom 30. 6. 1942, insgesamt 2653 jüdische Zwangsarbeiter, davon 2160 Frauen und Mädchen. Vornehmlich mit deren Hilfe, sprich: rücksichtsloser Ausbeutung, stieg der Umsatz in Trzebi-

nia von 101861 RM im Dezember 1941 auf 1300619 RM im April 1942, also um mehr als das Zwölffache!

»Diese rapide Steigerung ist auf SS-Wehrmachtsaufträge zurückzuführen«, heißt es dazu im Gesellschaftsbericht vom 8. Juni 1942 mit verhaltenem Stolz.

Nicht diesem Bericht, jedoch einem Protokoll des Zweigbetriebs der ›Oberschlesischen Gummiwerke‹ in Wadowitz ist zu entnehmen, auf welche fürchterliche Weise diese enormen Umsatzsteigerungen erzielt wurden. Das von dem Zweigbetriebsleiter Bilke unterschriebene und in einem Deutsch, das Rückschlüsse auf die Mentalität und den Bildungsstand des von Dr. Ries eingesetzten Aufsichtspersonals zuläßt, abgefaßte Protokoll lautet*:

»Vom 21. bis 23. 8. 1942 ließ ich probeweise eine Arbeitszeit von drei Schichten à 8 Stunden laufen. Die praktische Arbeit hat ergeben, daß mit den vorhandenen Kräften, aus welche wir die 3. Schicht bildeten, aus Kindern und Jugendlichen zusammengestellt war, infolgedessen wurde keine wesentliche Leistung erzielt ... In der Erkenntnis der Sachlage ließ ich sofort zwei Schichten à zehn Stunden anlaufen. Die Arbeitszeit läuft jetzt von 6 Uhr früh bis 4 Uhr nachmittags und von 4 Uhr nachmittags bis 2 Uhr nachts; die restliche Zeit ... gestattet uns die einmalige Gelegenheit zum reinigen der Säle, es war nicht möglich, die Säle während der Arbeit ohne wesentliche Unterbrechung zu reinigen.

Die sich jetzt ergebende Leistungsziffer hat gezeigt, daß in der Näherei weiterhin noch bessere Ergebnisse zu erwarten sind. Um den verlangten Satz zu erreichen, lasse ich die Arbeiter hintereinander bis zu 14 Stunden an ihren Platz sein um sie durch diese Maßnahme an schnelleres Arbeiten zu gewöhnen.«

* Hervorhebungen sind im Original nicht enthalten.

Wie es bei den ›oberschlesischen Gummiwerken‹ in Trzebinia und in deren Zweigbetrieben zuging, ist aus einer Reihe von Aktennotizen zu entnehmen – wenngleich nur in schwachen Umrissen, denn das ganze Elend der Frauen und Mädchen sowie der Kinder und der wenigen noch nicht ermordeten Männer wird darin natürlich nicht beschrieben.
So geht aus einer Notiz vom 15. Juli 1942 hervor, daß der jüdische Belegschaftsarzt Dr. Ritter bei dem – später von Dr. Ries gefeuerten und der ›Judenfreundlichkeit‹ beschuldigten – Direktor Kotzam vorstellig geworden war. Er hatte dringend um sofortige Entleerung der Klosettanlagen gebeten, ferner um Chlorkalk zum Streuen, »damit die Fliegenplage beseitigt wird«. Sodann war von dem Arzt ›angeregt‹ worden, für andere Garderobenräume zu sorgen, weil die derzeitigen »Brutstätten für Ungeziefer« bildeten. Und schließlich bat der Arzt, in den Zweigbetrieben jeweils »eine jüdische Sanitäterin, zumindest für die Nachtschicht, einsetzen zu dürfen, da besonders in der Nachtschicht infolge Übermüdungserscheinungen Fingerdurchstiche häufig vorkommen.«
Herr Dr. Ries und seine leitenden Mitarbeiter hatten jedoch gänzlich andere Sorgen: »Die Lieferungen aus Wadowitz lassen stückzahlmäßig noch viel zu wünschen übrig«, heißt es da beispielsweise in einer Aktennotiz der Direktion vom 17. Juli 1942. Und weiter ist da festgehalten: »Wir haben den Arbeitskräften in der Sammelwerkstatt im einzelnen erklärt, daß die Arbeitsleistung in den nächsten Tagen wesentlich gesteigert werden muß, da wir sonst annehmen, daß die Arbeit sabotiert wird.«
Das war nach Lage der Dinge eine klare Morddrohung, denn die Arbeitssklaven wußten ebenso wie ihre Ausbeuter, daß eine Meldung über nachlassende Leistung oder gar Sabotage ihre sofortige »Umsiedlung« (in das knapp 20 Kilometer entfernte

Konzentrationslager Auschwitz) und den sicheren Tod bedeutete.

Die Antreiberei nahm in den folgenden Wochen immer schärfere Formen an. In einem Bericht des Nebenstellenleiters Bilke wird ausgeführt:

»... gab ich also zu verstehen, daß Nähsäle, sowie Ausfertigungsräume, täglich ein ganz bestimmtes Pensum leisten müssen. Anschließend begab ich mich in die Säle und sprach einige Minuten zu den Arbeitern. Ich gab dabei allen bekannt, daß wir die laut Anschlag festgesetzten Leistungsziffern in der Anfertigung von Blusen herausbekommen müssen. Ich wies dabei energisch darauf hin, daß alles Unterhalten der Arbeiter gegenseitig bei der Arbeit unterbleiben müsse.

Wadowitz, 3. September 1942 gez. Bilke«

Bei der Direktion der ›Oberschlesischen Gummiwerke‹ war man sehr zufrieden mit dem Geschäftsverlauf. Im Protokoll einer Sitzung der Konzernspitze in Leipzig am 8. Juni 1942 war bezüglich der Situation bei den ›Oberschlesischen Gummiwerken‹ festgehalten worden:

»Die Rentabilität der Firma ist aufgrund der jetzt vorliegenden monatlichen Umsätze gesichert ... Preislich liegen wir in allen Artikeln sehr günstig, da die Löhne in Trzebinia erheblich niedriger sind als diejenigen in allen anderen zu Flügel & Polter gehörigen Fabriken. Die Leistungsfähigkeit der dortigen Arbeiter ist gut. Die zur Verfügung stehenden Fabrikationsräume sind teilweise modern, teilweise haben wir sie nach heutigen Gesichtspunkten umgebaut ... Die Aussichten sind nach dem derzeitigen Stand als günstig zu bezeichnen.«

Aber natürlich war man dennoch bemüht, den aus der Sklavenarbeit gezogenen Profit noch zu vergrößern. Man stellte Berechnungen an, die ergaben, daß die jüdischen Zwangsarbeiterinnen und -arbeiter auf einen durchschnittlichen Stundenlohn von 36 Pfennigen kamen – viel zu viel, wie man fand. Daraufhin setzte Dr. Ries seinen Mitarbeiter Kolbe in Marsch, und die Direktion hielt in einer Aktennotiz vom 4. November 1942 fest, welchen Auftrag Herr Kolbe hatte:

»Betr. Mindestlohn bei jüdischen Arbeitern.

... teilt Herr Kolbe mit, daß er mit dem Sonderbeauftragten des Reichsführers SS Verhandlungen zur Ermäßigung des Mindestlohnes führen will.

Frist zur Überwachung dieser Arbeit: 15. November 1942.«

Zum Leidwesen des Flügel & Polter-Konzerns und seines Chefs, Dr. Fritz Ries, verminderte sich jedoch die Anzahl der den ›Oberschlesischen Gummiwerken‹ in Trzebinia und ihren Nebenbetrieben zur Verfügung stehenden jüdischen Zwangsarbeiter mehr und mehr, denn sie wurden in immer stärkerem Maße »umgesiedelt«, zuerst die Arbeitsunfähigen, einzeln und in Gruppen, dann ohne Rücksicht auf ihre noch gute Brauchbarkeit für den Ries-Konzern. So mußte Herr Neumann von der Gefolgschaftsabteilung der ›Oberschlesischen Gummiwerke‹ am 18. Februar 1943 dem Vorstand melden:

»Am 18. Februar 1943 wurde der Werkschutz in Trzebinia vom Werkschutz der Nebenstelle Krenau davon in Kenntnis gesetzt, daß seit 5 Uhr morgens in Krenau eine Judenaktion gestartet ist. Herr Direktor Meyer erschien gegen 8 Uhr, und wir fuhren gemeinsam mit dem Fiaker nach Krenau. Auf dem Ring in Krenau waren versammelt: SS-Hauptsturmführer Lindner vom SS-Sonderbeauftragten für fremdvölkischen Arbeitseinsatz, Kommissar Dreier von der Geheimen Staatspolizei Kattowitz, Polizeileutnant Schindler von der Ortspolizeibehörde Krenau und viele andere Herren. Es wurde uns eröffnet, daß Krenau ab sofort judenfrei gemacht wird ... Durch diese Aktion verloren wir

schlagartig 1777 jüdische Arbeitskräfte; es verbleiben uns nur 849 jüdische Arbeitskräfte in Wadowitz. Der derzeitige Gefolgschaftsstand ist demnach insgesamt 2104 gegen früher 3881 ...«
Der tüchtige Herr Neumann hatte indessen schon gut vorgesorgt für den Fall, daß sich – wie es im Frühsommer 1943 dann tatsächlich geschah – der jüdische ›Gefolgschaftsstand‹ auf Null vermindern sollte. Bereits in der zweiten Juliwoche 1942 hatte er – wie einem Bericht vom 10. 7. 1942 zu entnehmen ist – den Einfall gehabt, aus der durch die Juden-Evakuierungen entstandenen Not eine Tugend zu machen, zumindest für das Ries-Unternehmen. Seine Überlegungen gingen davon aus, daß schon jetzt die Umsätze gefährdet waren; daß durch den Abtransport der ›Umsiedler‹ wertvolle, noch keineswegs völlig verbrauchte Arbeitskräfte verlorengingen und daß durch die Zerreißung der Familien auch die Leistung der Zurückgebliebenen, meist Frauen und Mädchen, rapide sank, was wohl psychische Gründe haben mußte. Und da am Ende sicherlich auch diese letzten Fachkräfte ›umgesiedelt‹ werden würden – zwecks späterer Ermordung, wie man inzwischen wußte –, galt es Vorsorge für den Konzern zu treffen. Da hatte nun der treffliche Ries-Mitarbeiter Dr. Neumann die Idee, die ins Lager Auschwitz abtransportierten und dort auf ihre schließliche Ermordung wartenden Juden nicht unproduktiv im KZ herumsitzen zu lassen; ihre Wartezeit auf den Tod ließ sich ja mit dem Ries-Konzern Nutzen bringender Arbeit füllen! Und so meldete er der Direktion in seinem »Bericht über die Verwaltungsarbeit« am 10. 7. 1942:
»Mit dem Rüstungskommando (Kapitän Beyerle) wurde am 7. 7. 1942 das Konzentrationslager in Auschwitz besichtigt zwecks Errichtung einer Großnebenstelle. Schwierigkeiten zur Errichtung einer solchen in großem Umfang bestehen nicht, da durch Erstellung von Baracken entsprechende Arbeitsräume geschaffen werden können. Das Rüstungskommando sagte zu, bei

der Beschaffung dieser Räume weitgehendste Unterstützung zuteil werden zu lassen. Es stehen in Kürze etwa 3000 bis 5000 weibliche Arbeitskräfte zur Verfügung.
Nach Rücksprache mit Herrn Merin, der die Errichtung einer Nebenstelle im Lager Auschwitz begrüßt, wurden sofort 200 Nähmaschinen zur Verfügung gestellt...«
Zu den ersten 200 Nähmaschinen kamen noch viele weitere, wobei anzumerken ist, daß sie bei jüdischen Handwerkern und Heimarbeitern von der SS ›beschlagnahmt‹ und dem Ries-Konzern überlassen worden waren.
In welchem Umfang die im KZ Auschwitz bereitgestellten Nähmaschinen dann für Dr. Fritz Ries zu profitablem Einsatz kamen, ließ sich bislang noch nicht dokumentarisch klären; die SS hat bekanntlich bei Räumung der Konzentrationslager die meisten damals vorhandenen Unterlagen vernichtet.
Aber kürzlich fand sich in dem noch ziemlich vollständig erhalten gebliebenen Archiv der Ries-Stammfirma Flügel & Polter in Leipzig ein bedeutungsvoller Aktenvermerk vom 19. August 1943, abgezeichnet von dem damaligen Ries-Mitarbeiter (und späteren Oberkreisdirektor des Landkreises Stade) Tassilo von der Decken. Darin heißt es:
»In der letzten Postbesprechung mit Herrn Dr. Ries kam zum Ausdruck, daß die Gefahr bestünde, daß von uns nach Auschwitz gemeldete Kräfte nicht wieder zurückkommen... Sind uns bereits derartige Fälle vorgekommen?«
Die Antwort auf diese düstere Frage findet sich handschriftlich am Rand: »Ja«.
Es versteht sich fast von selbst, daß auch bei der Versteigerung des Hausrats der verschleppten und ermordeten Juden, der Ries-Konzern sofort zur Stelle war und alle Konkurrenz aus dem Felde schlug, sogar die eigenen deutschen Angestellten von jedem Anteil an der Beute ausschloß und gar nicht genug zusam-

menraffen konnte. Eine Aktennotiz der Abteilung Einkauf vom 15. Juli 1942 gibt darüber Auskunft:

»In den nächsten Tagen finden in Jaworzno und Wadowitz Auktionen von jüdischen Wohnungseinrichtungen und Einzelmöbelstücken statt. Es ist den Gefolgschaftsmitgliedern untersagt, von sich aus auf den Auktionen vorzusprechen, da die Gummiwerke geschlossen zwecks Erwerb dieser Möbel – eventuell alles, wie es liegt und steht – an den Bürgermeister von Jaworzno bzw. Wadowitz herantreten.

Ich bitte, sofort die nötigen Schritte bei den Amtskommissionen von Jaworzno bwz. Wadowitz einzuleiten. Benötigt werden: Schlaf-, Wohn-, Speise- und Herrenzimmer, Schränke aller Art, Waschkommoden, Waschgeschirr, Eimer, Auflegematratzen, Decken usw.« kurz, die gesamte Habe derer, die man gerade ins Vernichtungslager ›umgesiedelt‹ hatte.

Solcher Erwerb jüdischen Wohnungsinventars zu Schleuderpreisen wurde, nicht allein in Jaworzno und Wadowitz, sondern in allen Städten und Dörfern rings um Trzebinia, so systematisch betrieben, daß »Judenmöbel« schließlich einen eigenen Posten in der Bilanz der ›Oberschlesischen Gummiwerke‹ ausmachten. Möbel füllten dann auch, wohl eingedenk des gewaltigen Bedarfs der dafür bei den Ausgebombten in Deutschland vorhanden war, in Massen die Versandlisten der ›Verlagerungstransporte‹ heim ins Reich, doch davon später.

Insgesamt konnte 1942 der Konzernumsatz gegenüber dem Vorjahr nochmals fast verdoppelt werden; er stieg, vornehmlich dank der billigen Arbeitskräfte im Bereich von Trzebinia, auf rund 20 Millionen Reichsmark.

Auch war Herrn Dr. Fritz Ries inzwischen ein weiteres Großunternehmen im annektierten polnischen Gebiet zugefallen. Wiederum unter Einschaltung des bewährten SS-Standartenführers und Konzerndirektors Herbert Packebusch hatte der Ries-Kon-

zern die früher in jüdischem Besitz gewesenen ›Gentleman-Gummiwerke‹ in Lodz zu einem Spottpreis erwerben können; allein der Buchwert einiger dort übernommener Maschinen war beträchtlich höher als der Gesamtkaufpreis. Mit Hilfe ungewöhnlich günstiger Kredite und ›Aufbaudarlehen‹ konnte alles bezahlt werden, ohne daß der Flügel & Polter-Konzern nennenswert belastet wurde.
Zu diesem so außerordentlich vorteilhaften ›arisierten‹ Großbetrieb in Lodz, der fortan ›Gummiwerke Wartheland‹ in Litzmannstadt genannt wurde, gehörten 23 000 qm Grundstücke mit Gleisanschluß, davon knapp die Hälfte bebaut, unter anderem mit einer neuen, 5000 qm großen Fabrikationshalle, ferner ein Maschinenpark, der 15 Walzwerke, sechs Kalander, einen Riesenkneter im Neuwert von 350000 Zloty (= 175 000 Reichsmark), vier Streichmaschinen nebst Antriebsmotoren und zwanzig Pressen zur Herstellung von Autoreifen sowie von monatlich 15 000 Paar Schuhen umfaßte, alles in betriebsfertigem Zustand, dazu eine fast neue, von der Danziger Werft erbaute hochmoderne Kraftanlage.
Auch an Arbeitskräften mangelte es in Lodz nicht: »Für die Lösung der Arbeiterfrage sehen wir keine Gefahr. Zunächst werden fünf- bis sechshundert, später etwa tausend Gefolgschaftsmitglieder benötigt werden. Dank unserer Verbindungen hoffen wir, uns die erforderliche Anzahl mit Leichtigkeit verschaffen zu können«, heißt es im Geschäftsbericht.
Tatsächlich verfügten die ›Gummiwerke Wartheland‹ schon zwei Monate nach Betriebsbeginn über fast zweitausend Beschäftigte, beinahe ausschließlich, bis auf das Wach- und Aufsichtspersonal, polnische Männer und Frauen. Und hinzu kamen noch die im Getto internierten Juden, die für das Werk zu einem äußerst niedrigen Stücklohn arbeiteten.
Auch bei den ›Oberschlesischen Gummiwerken‹ in Trzebinia

und in deren Zweigbetrieben wurden vom Herbst 1942 an, in Ermangelung der nun restlos »ausgesiedelten« Juden, hauptsächlich polnische Mädchen und Frauen beschäftigt. Wie ihre Lebens- und Arbeitsbedingungen waren – und die der im Leipziger Stammwerk verwendeten ausländischen Zwangsarbeiter – dafür einige Beispiele: Im Stammbetrieb Flügel & Polter in Leipzig waren verschleppte ukrainische Mädchen »in schwerster Männerarbeit eingesetzt«, wie es in einem Bericht der Firma an das Arbeitsamt Leipzig vom 15. Mai 1943 heißt. Sodann wurden dort auch tschechische Zwangsarbeiter beschäftigt. Als einige von ihnen der Fron bei Flügel & Polter – von den Arbeitern heimlich umbenannt in ›Prügel & Folter‹ – zu entfliehen versucht hatten, wurde die Gestapo-Leitstelle Prag eingeschaltet. Übrigens, auch in Trzebinia drohte man den polnischen Arbeitskräften ständig mit der Gestapo:

»Wer unentschuldigt von seiner Arbeitsstätte fernbleibt, wird wegen Arbeitsbummelei und Arbeitssabotage der Geheimen Staatspolizei angezeigt und hat schärfste Bestrafung zu gewärtigen«, lautete eine Anweisung des Direktionsassistenten Dr. Neumann vom 2. Juni 1943, die zweisprachig zum Aushang kam. Ein anderer Aushang, vom 16. Juni 1943, verkündete:

»Laut Anweisung des Arbeitsamts werden alle weiblichen Kräfte der Näherei, Kleberei, Zuschneiderei und Einrichtung, die auswärts wohnen und täglich die Reichsbahn zur An- und Abfahrt zum Werk benutzen, aufgefordert, ihre Unterkunft nach dem Arbeitslager zu verlegen.« Was dies für die Arbeiterinnen in der Praxis bedeutete, läßt sich nur ahnen.

Nebenbei bemerkt, es wurden auch deutsche Gefolgschaftsmitglieder bespitzelt und ›vertraulich‹ gemeldet, weil sie den polnischen katholischen Gottesdienst besucht hatten! Und schließlich ging die Brutalität im Ries-Konzern so weit, daß die polnischen Arbeitskräfte, zumeist junge Frauen und Mädchen, nicht nur

nach beendeter Schicht in einem Barackenlager unter Aufsicht gestellt, sondern auch während der Arbeitszeit im Saal eingeschlossen und nach Schluß der Arbeit durchsucht wurden. Diese Anordnung hatte, nebenbei bemerkt, bereits ein neuer, erst in der zweiten Hälfte des Jahres 1944 eingestellter Direktor getroffen, der auch am 30. Oktober 1944 befahl und in einer Aktennotiz festhielt, daß jeder »Mitarbeiter«, der mehr als einmal an seinem Arbeitsplatz unentschuldigt fehlte, zur »außerbetrieblichen Bestrafung« – durch die Gestapo – zu bringen sei.
Zu dieser Zeit war die »Verlagerung«, das heißt: der Abtransport nicht nur von Fertigware, sondern auch von Rohstoffen, Halbfabrikaten, Maschinen und Mobiliar, zunächst in sogenannte Auffanglager bei Freienwalde an der Oder und im Raum Leipzig, dann weiter nach Westen bereits in vollem Gange, und der neue Direktor erwarb sich auch dabei durch Umsicht, Schneidigkeit und Härte große Verdienste um die Rettung des zusammengeraubten Konzernvermögens vor den näherrückenden sowjetischen Truppen. Der Name des neuen Mannes, der ein »Alter Kämpfer« der Nazipartei und zuletzt Leiter einer Dienststelle in Krakau gewesen war, soll hier nicht verschwiegen werden. Es handelte sich um Artur Missbach, geboren am 21. September 1911 in Radebeul bei Dresden, und es wird von ihm als späterem CDU-Bundestagsabgeordneten und Herausgeber von »Vertraulichen Mitteilungen aus Politik und Wirtschaft« noch ausführlich die Rede sein.
Doch verweilen wir zunächst noch bei Dr. Fritz Ries, dem Chef des Flügel & Polter-Konzerns, und bei der Heimschaffung der polnischen Beute im Winter 1944/45. Denn diese Beute war und blieb natürlich das Allerwichtigste für einen Unternehmer vom Schlage des Dr. Fritz Ries, der seine fleißigen »fremdvölkischen Mitarbeiterinnen und Mitarbeiter« ja keineswegs aus Haß, Grausamkeit und ideologischer Verblendung bis zum Umfallen

hatte schuften lassen, sondern nur, damit die Kasse stimmte. Und was hätten ihm volle Kassen sowie Unmengen von kostbaren Rohstoffen und Fertigwaren genützt, wenn sie der schon sehr nahegerückten Roten Armee in die Hände gefallen wären?
Nein, Herr Dr. Ries wollte natürlich durch den sich im Winter 1944/45 bereits an allen Fronten abzeichnenden Untergang des Nazi-Reiches persönlich keinen Schaden erleiden. Vielmehr wünschte er, sich selbst und die reiche Beute von Lodz und Trzebinia sowie der vielen kostengünstigen Nebenbetriebe im Bereich von Auschwitz der Nachwelt zu erhalten. Die in bessere Zeiten und sicherere Gegenden hinübergeretteten Barmittel und Sachwerte sollten ihm einen kraftvollen unternehmerischen Neubeginn ermöglichen.
Nur deshalb wandte sich Dr. Ries nun an den Berliner Fischgroßhändler Renziehausen, und dieser beschaffte ihm gegen eine Vermittlungsgebühr von je 1000 RM eine Vielzahl von Eisenbahnwaggons, die damals streng bewirtschaftet waren, weil sie für lebenswichtige Versorgungs- und Verwundetentransporte benötigt wurden. Dr. Ries charterte auch ganze Lastwagenkolonnen des ›Transportkorps Speer‹, die ihm ein windiger ›Stabskapitän‹ Lederer gegen angemessenes Entgelt zur Verfügung stellte. Vom August 1944 bis zum Juni 1945 waren Dr. Ries und sein Direktor Missbach vornehmlich damit beschäftigt, die so wacker erwirtschafteten Vermögenswerte des tief ins ›Ostland‹ vorgestoßenen ›Flügel & Polter‹-Konzerns, erst von Polen nach Deutschland, dann innerhalb des ›Altreichs‹, so weit wie irgend möglich nach Westen zu schaffen. Hauptziel dieser ›Verlagerung‹, zumal der wichtigsten Maschinen, war Hoya an der Weser; daneben wurden Lager, vor allem für Mantelstoffe, auch in anderen, meist ländlichen Gegenden, vorzugsweise in Bayern, angelegt.
Wie das viele Bargeld nach Westen kam, das Dr. Fritz Ries schon kurz nach Kriegsende dort zur Verfügung stand, ist indessen sein

Geheimnis geblieben; es taucht in den ansonsten vollständigen Versandlisten, in denen jeder Karton mit Glühbirnen, jede Rolle Toilettenpapier und jedes Fernschreiber-Ersatzteil aufgeführt ist, begreiflicherweise nicht auf.
Die der 17. Zivilkammer des Landgerichts Stuttgart im Prozeß um das Buch »Großes Bundesverdienstkreuz«* als Zeugin benannte Ries-Tochter Monika erinnert sich allerdings, daß sich ihr Vater häufig, wenn er im Kreis der Familie am abendlichen Kaminfeuer dem Rotwein zugesprochen hatte, mit verhaltenem Stolz dazu bekannt hat, anno 1945 Riesensummen persönlich und kofferweise nach Westen geschafft zu haben.
Im Herbst 1944 hatte es wegen der von Dr. Ries geltend gemachten Ansprüche auf ein ihm geeignet erscheinendes, jedoch von der Luftwaffe bereits reklamiertes Gelände bei Hoya einige Schwierigkeiten gegeben. Doch Dr. Ries war es auch noch in der Endphase des Krieges gelungen, sich durchzusetzen. Er mobilisierte damals seinen Ex-Schwiegervater – von der Zahnarzt-Tochter hatte er sich inzwischen scheiden lassen und war bereits Vater zweier Kinder seines früheren Lehrmädchens Dora Apitzsch, das er später heiratete –, und Dr. Heinemann in Rheydt, der seinerseits mit dem auch aus Rheydt stammenden Dr. Josef Goebbels gut bekannt war, bat diesen mächtigen, von Hitler zum ›Reichsbevollmächtigten für den totalen Kriegseinsatz‹ ernannten Minister um eine Anordnung, die den Plänen des Dr. Ries Vorrang vor denen der Luftwaffe gab.

In einem Lebenslauf, den Dr. Fritz Ries Jahre später, am 28. November 1950, zwecks Darstellung seiner unternehmerischen Weitsicht für einen Kreditgeber abfaßte, schilderte er seine Lage gegen und nach Kriegsende folgendermaßen:

* Erhältlich als rororo-Taschenbuch Nr. 1924

»1944 gründete ich die Gummiwerke Hoya GmbH. Mit dieser Gründung wollte ich lediglich einen Teil der Maschinen aus den mir gefährdet erscheinenden östlichen Gebieten retten. Tatsächlich waren bei Kriegsende in Hoya neue Maschinen für etwa 1,5 Millionen RM gelagert ... Weiterhin standen mir bei Beendigung des Krieges einige hunderttausend Meter Stoff zur Verfügung.«

Um einen Teil des immer wertloser werdenden Bargelds anzulegen, erwarb Dr. Ries kurz nach Kriegsende auf der am weitesten westlich gelegenen deutschen Nordseeinsel Borkum ›Köhlers Strandhotel‹, das größte Haus am Platze. Es stellte nach heutigen Wertbegriffen ein Multimillionenobjekt dar. Was aber der Besitz von »einigen hunderttausend Metern Stoff« in der Notzeit 1945/46 bedeutet hat, läßt sich überhaupt nicht mehr ermessen!

Jedenfalls darf man sagen, daß Dr. Ries das ›Dritte Reich‹ und den Zweiten Weltkrieg nicht nur heil überstanden hatte, sondern dadurch auch um ein Zigfaches reicher geworden war. Wohl nur er selbst hielt vornehmlich sein unternehmerisches Genie für die Ursache. Dagegen muß man einräumen, daß nach 1945, als es weder etwas zu ›arisieren‹ noch Großnebenstellen in Auschwitz einzurichten gab, die weitere unternehmerische Tätigkeit des Dr. Fritz Ries wirklich einige geniale Züge hatte.

Er verschaffte sich zunächst die Anerkennung als Vertriebener und alsdann die eines angeblich erlittenen ›Vertreibungsschadens‹. Mit Datum vom 10. Oktober 1953 – 16/M/Ke – bescheinigte ihm das Ausgleichsamt bei der Stadtverwaltung Frankenthal/Pfalz, wo er seinen Wohnsitz genommen hatte, zur Unterstützung seines Antrags auf Gewährung eines Arbeitsplatzdarlehens von 125 000 DM aus Landesmitteln, »daß der Antragsteller beim Ausgleichsamt Frankenthal die Feststellung der folgenden Vertreibungsschäden beantragt hat:

1. Geschäftsanteil an der ›Oberschlesischen

Gummiwerke GmbH‹, Trzebinia über Nennbetrag (Kapitalforderung) 1 445 000 RM
2. Geschäftsanteil an der ›Gummiwerke Wartheland AG‹, Litzmannstadt über 500 000 RM
3. Verlust eines Einfamilienhauses mit 10 Zimmern in Trzebinia, Kreis Krenau (OS) – Grundvermögen –

Weiter wird bestätigt, daß die Angaben des Antragstellers in dem Feststellungsantrag hinreichend dargetan sind.«

Und so, wie in diesem Fall, ging es dutzendfach weiter: An jeder Finanzierungsquelle, die die öffentliche Hand einem, neue Arbeitsplätze und Wohnungen schaffenden Vertriebenen mit angeblich im Osten erlittenen Millionenverlusten sprudeln ließ, labte sich der – politisch als bloßer Mitläufer der Nazipartei glücklicherweise völlig unbelastete – Dr. Ries, und ganz nebenbei schuf er sich auch jene nützlichen Verbindungen zu den über die Verteilung von Darlehen, Krediten, Steuervergünstigungen und Landesbürgschaften mitentscheidenden Politikern.

Die Schaffung solcher nützlichen Beziehungen war auch dringend nötig, denn immer wieder regten sich bei den Beamten der zuständigen Behörden Zweifel an der Berechtigung der Ries'schen Ansprüche.

So berichtete der damalige Generalbevollmächtigte des Dr. Ries, Dr. Grote-Mismahl, seinem Chef mit Schreiben vom 22. Oktober 1953 über seine am Vortag stattgefundene Verhandlung mit dem rheinland-pfälzischen Landesausgleichsamt Koblenz:

»Zuerst verlief die Verhandlung ganz nach Wunsch. Herr Ministerialrat Dr. Giesen war schon bereit, den Vertreibungsschaden in Gesamthöhe von DM 2 Millionen als Sicherheit ... anzunehmen ... In diesem Augenblick wurde zur Unterschrift ein Entwurf des Herrn v. Bünau hereingegeben. Dieser Entwurf enthielt die schwersten Vorwürfe gegen das hiesige Ausgleichsamt, weil der verantwortliche Sachbearbeiter seine Pflicht verletzt

habe hinsichtlich einer Prüfung, ob Herr Dr. Ries nicht als Nutznießer der nationalsozialistischen Gewaltherrschaft zu betrachten sei ... Der Entwurf des Herrn v. Bünau war so scharf gehalten, daß Herr Dr. Giesen zu Herrn v. Bünau sagte: ›Wenn ich das unterschreibe, dann erreichen Sie genau das Gegenteil von dem, was Sie wollen. Um sich zu rechtfertigen hat nämlich dann das Ausgleichsamt Frankenthal das äußerste Interesse daran, festzustellen, daß die Ansprüche des Herrn Dr. Ries an den Lastenausgleich tatsächlich bestehen. Sie treiben also das Ausgleichsamt Herrn Dr. Ries in die Arme ...‹«
Lassen wir es dahingestellt, wer am Ende wen Herrn Dr. Ries in die offenen Arme trieb und seine immer neuen Forderungen befriedigte. Fest steht, daß das von 1969 bis 1976 vom Ries-Geförderten Helmut Kohl regierte Land Rheinland-Pfalz ziemlich häufig und tief für Dr. Ries in die Tasche hat greifen oder Bürgschaften übernehmen müssen, zum letztenmal, wie bereits an früherer Stelle erwähnt, Anfang 1976.
Sicherlich haben die Beamten der zuständigen Behörden stets nur das getan, was sie für ihre Pflicht hielten, und man darf nicht annehmen, sie hätten sich bei ihren Entscheidungen etwa davon beeinflussen lassen, daß immer prominenter werdende Politiker und Wirtschaftsführer in der Frankenthaler Ries-Villa ein und aus gingen:
Da war – um nur einige wenige zu nennen – der von Dr. Ries achtzehn lange Jahre hindurch fast väterlich und selbstlos geförderte damalige rheinland-pfälzische Landesvater Helmut Kohl, der seit 1959 im Mainzer Parlament gesessen hate, schon 1961 stellvertretender CDU-Fraktionsvorsitzender geworden war, 1963 den Vorsitz der Landtagsfraktion und 1965 auch den Landesvorsitz der Union in Rheinland-Pfalz übernommen hatte – alles in allem ein Politiker von wachsendem Einfluß, dessen Wort in Mainz und bald auch in Bonn mehr und mehr Gewicht bekam.

Da war Dr. Hanns Martin Schleyer, der Personalchef der Daimler-Benz AG und BDA-BDI-Doppelpräsident, der nicht nur ein Korpsbruder und Studienfreund des Dr. Ries war, sondern auch der Vizepräsident des PEGULAN-Aufsichtsrats, (dessen Vorsitz der Commerzbank-Boß Ernst Rieche führte).

Da waren auch Franz Josef Strauß und Frau Diplom-Volkswirtin Marianne geborene Zwicknagl, beide mit Konsul Dr. Fritz Ries eng befreundet und große Bewunderer seiner unternehmerischen Leistung (wodurch das Strauß-Wort, von dem Franz Josef Strauß aber inzwischen abgerückt ist, plötzlich einen Sinn erhält: »Ein Volk, das diese wirtschaftlichen Leistungen erbracht hat, hat ein Recht darauf, von Auschwitz nichts mehr hören zu wollen!«).

Diese makabre und – wenn man die Zusammenhänge berücksichtigt – außerordentlich zynische Feststellung traf Strauß – laut ausführlichem Bericht der ›Frankfurter Rundschau‹ vom 13.9.1969 – in einer Wahlkampf-Ansprache im Herbst 1969, und damals war er als Bundesfinanzminister ein für Dr. Ries besonders wichtiger Freund.

Etwas mehr als ein Jahr später trat Frau Marianne Strauß in die am 23. Februar 1971 begonnene Ries-Gesellschaft ›Dyna-Plastik‹ in Bergisch Gladbach ein, laut Handelsregisterauszug zunächst mit einer Kommandit-Einlage von 304500 DM. Das entsprach damals einer Kommanditbeteiligung von etwa 14 Prozent. 1973 wurde das Dyna-Plastik-Kapital erhöht, wobei die Kommanditisten ungleichmäßig mitgezogen haben; am stärksten stieg der Anteil von Frau Strauß, nämlich auf 406000 DM, was einer Beteiligung von etwa 16 Prozent entspricht. Neben der Ehefrau des CSU-Vorsitzenden haben auch einige Familienmitglieder des Konzernchefs Kommanditanteile an der – von der ›PEGULAN‹-Krise, wie es heißt, nicht betroffenen – ›Dyna-Plastik‹, unter anderem Frau Ingrid geschiedene Kuhbier gebo-

rene Ries, eine Tochter des Herrn Konsuls aus erster Ehe, die mit einer Einlage von 351780 DM im Handelsregister eingetragen wurde.
Und die attraktive Ingrid Kuhbier bringt uns zwanglos (und aus Gründen, von denen noch die Rede sein wird) zu einem weiteren Spitzenpolitiker, der sich dem Hause Ries verbunden fühlt: zu Professor Dr. Kurt H. Biedenkopf, 1973–77 Generalsekretär der CDU, dann stellvertretender CDU-Bundesvorsitzender und Präsident des einflußreichen CDU-Wirtschaftsausschusses. Von ihm, dem inzwischen aus der Bundespolitik verdrängten Fraktionsvorsitzenden der CDU im Düsseldorfer Landtag, soll zunächst die Rede sein, ehe wir uns wieder Dr. Ries und seinem tragischen Ende zuwenden.

Wer ist Kurt Biedenkopf?

»BIEDENKOPF, Kurt H., Dr. jur. (habil.) LL.M., Professor, geboren am 28. Januar 1930 in Ludwigshafen/Rh. (Vater: Wilhelm Biedenkopf), verheiratet mit Sabine geb. Wäntig. – 1963–71 Lehrtätigkeit an der Universität Frankfurt/Main (Privatdozent) und Bochum (Ordinarius seit 1964; von 1967–69 Rektor). 1968 ff. Vorsitzender der Mitbestimmungskommission der Bundesregierung; 1971 ff. Vorstandsmitglied der C. Rudolf-Poensgen-Stiftung; 1972 ff. Vorsitzender des Landeskuratoriums des Stifterverbands für die deutsche Wissenschaft (Neugründung); seit 1973 Generalsekretär des CDU-Bundesvorstands. – Buchveröffentlichungen: Aktuelle Grundsatzfragen des Kartellrechts, 1957 (mit Callmann und Deringer); Vertragliche Wettbewerbsbeschränkungen und Wirtschaft, 1958; Unternehmer und Gewerkschaften im Recht der USA, 1961; Grenzen der Tarifautonomie, 1964; Thesen der Energiepolitik, 1967; Mitbestimmung, Beitrag zur ordnungspolitischen Diskussion, 1972; Fortschritt in Freiheit, Umrisse einer politischen Strategie, 1974.«
Dieser auf eigenen Angaben Biedenkopfs beruhende Eintrag in einem älteren ›Wer ist wer?‹ gibt dem Leser einige Rätsel auf. Zunächst hat es den Anschein, es handele sich um einen stillen Gelehrten, der im In- und Ausland fleißig studiert und dann eine

erfolgreiche Universitätskarriere eingeschlagen habe. Dafür scheinen auch die zahlreichen Buchveröffentlichungen zu sprechen, und auch das eine oder andere Ehrenamt in Stifterverbänden ließe sich damit in Einklang bringen. Doch überraschenderweise wurde der Herr Professor dann 1973 Generalsekretär des Bundesvorstands der Christlich-Demokratischen Union ... Noch ein weiterer Umstand bereitet einiges Kopfzerbrechen: Es fehlt in dieser – und in jeder anderen – Kurzbiographie Biedenkopfs selbst der kleinste Hinweis auf Herkunft, Schulzeit, Beruf des Vaters und dergleichen. Vielleicht, so könnte man meinen, verbirgt hier ein Arbeitersohn aus Bescheidenheit oder falscher Scham seinen raschen sozialen Aufstieg? Diese und zahlreiche andere Rätsel lösen sich indessen sehr schnell, wenn man die Lücken ausfüllt, die der CDU-Generalsekretär offenbar ganz bewußt in der Beschreibung seiner Karriere hat klaffen lassen: Professor Dr. Kurt H. Biedenkopf ist beileibe kein sozialer Aufsteiger, vielmehr der Sohn des Diplom-Ingenieurs Wilhelm Biedenkopf aus Chemnitz, Jahrgang 1900, der bis zu seiner Pensionierung ordentliches Vorstandsmitglied der zum Flick-Konzern gehörenden ›Dynamit Nobel AG‹ in Troisdorf gewesen ist, zuvor technischer Direktor, Inhaber etlicher Beirats- und Aufsichtsratsmandate sowie zahlreicher Ehrenämter, während des Zweiten Weltkrieges auch ein – vom ›Führer‹ besonders belobigter und belohnter – ›Wehrwirtschaftsführer‹. Und ganz zufälligerweise war Vater Wilhelm Biedenkopf zuletzt auch Mitglied des Beirats eines Unternehmens in Bergisch-Gladbach, das dann zu einer Perle des ›PEGULAN‹-Konzerns wurde: jener ›Dyna-Plastik-Werke GmbH‹, an denen Frau Marianne Strauß, geborene Zwicknagel, von Dr. Ries mit etwa 16 Prozent beteiligt wurde. Sohn Kurt, der spätere CDU-Generalsekretär, kam während einer beruflichen Station des Vaters bei der BASF in Ludwigshafen zur Welt, genau wie Helmut Kohl, mit dem er auch den Jahrgang, 1930, gemeinsam hat. Und nebenbei bemerkt: Helmut Kohl und Kurt Biedenkopf besuchten auch dieselbe Ludwigshafener Volksschule.

Dann aber trennten sich ihre Wege: Der aus kleiner, unbemittelter Beamtenfamilie stammende Kohl mußte sich, wie wir bereits wissen, recht mühsam nach oben angeln, und dabei spielte sein Förderer Dr. Ries eine große Rolle; Kurt Biedenkopf hingegen studierte in den USA politische Wissenschaften, in München und Frankfurt Jura und Nationalökonomie, promovierte zum Dr. jur. und zum Master of Law, habilitierte sich mit einer Arbeit über ›Die Grenzen der Tarifautonomie‹ und wurde 1967 jüngster Hochschul-Rektor der Bundesrepublik an der Ruhruniversität Bochum.

In den folgenden Jahren begann Professor Biedenkopf, sich wirtschafts- und gesellschaftspolitisch zu profilieren. »In seinem Bekenntnis zu einer funktionsfähigen Marktwirtschaft mit Wettbewerb und Privateigentum läßt er sich von niemandem überbieten«, schrieb damals ›Der Spiegel‹.

Weithin bekannt wurde der nun schon nicht mehr so stille Wissenschaftler aber erst 1968, als ihn Kurt Georg Kiesinger, inzwischen vom Nazi-Propagandisten zum CDU-Vorsitzenden und Bundeskanzler aufgestiegen, mit der Leitung einer Kommission betraute, die für die Bundesregierung die Frage der betrieblichen Mitbestimmung der Arbeitnehmer untersuchen sollte.

Diese Biedenkopf-Kommission, wie sie dann genannt wurde, rang sich zwar zu einer Würdigung der gutfunktionierenden paritätischen Mitbestimmung in der Montanindustrie durch, entschied sich aber gegen die Ausdehnung dieses Modells auf die gesamte Wirtschaft, wie es Gewerkschaften und CDU-Sozialausschüsse gefordert hatten.

»Seither gilt Biedenkopf« – so ›Der Spiegel‹ – »den Gewerkschaften, aber auch den parteieigenen CDU-Sozialausschüssen,

als überzeugter Unternehmerfreund, der jede Demokratisierung der Wirtschaft zu bekämpfen suche.«
Umgekehrt fand einer der größten bundesdeutschen Konzerne, die Henkel-Gruppe, daß dieser so unternehmerfreundliche Professor genau der richtige Mann für sein Top-Management wäre. Schon Anfang 1971 konnte Professor Biedenkopf seine wissenschaftliche Laufbahn aufgeben und ordentlicher Geschäftsführer der Henkel GmbH werden. Von diesem Kommandoposten des nicht nur im Waschmittelbereich führenden Chemie-Riesen holte sich zweieinhalb Jahre später die CDU den Konzern-Manager Biedenkopf in ihre Bonner Parteizentrale als neuen Generalsekretär. Er sollte die sich in ihrer Oppositionsrolle nicht zurechtfindende Union gründlich reformieren und 1976 wieder an die Macht bringen.
Die bundesdeutschen Großbankiers und Konzerngewaltigen, an ihrer Spitze der bis dahin eher als Strauß-Fan bekannte Arbeitgeber-Präsident Dr. Hanns Martin Schleyer, setzten von nun an ihre politischen Hoffnungen ganz auf – so Schleyer – »das Tandem Kohl–Biedenkopf«, das für sie im Bundestagswahljahr 1976 das Rennen machen sollte. Dabei war dem ›schwarzen Riesen‹ Kohl – von dessen Planungs- und Lenkungsfähigkeiten auch die Herren der Wirtschaft nicht recht überzeugt waren und sind – die Rolle des sich abstrampelnden Lieferanten der Antriebskraft zugedacht, dem so unternehmerfreundlichen und konzernverbundenen Professor Biedenkopf hingegen die Rolle des Strategen und Steuermanns.
Er werde, so erklärte Professor Biedenkopf kurz vor seinem offiziellen Amtsantritt in Bonn, das Programm der CDU und ihre Oppositionsrolle »radikal durchdenken, radikal nicht im Sinne von umstürzlerisch, sondern im Sinne von rücksichtslos«. Doch was die Union und ihr neuer Vorsitzender Kohl dann von dem mit viel Vorschußlorbeer bedachten ›radikalen Denker‹ zu hören

bekamen, waren nur die alten Gemeinplätze, geringfügig aufpoliert: Die CDU – so Biedenkopf – müsse ihre »programmatische Kraft wiedererlangen«, ihr politisches »Fundament an vielen Stellen anbohren und feststellen, ob es noch trägt«, vor allem aber endlich eine Alternative zur sozialliberalen Politik entwikkeln.

Nach diesem enttäuschenden Start wurde es wieder ziemlich still um den neuen Parteimanager, bis im Sommer 1975 sein Name jäh in die Schlagzeilen der Weltpresse geriet: Ein Telefongespräch zwischen Biedenkopf und Kohl war heimlich abgehört und sein Inhalt an eine große Illustrierte weitergegeben worden! Durch die Reihen der CDU/CSU-Opposition ging ein Aufschrei der Empörung. Die Bundesregierung, völlig überrascht und ziemlich ratlos, kündigte eine sofortige strenge Untersuchung bis zur restlosen Aufklärung des unerhörten Vorfalls an. Politiker aller Parteien ließen große Nervosität erkennen, und ganz Bonn rätselte, wie und warum die Telefonleitungen der CDU-Führung wohl angezapft worden waren, vor allem aber: von wem? Mehr als zwei Wochen lang blieb die ›Abhör-Affäre‹ das politische Thema Nr. 1 der Bundesrepublik, und das Nachrichtenmagazin ›Der Spiegel‹ faßte die vorherrschende Meinung zusammen in einer Titelgeschichte, worin es hieß:

»Fortan müssen der CDU-Vorsitzende und sein Parteisekretär mit dem Risiko leben, aus der Anonymität heraus jederzeit mit heiklen Details aus Dienst- und Privatgesprächen belastet zu werden. Führungspersonen aber, die mit solchem Handicap agieren müssen, sind auf die Dauer in ihrer politischen Handlungsfähigkeit beeinträchtigt. Ein Kanzlerkandidat gar, dem jederzeit Bloßstellung droht, muß sich fragen lassen, ob er nicht klüger daran täte, im Interesse seiner Partei jeglichen Pressionsversuchen durch Verzicht zuvorzukommen – nach dem Vorbild Willy Brandts.«

Doch weder Helmut Kohl noch Kurt Biedenkopf brauchte zurückzutreten. Der Sturm legte sich wieder, ohne daß je bekanntgeworden wäre, wer denn nun eigentlich die beiden CDU-Größen belauscht hatte – ein in- oder ausländischer Geheimdienst? Ein SPD-Spion? Oder vielleicht nur ein von einer eifersüchtigen Ehefrau beauftragter Privatdetektiv?
Jedenfalls verzichtete die Opposition darauf, den Vorfall gebührend auszuschlachten. Ihr anfänglich vehementer Protest und stürmisches Verlangen nach Aufklärung und Bestrafung der Schuldigen verstummten überraschend schnell. Und seitdem ist der zunächst zur Staatsaffäre aufgebauschte Abhör-Skandal nahezu in Vergessenheit geraten.
Die sonderbare Eile, mit der die in ihren Rechten so schwer verletzten Herren Biedenkopf und Kohl die Sache dann ruhen ließen und rasch wieder zur Tagesordnung übergingen, spricht dafür, daß es sich bei den Lauschern am Telefon nicht, wir ursprünglich vermutet, um Agenten eines politischen Gegners oder gar auswärtiger Nachrichtendienste gehandelt hat, sondern daß es dabei nur um Liebe und Eifersucht ging.
Doch obwohl jedem Politiker ein Privatleben zuzubilligen ist, das weder seine Partei noch gar die Öffentlichkeit etwas angeht, rätselte man weiter, wer der betroffene Politiker und seine konkurrierenden Damen denn nun seien. Und plötzlich führten wieder Spuren in den familiären Umkreis des Konsuls Dr. Fritz Ries.
Aber zurück zu Kurt H. Biedenkopf, der gerade dabei war, sich auch im Ausland stärker zu profilieren, zunächst in Österreich. Immer häufiger und länger hatte er in den Monaten vor dem so ärgerlichen Abhör-Skandal auf der steiermärkischen Besitzung des Konsuls Dr. Ries, Schloß Pichlarn, geweilt und dabei das Angenehme des Aufenthalts in dieser außerordentlich schön gelegenen und luxuriösen Residenz des ›Pegulan‹-Konzernherrn mit manchem Nützlichen zu verbinden gewußt.

So dozierte etwa Professor Dr. Kurt H. Biedenkopf auf den sogenannten »Pichlarner Topmanager-Gipfeltreffen« der österreichischen ›Akademie für Führungskräfte‹ (ÖAF) vor einem erlesenen Kreis von Politikern, Industriekapitänen, Prälaten, Bankiers und hohen Militärs aus acht europäischen Ländern über »Führung international – interdisziplinär« oder leitete auch ÖAF-Seminare für Konzernherren, die in der zur Ries-Besitzung gehörenden Prominentenherberge ›Schloßhotel Pichlarn‹ ihre überflüssigen Pfunde wegzutrimmen versuchten und gleichzeitig ihren Führungsstil up to date bringen wollten.
Da Herr Professor Dr. Kurt H. Biedenkopf – wie man der österreichischen ›Süd-Ost-Tagespost‹ vom 17. September 1974 dann entnehmen konnte – der mit Abstand »prominenteste ausländische Teilnehmer und Vortragende« dieser ÖAF-Veranstaltungen war, ist es leicht begreiflich, daß ihm die ganz besondere Fürsorge des Schloßherrn Dr. Fritz Ries und dessen anwesender Tochter Ingrid Kuhbier galt. Man ließ es sich nicht nehmen, den CDU-Generalsekretär nicht als bloßen Hotelgast, sondern als Freund der Familie zu behandeln.
In der Folgezeit vertieften sich diese Beziehungen. Man besuchte sich häufiger; man telefonierte viel miteinander, und für die Zeit nach der Bundestagswahl wurden in Bonn gewisse Überraschungen erwartet, die des Konsuls Ries Ansehen und Möglichkeiten weiter vermehren würden.
Es dauerte indessen bis 1980, und Dr. Ries weilte schon nicht mehr unter den Lebenden, bis die Beziehungen des Professors Biedenkopf zur Ries-Tochter Ingrid Kuhbier auch standesamtlich beurkundet wurden. Biedenkopf, nunmehr geschieden von seiner Ehefrau Monika, die ihm vier Kinder geboren hatte, heiratete dann die mit ihm seit sechs Jahren befreundete Mitgesellschafterin von Frau Marianne Strauß bei der Firma ›Dyna-Plastik‹. Im Prominenten-Lexikon ›Wer ist wer?‹ verschwieg er al-

lerdings, daß seine zweite Frau ebenfalls geschieden und eine Tochter des verstorbenen Konsuls Dr. Ries war. Dort lautet der – auf eigenen Angaben beruhende – Eintrag: »... verheiratet in 2. Ehe mit Ingrid, geborener Kuhbier ...«, wo es doch richtig heißen müßte: »... mit Ingrid, geborener Ries, geschiedener Kuhbier.« Ob er sich nun seiner neuen familiären Beziehungen zu dem toten Industriellen schämte, der einen bedeutenden Teil seines Vermögens der Ausbeutung von Zwangsarbeitern in und um Auschwitz verdankt hatte, oder ob es ihm für einen prominenten Christdemokraten unschicklich schien, allzu viele Scheidungen bekannt werden zu lassen, bleibt Kurt Biedenkopfs Geheimnis.

Zu den vornehmsten Pflichten eines Parteimanagers gehört zweifellos die sorgsame Vorbereitung des Bundestagswahlkampfs, und für den damaligen CDU-Generalsekretär Kurt H. Biedenkopf galt es zu Beginn des Wahljahres 1976, in Ermangelung programmatischer Aussagen und – trotz feierlicher Zusagen Helmut Kohls – erst recht einer Führungsmannschaft, wenigstens eine griffige Wahlkampfparole zu erfinden.

Wir haben noch nicht vergessen, wie der die fehlenden Argumente und das nicht zustande gekommene ›Schattenkabinett‹ ersetzende Slogan der Unionsparteien im Bundestagswahlkampf 1976 lautete: »Freiheit oder Sozialismus« (wobei nördlich der Mainlinie die geringfügig mildere Formel »Freiheit statt Sozialismus« häufig bevorzugt wurde). Was viele jedoch nicht wissen, ist, wer diese Parole erfunden hat.

»Mit Sicherheit ist es schon einige Jahre her, daß einer die ›Freiheit oder Sozialismus‹-Idee gezeugt hat«, schrieb Herbert Riehl-Heyse am 18. Juni 1976 in der ›Süddeutschen Zeitung‹, »aber gerade weil sie sich nach ihrer Geburt so kräftig entwickelte, ist nun unklar, wer es gewesen ist: Es handelt sich da um einen der seltenen Fälle, in denen sich die Väter zur Registrierung drängeln.«

Tatsächlich wurden sowohl Franz Josef Strauß als auch der damalige hessische CDU-Vorsitzende Alfred (›Django‹) Dregger, ebenfalls ein bei Dr. Ries oft und gern gesehener Gast, als geistige Väter der Parole genannt, und sie haben sich nicht dagegen verwahrt. Eine andere Meinung ging dahin, daß schon im bayerischen Wahlkampf des Jahres 1974 für Franz Josef Strauß mit einer ganz ähnlichen Parole geworben worden wäre, und zwar – so die »Süddeutsche Zeitung« – »unter kräftiger Verwendung des roten Farbtopfs, in welchen sie Kommunisten, Terroristen und Sozialdemokraten ohne falsche Scheu zusammen hineinwarfen«. Und schließlich ermittelte »Die Welt«, daß Kurt Biedenkopf die Parole erfunden habe; das Blatt stellte kurz und bündig fest: »Tatsächlich ist er der geistige Vater«, woraufhin Biedenkopf keine weiteren Ausflüchte mehr machte und sich zu diesem höchst fragwürdigen Kind mutig bekannte.

Nun ist es sicherlich richtig, daß sich Kurt Biedenkopf schon 1973 vor der Katholischen Akademie in Bayern in einer ausgezeichnet formulierten Rede mit dem Sozialismus auseinandergesetzt und dabei behauptet hat, daß Freiheitsrechte im Sozialismus nur von organisierten Gruppen wahrgenommen würden; daß sich der einzelne schon heute »überbetreut« fühle (wobei er wohl weniger an die breiten Massen dachte, denen die Sicherung vor sozialem Abstieg und Verelendung bei Krankheit, Arbeitslosigkeit oder Unglücksfällen wohl kaum je als ›Überbetreuung‹ erschienen ist). Aber man täte Professor Biedenkopf gewiß Unrecht, unterstellte man ihm eine Denkweise, aus der ein Slogan entstehen könnte, der die Begriffe ›Freiheit‹ und ›Sozialismus‹ alternativ und einander ausschließend gegenüberstellt. Selbst in seinen intellektuell schwächsten Augenblicken kann Biedenkopf dergleichen nicht erdacht haben!

Tatsächlich ging die 1976 von der CDU/CSU im Bundestagswahlkampf millionenfach verbreitete Parole auf eine weit ältere Quelle zurück, nämlich auf die Nazi-Propagandazentrale eines Dr. Eberhard Taubert. Von ihm soll im nächsten Kapitel kurz die Rede sein, weil an seiner Person deutlich wird, wie eng die heimlichen Beziehungen zwischen Unionspolitikern, Industriellen, Rechtsextremisten und aufs schwerste belasteten alten Nazis waren und sind.
Was jedoch die Verdrängung des Professors Kurt H. Biedenkopf aus der Bundespolitik betrifft, so wird darüber in einem der folgenden Kapitel – über die Machenschaften des Hauses Flick – berichtet.

Wer war Eberhard Taubert?

»Taubert, Eberhard, Dr. jur., Ministerialrat a. D., Leiter der Rechtsabteilung der PEGULAN AG, Frankenthal/Pfalz; 6710 Frankenthal/Pfalz, Am Kanal 3; geboren am 11. Mai 1907 in Kassel; Ausbildung: Studium der Rechtswissenschaft an den Universitäten Kiel, Berlin, Heidelberg (Promotion 1930).«
So lautet ein – vermutlich auf eigenen Angaben Dr. Tauberts beruhender – Eintrag in einem Nachschlagewerk aus dem Jahre 1974. Doch zu diesen etwas dürftigen Mitteilungen gibt es interessante Ergänzungen:
Bereits 1931, also schon zwei Jahre vor Beginn der Naziherrschaft, wurde der damals 24jährige Volljurist Dr. Eberhard Taubert Mitglied der NSDAP und leitete von Anfang 1932 an die Rechtsabteilung der Nazi-Gauleitung von Groß-Berlin. Er gehörte zu den engsten Mitarbeitern des damaligen Gauleiters Dr. Josef Goebbels, der zugleich Reichspropagandaleiter der NSDAP war. Nebenbei war Dr. Taubert auch SA-Sturmführer im Stab der SA-Gruppe Berlin-Brandenburg.
Im Jahre 1933, schon bald nach Beginn der Naziherrschaft, wurde der erst 26jährige Dr. Taubert Referatsleiter im neugeschaffenen ›Reichsministerium für Volksaufklärung und Propaganda‹ des Dr. Josef Goebbels und in dieser Agitations-Zentrale

des ›Dritten Reiches‹ zunächst zuständig für ›Allgemeine Innenpolitik, gegnerische Weltanschauung, kirchliche Angelegenheiten, Bolschewismus im In- und Ausland‹.

In den folgenden Jahren zeichnete er verantwortlich für die sogenannte ›Aktivpropaganda gegen die Juden‹, womit die gesamte staatlich organisierte Hetze gegen die Juden zur Vorbereitung ihrer schließlichen Vernichtung gemeint war, ferner für die ›Antikomintern‹, die antikommunistische Propagandazentrale.

In seiner Eigenschaft als oberster Hetzer gegen Kommunisten, Juden und mißliebige Intellektuelle aller politischen Schattierungen sowie gegen die – speziell katholische – Geistlichkeit brachte Dr. Taubert diese so unterschiedlichen Angriffsziele scheinbar mühelos unter einen Hut. So gab er 1937 Richtlinien für Presse, Film, Rundfunk und alle anderen Propagandastellen heraus, in denen es hieß: »Ebenso wie die (Moskauer) Drahtzieher dieses Vernichtungsfeldzuges den Frieden bewußt und planmäßig bekämpfen, tut es heute die große Meute der kleinen Juden und Bolschewisten in aller Welt, der zersetzten und halbzersetzten, der bolschewisierten und halbbolschewisierten Intellektuellen, die als getarnter Vortrupp Moskaus arbeiten ...«

Im Jahre 1936 noch Regierungsrat, wurde Dr. Taubert in den folgenden Jahren mehrmals außer der Reihe befördert. So ernannte ihn der »Führer« bereits 1938 »unter Abweichung von den Reichsgrundsätzen« vorzeitig zum Oberregierungsrat, wenig später zum Ministerialrat. Daneben bekleidete Dr. Taubert von 1938 an auch noch das Amt eines ›ehrenamtlichen Richters‹ beim 1. Senat des berüchtigten ›Volksgerichtshofs‹ und war als solcher beteiligt an verschiedenen Todesurteilen gegen in- und ausländische Widerstandskämpfer.

Dazu Dr. Taubert später: »Ich bin von der Gründung des Propagandaministeriums an, für die propagandistische Bekämpfung des Kommunismus zuständig gewesen ... Es bestand die Gefahr, daß man mit diesem im dunkeln kämpfenden Gegner die Tuchfühlung verlor, seine Mentalität verkannte und mit psychologisch falschen Argumenten arbeitete. Das Propagandaministerium beorderte mich deshalb zum Beisitzer in Hoch- und Landesverratsprozessen gegen Kommunisten, damit ich dem Gegner Auge in Auge gegenüberstand und mit seiner Mentalität vertraut blieb.«

Von 1942 an hatte Ministerialrat Dr. Taubert im Goebbels-Ministerium die Leitung des neuen ›Generalreferats Ostraum‹. Ihm unterstanden etwa 450 Beamte des gehobenen und höheren Dienstes sowie sämtliche Propagandastellen in den besetzten Ostgebieten. Die Aufgabe seines Generalreferats war die propagandistische Vorbereitung des millionenfachen Massenmords, sowohl an Ort und Stelle sowie im Reich als auch im neutralen und feindlichen Ausland, wobei die Auslandspropaganda mit den zuständigen Stellen im Auswärtigen Amt abgestimmt werden mußte. AA-Verbindungsmann zum Propagandaministerium und somit offizieller Gesprächspartner Dr. Tauberts in Fragen der weltweiten Verleumdung derer, die man in dem von den Nazis kontrollierten ›Ostraum‹ zu Millionen ermordete, war damals Kurt Georg Kiesinger, der spätere Parteivorsitzende der CDU, Bundeskanzler von 1966–1969.

Nach dem Zusammenbruch der Naziherrschaft konnte Dr. Taubert – der in den Protokollen des Hauptkriegsverbrecherprozesses vor dem Internationalen Militärgerichtshof in Nürnberg, Band XVII, mehrfach als »Dr. Tauber« auftaucht – ins neutrale Ausland flüchten. Er lebte dann – so schrieb er am 12. Dezember 1971 an einen alten Freund, der sich nach Madrid abgesetzt hatte – »zunächst viele Jahre außerhalb Europas, in Südafrika und Persien«, wobei er den dortigen Machthabern als Berater auf dem Gebiet der »Aktivpropaganda« diente. Schließlich fand er wieder Verbindung zu »nationalen Kreisen« und wurde – wie er seinem Freund weiter berichtete – reger Mitarbeiter »einer der wenigen nationalen Zeitungen in der Bundesrepublik«.

Außerdem fungierte Dr. Eberhard Taubert dann in Bonn als Vizepräsident eines »Volksbunds für Frieden und Freiheit«, bis er auf geharnischten Protest von jüdischer Seite hin offiziell ›kaltgestellt‹ werden mußte. Dr. Tauberts Beziehungen zu Strauß rissen indessen, wie noch dargestellt werden wird, keineswegs ab.

Als 1970 einige Politiker der Rechten damit begannen, teils durch Abwerbung von Abgeordneten, teils durch aus dem Hintergrund gesteuerte Kampagnen der ultrarechten Presse, den Sturz Willy Brandts vorzubereiten, schrieb Dr. Eberhard Taubert an Franz Josef Strauß:

»Über die immense Bedeutung der Publizistik sind wir uns wohl alle einig. Es muß gelingen, das Monopol der Linken in den Massenmedien zu brechen. Damit komme ich auf ›Das Deutsche Wort‹.

In unserem kurzen Gespräch in Frankenthal am 6. Juni (1970) bestand Übereinstimmung, das Blatt zu Ihrem Organ nördlich des Mains zu entwickeln. Ich habe Sie auch so verstanden, daß es besser sei, ›Das Deutsche Wort‹ nicht einfach zur Filiale des ›Bayernkuriers‹ zu machen (wie es der ursprünglichen Konzeption von Marcel Hepp* entsprochen hatte), sondern die Zusammenarbeit geheimzuhalten.

Inzwischen ist nun ein halbes Jahr vergangen. Wir haben die Zeitung, die nach Verlust der Bundeszuschüsse eine allzu schmale finanzielle Basis hat, wider Erwarten immer wieder erscheinen lassen können. Jetzt ergeben sich zwei Möglichkeiten:

Es ist möglich, daß ›Das Deutsche Wort‹ in Ihrem Konzept nicht mehr figuriert ...; dann würden wir das Blatt auf monatliches

* Marcel Hepp, inzwischen verstorben, war damals persönlicher Referent von Franz Josef Strauß.

Erscheinen umstellen müssen. Wenn Ihre ursprüngliche Idee aber fortbesteht, müßten wir nun Schritte zur Realisierung unternehmen ...
In alter Verehrung und mit allen guten Wünschen!
Ihre sehr ergebenen ...«
Unterzeichnet hatte dieses Schreiben an den CSU-Vorsitzenden und Herausgeber des Bayernkuriers, Franz Josef Strauß, neben Dr. Eberhard Taubert auch der Herausgeber der (1973 eingestellten) rechtslastigen Zeitung ›Das Deutsche Wort‹, Hugo Wellems, ehedem Referent der Hitlerjugendführung, Abteilung Propaganda, während des Zweiten Weltkriegs Chef des Propagandaamts für Litauen in Kowno und damit dem ›Ostraum‹-Generalreferenten Dr. Taubert damals direkt unterstellt.

Daß die von etwa 1950 an wiederaufgenommenen Hetzaktivitäten der rechten Ultras, die nun gegen die SPD und speziell gegen Willy Brandt gerichtet waren, von Franz Josef Strauß und seinen Parteifreunden aus öffentlichen Mitteln bezahlt worden sind, sogar noch nach 1966, als die CDU/CSU gemeinsam mit der SPD eine Regierung der Großen Koalition unter Bundeskanzler Kurt Georg Kiesinger gebildet hatte und Willy Brandt deren Außenminister und Vizekanzler geworden war, geht eindeutig hervor aus einem Brief, den Dr. Richard Stücklen, damals Chef der CSU-Landesgruppe im Bundestag, an Hugo Wellems gerichtet hat. Am 18. Januar 1968 schrieb der heutige Bundestagspräsident Dr. Stücklen an den Herausgeber des ultrarechten Hetzblatts:

»Im Einvernehmen mit dem Landesvorsitzenden der CSU, Bundesfinanzminister Franz Josef Strauß, und dem Parlamentarischen Staatssekretär im Bundeskanzleramt, Freiherr von und zu Guttenberg, habe ich heute den Leiter des Presse- und Informationsamtes der Bundesregierung gebeten, die Zeitung

›Das Deutsche Wort‹ aus dem Titel 300* zu fördern. Mit freundlichen Grüßen gez. Richard Stücklen.«

Tatsächlich wurde diese für die Herren Wellems und Dr. Taubert erbetene Finanzhilfe dann das ganze Jahr 1968 hindurch gewährt. Erst 1969 gelang es der SPD, weitere Zuwendungen aus öffentlichen Mitteln zu verhindern und dem rechten Kampfblatt die Bundeshilfe zu entziehen. Doch dafür flossen den Herren Wellems und Taubert sowie ihrer »Staats- und Wirtschaftspolitischen Gesellschaft e. V.«, Sitz Köln, um so reichlichere Geldspenden aus Industriekreisen zu.

Wie das im einzelnen vonstatten ging, ergibt sich aus einer Aktennotiz vom 14. Mai 1970, worin es heißt:

»Herr Wellems erhielt von Herrn Dr. Taubert die Mitteilung, daß Herr Konsul Dr. Ries, Vorstandsvorsitzer der PEGULAN-AG, Herrn Dr. Taubert zugesagt hat, uns in nächster Zeit einen größeren Geldbetrag zukommen zu lassen. Es gilt noch abzuklären, ob der Betrag über PR-Beiträge oder Anzeigen eingebracht wird ...«

Dr. Eberhard Taubert, einst Chef der Juden- und Kommunistenhetze des Nazireichs, war inzwischen Leiter der »PEGULAN«-Rechtsabteilung und des Persönlichen Büros von Konzernchef Dr. Fritz Ries geworden.

In dessen Häusern, am Konzernsitz im rheinlandpfälzischen Frankenthal und auf Schloß Pichlarn in der Steiermark, konnte Dr. Taubert in den Jahren 1970/72 politisch bedeutsame Gespräche mit prominenten Unionspolitikern führen, vor allem mit Franz Josef Strauß. Schon damals zeigten sich Strauß und

* Bei diesem Haushaltstitel handelt es sich um den geheimen, im einzelnen keiner Parlamentskontrolle unterliegenden sogenannten ›Reptilienfonds‹ des Bundeskanzleramts.

seine Freunde offenbar brennend interessiert an Dr. Tauberts Rezepten für eine Mobilisierung kleinbürgerlicher Vorurteile und Ängste. Tauberts Methoden, die er im ›Dritten Reich‹ so wirksam gegen Juden angewandt hatte, schienen wohl seinen neuen Gönnern auch gegen liberale und sozialdemokratische Unionsgegner, erst recht gegen die linke außerparlamentarische Opposition, gut verwendbar zu sein.

Was Dr. Eberhard Tauberts Methoden der Judenhetze in der Naziherrschaft betraf, so wirken sie bis in die Gegenwart nach und erhielten im Februar 1980 überraschend neue Aktualität. Sein Glanzstück war der Film ›Der ewige Jude‹ – Idee und Text: Dr. Eberhard Taubert – gewesen. Er wurde im November 1940 uraufgeführt und sollte die Deutschen, vor allem aber in wiederholten Sondervorführungen die zur KZ-Bewachung und zu »Sondereinsätzen« vorgesehenen SS-Mannschaften, auf die sogenannte »Endlösung der Judenfrage«, den millionenfachen Massenmord, psychologisch vorbereiten.

Eine wichtige Szene des Films zeigte Aufnahmen aus dem Warschauer Getto mit eng zusammengepferchten, halb verhungerten, nur noch in Lumpen gehüllten Juden. In Zwischenschnitten wurden – das war Dr. Tauberts Glanzidee! – Scharen von verängstigten Ratten gezeigt. Der Text dazu lautete:

»Die Ratten begleiten als Schmarotzer den Menschen von seinen Anfängen an. Sie sind hinterlistig, feige und grausam. Sie stellen unter den Tieren das Element der heimtückischen, unterirdischen Zerstörung dar. Nicht anders als die Juden unter den Menschen ...«

Die gewünschte Schlußfolgerung war naheliegend: Ratten muß man ausrotten, Juden ebenfalls. Und wem das noch nicht einleuchtete, dem zeigte der Taubert-Film einen weiteren abscheulichen Vergleich mit entsprechendem Text: Schmeißfliegen und Juden. Indessen machte die Ratten-Szene mehr Eindruck, zumindest auf die Nazi-Prominenz, denn fortan wurde Dr. Eberhard Taubert in höchsten Kreisen des ›Dritten Reiches‹ als »Ratten-Taubert« bezeichnet – zum Unterschied von »Wewelsburg-Taubert«, dem Kommandanten der SS-Reichsführerschule bei Paderborn. Soviel Ruhm der »Dokumentarstreifen« dem dann außer der Reihe zum Ministerialrat beförderten Dr. Taubert im Nazi-Reich eintrug, soviel Ärger bereitete er ihm später. Gerade weil der »Ratten- und Schmeißfliegen«-Hetzfilm so einprägsam gewesen war, daß sich jeder, der ihn gesehen hatte, auch 1955 noch daran erinnerte, mußte Dr. Taubert den Präsidentensessel des von der Regierung Adenauer großzügig mit hohen Geldzuwendungen geförderten »Volksbunds für Frieden und Freiheit« räumen und sich aus Bonn zurückziehen.

Aber bereits drei Jahre später war er zurückgeholt worden, diesmal von Franz Josef Strauß, der inzwischen Bundesverteidigungsminister geworden war und in »Ratten-Taubert« den rechten Berater für psychologische Kriegsführung sah. Die Erwartungen, die Strauß in Dr. Taubert setzte, wurden offenbar nicht enttäuscht, denn die heimliche Förderung, die Strauß dem einstigen Nazi-Propagandisten angedeihen ließ, war beträchtlich und dauerte jahrelang.

Umgekehrt scheint aber auch der – wenn man ihn so nennen kann – geistige Einfluß »Ratten-Tauberts« auf Franz Josef Strauß beträchtlich gewesen zu sein; jedenfalls meinte man ihn noch oft zu spüren. »Was wir hier in diesem Land brauchen, ist der mutige Bürger, der die roten Ratten dorthin jagt, wo sie hingehören ...!« ließ sich Strauß am 23. September 1974 in Springers »Welt« vernehmen. Und: »Jetzt kommen sie wieder, die roten Systemveränderer, wie die Ratten ...«, schrieb er am 24. Juni 1978 im Bayernkurier. Erstmals am 29. Juli 1978 verunglimpfte Franz Josef Strauß dann eine Reihe angesehener Schriftsteller als »Ratten und Schmeißfliegen«, mit denen man keine

Prozesse führe. Im Februar 1980 bekräftigte CSU-Generalsekretär Edmund Stoiber vor den leitenden Redakteuren des Süddeutschen Rundfunks in Stuttgart dieses Verdikt, um es tags darauf insofern einzuschränken, als sich die Äußerung von Strauß – und damit auch die seine –, trotz der verwendeten Mehrzahl nur noch auf eine Person beziehen sollte: auf den Autor dieses Buchs (der seinerseits den Herrn bayerischen Ministerpräsidenten Dr. h. c. Franz Josef Strauß schon elf Monate zuvor, am 29. März 1979, brieflich davon unterrichtet hatte, daß eine sehr »stattliche Reihe von Schriftstellern von internationalem Rang« von ihm, Strauß, als ›Ratten und Schmeißfliegen‹ verunglimpft worden wäre. In dem Brief sind 27 Autoren namentlich genannt, darunter die Senioren Axel Eggebrecht, Walter Fabian und Hermann Kesten, die alle drei zu den Opfern des Nazi-Terrors gehörten. Strauß würdigte diesen Brief keiner Antwort; er machte auch keinen Versuch, von seiner abscheulichen Äußerung abzurücken ...).
Von dem – inzwischen verstorbenen – Chefpropagandisten, erst der Nazis, dann der CSU des Franz Josef Strauß, stammte auch das Grundmodell der Wahlkampfparole ›Freiheit oder / statt Sozialismus‹. Bei Dr. Eberhard Taubert hatte die Formel noch ›Freiheit oder Bolschewismus‹ gelautet. Sie wurde dann ›modernisiert‹ von einem CDU-Politiker, der auch in anderer Hinsicht bemüht ist, ein dem ›Ratten-Taubert‹ ebenbürtiger Volksverhetzer, Panikmacher und Verleumder zu sein. Sein Name ist Artur Missbach.

Wer ist Artur Missbach?

In Hoppenstedt's »Leitende Männer der Wirtschaft« von 1969 findet sich die Eintragung:
»MISSBACH, Artur, Syndikus, 3091 Altenbücken (Kreis Grafschaft Hoya), geboren am 21. September 1911 in Radebeul. Inhaber: Verlag Arbeit und Wirtschaft Artur Missbach, Altenbücken (Kreis Grafschaft Hoya); Gesellschafter und Geschäftsführer: Textil-Union, Gesellschaft zur Förderung textilwirtschaftlicher Interessen mbH, Altenbücken (Kreis Grafschaft Hoya); Vorsitzender und Geschäftsführer: Schutzgemeinschaft Deutscher Textil- und Bekleidungsfabrikanten, Hannover; Verband der Bekleidungsindustrie Niedersachsen und Bremen, Hannover; Verband der Deutschen Mützen- und Mützenzutaten-Industrie, Hannover; Herausgeber der »Vertraulichen Mitteilungen aus Politik und Wirtschaft«; Mitglied des Deutschen Bundestages –«, wobei die Partei- und Fraktionszugehörigkeit als so selbstverständlich angesehen wurde, daß man sie weggelassen hat. Natürlich war es die CDU/CSU-Fraktion des Bundestags, der Artur Missbach von 1961 bis 1969 angehörte, und im amtlichen Handbuch aus jenen Jahren steht er auch als Bundestagsabgeordneter verzeichnet:
»Artur Missbach, Wirtschaftsberater, Verleger; Altenbücken

Kr. Grafschaft Hoya. – Geboren am 21.9.1911 in Radebeul, evangelisch-lutherisch, verheiratet, ein Kind. – Abitur, Studium der Rechts- und Staatswissenschaften in Greifswald und Berlin. Erstes juristisches Staatsexamen am Kammergericht. 1939 Einberufung zur Dienstleistung im Reichswirtschaftsministerium. 1942 Leitung einer Wirtschaftsgruppe der gewerblichen Wirtschaft. Seit 1946 Wirtschaftsberater, Syndikus mehrerer Wirtschaftsverbände, Inhaber des Verlages für Arbeit und Wirtschaft. Seit 1947 CDU, Vorsitzender des Kreisverbands Grafschaft Hoya und des Bezirksverbands Hannover. Seit 1955 Mitglied des Landtags von Niedersachsen. Seit 1956 Fraktionsvorsitzender der CDU im Kreistag der Grafschaft Hoya.«

Es war indessen nicht immer eine christliche oder gar demokratische Partei, in der Artur Missbach seine politische Heimat gesehen hatte. Bereits als 19jähriger Abiturient war er am 1. Januar 1931 zunächst der Hitlerjugend, alsdann am 1. Oktober 1931 der NSDAP beigetreten. Und nachdem er im Frühjahr 1935 sein Erstes juristisches Staatsexamen abgelegt hatte, konnte der 24jährige ›Alte Kämpfer‹ mit dem Goldenen Ehrenzeichen der Hitlerpartei bereits eine gutbezahlte Anstellung an einem Institut der ›Deutschen Arbeitsfront‹ antreten. Anderthalb Jahre später, im Januar 1937, wurde Pg. Missbach Abteilungsleiter der ›Reichsstelle für Seide, Kunstseide und Zellwolle‹, nach weiteren acht Monaten stellvertretender Geschäftsführer der ›Arbeitsgemeinschaft Deutsche Textilstoffe‹.

Als im September 1939 der Zweite Weltkrieg begann und die meisten jungen Männer Soldat werden mußten, bekam der 28jährige ›Alte Kämpfer‹ einen besonders feinen und kugelsicheren Posten: Er wurde Abteilungsleiter des dem Reichswirtschaftsministerium unterstehenden ›Sonderbeauftragten für die Spinnstoffwirtschaft‹ und dort »federführend für den Einsatz von Herren der Wirtschaft in den besetzten Gebieten« – eine sehr vornehme Umschreibung für die staatlich geförderte Ausplünderung eroberter Länder durch ›Arisierer‹ und andere Beutemacher.

In dieser amtlichen Eigenschaft und erst recht vom Januar 1943 an, als er geschäftsführender Leiter der ›Wirtschaftsgruppe Textil-, Bekleidungs- und Lederindustrie‹ für das sogenannte »Generalgouvernement« mit Sitz in Krakau geworden war, kam Artur Missbach in engeren Kontakt mit dem ›Flügel & Polter‹-Konzernchef Dr. Fritz Ries. Diesen »Vollblutunternehmer« unterstützte dann Wirtschaftsgruppenleiter Missbach nach Kräften bei der Errichtung von Zweigbetrieben und der Zuweisung von »Mitarbeitern«.

Umgekehrt erwies sich Dr. Ries auch seinerseits dem tüchtigen Missbach gefällig, der im August 1941 geheiratet hatte und für den jungen Hausstand mancherlei benötigte. Und als im September 1944 »wegen der« – so damals Missbach an Ries – »militärischen Entwicklung im Generalgouvernement« eine weitere ›Betreuung‹ des Einsatzes von Herren der Wirtschaft im Bereich der polnischen Textil-, Bekleidungs- und Lederindustrie überflüssig wurde, weil dies die Rote Armee nun besorgte, übernahm der ›Flügel & Polter‹-Konzern den aus Krakau vertriebenen Missbach und setzte ihn als stellvertretenden Betriebsführer bei den ›Oberschlesischen Gummiwerken‹ in Trzebinia ein.

Kaum hatten die dortigen Abteilungsleiter ihrem neuen Vorgesetzten mit einem devoten Geburtstagsglückwunsch zum 21. 9. 1944 ihre Reverenz erwiesen, da zeigte der ›Alte Kämpfer‹ ihnen auch schon, wer nun ›Herr im Hause‹ war. Mit einem Rundschreiben »an alle Abteilungsleiter« vom 30. September 1944 teilte er ihnen mit:

»Aus verschiedenen Beobachtungen, die innerhalb der letzten Wochen gemacht werden mußten, geht hervor, daß die Arbeitsdisziplin in unserem Betrieb außerordentlich gelitten hat. Es soll

nicht verkannt werden, daß das Heranrücken der Front und die aus Vorsicht erfolgten Verlagerungsmaßnahmen dem Einzelnen, sowohl in persönlicher als auch in arbeitsmäßiger Beziehung Sorge bereitet haben. Es muß aber jetzt – nachdem eine spürbare Festigung der militärischen Lage erfolgt ist – verlangt werden, daß diese Besorgnisse keinerlei Einfluß auf die Tätigkeit des Einzelnen im Betrieb ausüben.«
Wie die Disziplinierung der ›Gefolgschaft‹ dann durchgeführt wurde, ergibt sich aus den Einzelanweisungen, etwa der an die Konfektion:
»Auf Anweisung von Herrn Dr. Ries ist ab sofort für die Konfektion folgende Regelung zu treffen: Nach Beginn jeder Schicht sind die Arbeitsräume zu verschließen. Die Türen werden grundsätzlich erst bei Beendigung der Schicht geöffnet. Damit soll erreicht werden, daß einmal jedes unnötige Herumlaufen der Gefolgschaftsmitglieder im Werk vermieden wird und die Diebstahlsgefahr auf ein Mindestmaß herabgesetzt wird. Es ist dabei selbstverständlich, daß die leitenden Angestellten jederzeit das Recht haben, die Räume zu verlassen. Gleichzeitig haben alle Arbeiterinnen und Arbeiter einer Schicht, bevor sie das Konfektionsgebäude verlassen, innerhalb des Raumes zur Kontrolle anzutreten. Die Kontrolle wird also nicht mehr hin und wieder beim Werkschutz vorgenommen, sondern regelmäßig nach jeder Schicht innerhalb des Konfektionsgebäudes. Für Diebstähle werden neben den Beteiligten künftighin auch die Schichtleiter zur Verantwortung gezogen ... gez. Missbach.«
Weiteren, zum Teil zweisprachigen Anordnungen des schneidigen Direktors Missbach ist zu entnehmen, daß jede »Bummelei« der erschöpften und unterernährten ›Mitarbeiter‹, erst recht jeder kleine, aus bitterer Not begangene Materialdiebstahl, der örtlichen Gestapo »zur außerbetrieblichen Bestrafung« gemeldet wurde. Das bedeutete für die Polinnen im günstigen Falle

Dunkelarrest und Prügel mit einem Gummischlauch, meist jedoch Einweisung in ein Konzentrationslager.
Während so aus den Arbeitssklaven noch rasch das Letzte herausgepreßt wurde, was sie an Leistung zu erbringen vermochten, war – ebenfalls unter Aufsicht des Direktors Missbach – der Abtransport der zusammengerafften Vermögenswerte des ›Flügel & Polter‹-Konzerns nach Westen bereits im vollen Gange. Kurz bevor die ›Oberschlesischen Gummiwerke‹ endgültig aufgegeben werden mußten, übersiedelte auch Artur Missbach in die Leipziger Konzernzentrale, wo er Herrn Dr. Ries bei der weiteren ›Verlagerung‹ hilfreich zur Seite stand.
Erst am 10. März 1945, mit einem der letzten, von einem gefälligen Herrn Reddinghaus vom ›Rüstungsstab Leipzig‹ durchgeführten Transporte, setzte sich Direktor Missbach nach Hoya an der Weser ab, wo der ›Flügel & Polter‹-Konzern mit Hilfe des ›Reichsbevollmächtigten für den totalen Kriegseinsatz‹, Dr. Goebbels, neue Werke zu errichten gedachte.
Wenige Wochen später endete der totale Krieg mit der vollständigen Niederlage und bedingungslosen Kapitulation des ›Großdeutschen Reiches‹. Konzernchef Dr. Ries rettete sich (und die Koffer voll Bargeld) im Juni 1945 aus Sachsen, das die Amerikaner – im Austausch gegen West-Berlin – ihren sowjetischen Verbündeten überließen. Doch Dr. Ries siedelte sich dann nicht, wie ursprünglich geplant, ständig in Hoya an, sondern flüchtete zunächst noch weiter nordwestlich, auf die Insel Borkum. Und später gründete er mit Hilfe gefälliger Besatzungsoffiziere seine neuen Unternehmen in der französischen Zone, in Rheinland-Pfalz.
So trennten sich die Wege der Herren Missbach und Dr. Ries, denn Missbach blieb in der Gegend von Hoya, wo er noch bis vor kurzem in Altenbücken wohnte und wirkte. Binnen kurzer Zeit konnte der ehemalige ›Alte Kämpfer‹ der NSDAP zum

Regionalboß der CDU und dann zum Landtags- und Bundestagsabgeordneten aufsteigen. Und von Anfang an entfaltete er neben seiner politischen Tätigkeit auch eine äußerst rege geschäftliche Aktivität. So war und ist er nicht nur besoldeter Geschäftsführer einer ganzen Reihe von Organisationen der Textilindustrie und sorgt sich sowohl um die Interessen der Mützenzutaten-Hersteller wie um den Schutz der Bekleidungsfabrikanten. Er ist auch Verleger, Herausgeber und Chefredakteur, vor allem aber ein brillanter, wenngleich in seinen Methoden nicht eben wählerischer, hohe Einnahmen kassierender Vermittler von mehr oder weniger wertbeständigen Vermögensanlagen. Und als CDU-Bundestagsabgeordneter machte er vor allem dadurch von sich reden, daß er privat, aber auf amtlichem Papier des Hohen Hauses Werbebriefe für die Investment-Schwindelfirma IOS verschickte.

Mit dem Bundesadler im Briefkopf pries der CDU-Mandatsträger die IOS-Zertifikate an als »die derzeit beste und sicherste Anlage mit der höchsten Rendite«. Und gleichzeitig verkaufte er – unter dem steuersparenden Decknamen ›Sebastian Bach‹ – für mindestens drei Millionen Dollar IOS-Anteile an bundesdeutsche Sparer, die heute ihre wertlos gewordenen Papiere ebenso verfluchen wie jenen ›Sebastian Bach‹, der sie ihnen aufschwatzte.

Missbachs direkt wie indirekt wichtigste Einnahmequelle aber sind die von ihm seit vielen Jahren herausgegebenen »Vertraulichen Mitteilungen aus Politik und Wirtschaft«, die wöchentlich erscheinen und von rund sechzigtausend Bundesbürgern, meist Angehörigen der freien Berufe und des gewerblichen Mittelstands, bezogen werden, wobei Zahnärzte die wichtigste Abnehmergruppe sind.

Missbachs Spezialität sind Alarmmeldungen, die er ungeniert mit Quellenangaben wie »Aus dem ZK der SED verlauten in-

tern ...« oder »Im Pentagon ist man sich im klaren darüber ...« einleitet. Es folgen dann diese oder jene Entwicklungs-Prognosen der östlichen oder westlichen Machtzentren. Sie scheinen auf geheimen Wegen nach Altenbücken gelangt zu sein und werden dort von Artur Missbach persönlich mit Prophezeiungen angereichert, die den Abonnenten der ›Vertraulichen‹ den Schlaf rauben und sie in Panik versetzen müssen, etwa wenn es da heißt: »Nirgends in der Welt ist ›der Friede sicherer‹ geworden – ganz im Gegenteil: Überall türmen sich neue Gewitterwolken auf. Und freventlich handeln diejenigen, die im Volke eine Friedens-Euphorie entfachen ... Wer diese Aussage bis zur Stunde mit leichter Hand beiseite schieben wollte, erhält nun ... gleichsam eine letzte Warnung! So dürfte es der gesamten westlichen Verteidigungsgemeinschaft gehen, wenn ›zum letzten Gefecht‹ in der Auseinandersetzung zwischen Kommunismus und freiheitlicher Gesellschaftsordnung aufgerufen wird. Und das dürfte noch vor Ablauf der nächsten drei Jahre geschehen.«
So stand es vor fast zehn Jahren im Oktober 1973 in Missbachs ›Vertraulichen‹, und nach dieser Prophezeiung eines neuen Weltkriegs noch vor Ende 1976 konnten die Abonnenten dann wählen, was sie mit ihrem Geld bis dahin machen sollten. Denn in dem der Missbach-Postille beiliegenden Exklusivdienst ›Kontakt‹ wurden sowohl Liegenschaften in Kanada – »Bau- und Farmland noch preisgünstig. Eigenkapital 150000 Dollar« – wie steuerfreie Anlagemöglichkeiten in der Schweiz angepriesen.
Im Mai 1976 schrieb das angesehene Wirtschaftsmagazin ›Capital‹ über Missbach und seine Dienste: »Früher favorisierte er beim Grundstückshandel den Zwergstaat Andorra, neuerdings ›das politisch außerordentlich stabile und deutschfreundliche Paraguay‹, wo er 100 Hektar große, unerschlossene Terrains für 12200 DM anbietet. Das unterentwickelte Land ist allerdings nur noch so lange ›außerordentlich stabil‹, wie dort der deutsch-

stämmige General Afredo Stroessner autoritär regieren kann und die Cowboys sich mit 200 DM Monatslohn zufriedengeben. Aber Missbach-Leser trauen offenbar südamerikanischen Verhältnissen eher als europäischen ...« Die naive Gläubigkeit der Missbach-Leser scheint keine Grenzen zu kennen, denn was ihnen der Prophet und Ratgeber allein in den letzten zehn Jahren schon alles angepriesen hat und was sich dann als Fehlspekulation erwies, könnte Bände füllen. So empfahl Missbach 1973 seinen Lesern, ja die Hände von der 10prozentigen Bundesanleihe zu lassen und statt dessen Anteile am liechtensteinischen Austro-International-Investmentfonds zu kaufen, den er als ›ideale Sparkasse‹ lobte. 1976 war indessen die liechtensteinische Anlage-Perle weniger als die Hälfte dessen wert, was sie drei Jahre zuvor kostete, während die Käufer der Bundesanleihe, trotz der Missbach-Warnung – »Lassen Sie sich von Politikern, deren Zielsetzung der Sozialismus ist, nicht zum Hofnarren der Inflation manipulieren!« –, im selben Zeitraum nicht nur 30 Prozent Zinsen, sondern auch noch 10 Prozent Kursgewinn hatten.

Auch Missbachs dringender Rat aus dem Jahre 1973: »Finger weg von allen ›roten‹ Aktien! Wo Sozialisten im Regiment sitzen, hat der private Aktionär nichts mehr zu suchen!«, erwies sich als Fehlprognose. Bei den von Missbach verteufelten Aktien der Hamburger Elektrizitätswerke kletterten die Kurse ebenso wie bei VW.

Und noch ein drittes und letztes Beispiel für Missbachs miserable Einschätzung von Anlagemöglichkeiten: Mitte Februar 1976 warb er für südafrikanische Anleihen, die seitdem zu den verlustreichsten Effekten der internationalen Börsen gehören.

»Wo sich Geld und Politik mischen, liegt Missbach fast immer schief«, schrieb ›Capital‹ im Mai 1976. »Am 4. Dezember 1972 schockte er seine Leser unter Berufung auf eine Schweizer

Quelle mit der düsteren Prophezeiung: ›Spätestens 1976 steht die Konföderation der DDR mit der Bundesrepublik, also der sozialistische deutsche Einheitsstaat!‹ ... Missbachs treuen Anhängern in der Provinz scheinen solche banalen Irrtümer des Angstpolitikers nichts auszumachen.«

Ihm selbst machen sie erst recht nichts aus, denn er verdient daran doppelt: Seine rund 60000 Abonnenten mußten zunächst dafür bezahlen, der er ihnen ›vertraulich‹ für 1976 den dritten Weltkrieg sowie den ›sozialistischen deutschen Einheitsstaat‹ prophezeite; alsdann kassierte er von denen, die in seinen Blättchen entweder offen inserieren oder redaktionell für sich werben lassen. Und ob er von denen, die den verängstigten Missbach-Lesern Urwald-Terrains, Schwindel-Zertifikate oder Luxusappartements in Andorra verhökern, zusätzlich belohnt wird, läßt sich nur vermuten. Seit Anfang 1976 hat Artur Missbach ein neues Vermittlungsobjekt in sein buntes Sortiment aufgenommen: Die Mitgliedschaft in ›zeitgemäßen‹ Ritterorden! Am 4. Februar teilte er vertraulich mit, es hätten sich »Männer ritterlicher Gesinnung zusammengefunden, die davon überzeugt sind, daß ihr gegenwärtiger Kampf gegen den Bolschewismus, Anarchismus und Sozialismus von der gleichen Bedeutung ist wie vor 800 Jahren ein Kreuzzug gegen die Ungläubigen.« Und so kann es nicht weiter verwundern, daß diese ›zeitgemäßen‹ Kreuzritter sich zur Losung jene Worte erkoren, die Artur Missbach bereits 1972 für seine Kundschaft zur Alternative erhob: »Freiheit oder Sozialismus«.

Was dabei unter ›Freiheit‹ zu verstehen ist, dafür lieferte Missbach kurze Zeit später ein Beispiel: In seinen ›Vertraulichen Mitteilungen‹ wandte er sich gegen die Einstufung Tausender von Arbeiterinnen und weiblichen Angestellten als Schwerbeschädigte ›nach dem Verlust der Gebärmutter mit oder ohne Eierstöcke‹. Wegen der amtlich anerkannten Erwerbsminderung von

50 bis 70 Prozent genießen diese Frauen Kündigungsschutz und haben Anspruch auf mehr Urlaub. Missbach fragte seine Leser, ob dies ›rechtens‹ sei, und durfte nach Auszählung der Zuschriften dann befriedigt feststellen, daß 90 Prozent seiner Kunden die Schutzklauseln als sozialistischen Unfug ablehnten und für die Freiheit waren, schwerbeschädigten Frauen jederzeit kündigen zu dürfen.

Ebenfalls zur ›Freiheit‹, die es gegen den Sozialismus ritterlich zu verteidigen gilt, zählt Artur Missbach offenbar die von ihm geschätzte Möglichkeit, Steuern zu sparen. Dazu ›Capital‹ im Mai 1976: »Fast mehr noch als die Roten fürchtet Missbach die niedersächsische Steuerfahndung und den Staatsanwalt Kühneck vom Landgericht Hannover, der in diesen Wochen ein Ermittlungsverfahren gegen Missbach wegen Verdachts fortgesetzter Steuerhinterziehung abschließt. Zwei Jahre lang haben Staatsanwalt und Steuerfahnder die Spuren verfolgt, die der Millionär in Liechtenstein hinterließ.«

Jüngste Nachrichten über Missbach besagen, daß er sich nun nachdem ihn die Steuerfahndung erwischt, um viel Geld erleichtert und fast um die Freiheit gebracht hat, mit seinen restlichen Millionen im schweizerischen Kanton Schaffhausen ein Haus bauen konnte und sich dort gegen heftige Widerstände der rechtschaffenen Kantonsbürger um die Niederlassungserlaubnis bemüht.

Von ähnlichen Gefahren wie der vielseitige Artur Missbach muß sich auch einer seiner alten Freunde und Mitstreiter für »Freiheit statt Sozialismus« bedroht sehen, dessen Name den treuen Abonnenten der »Vertraulichen« aus früheren Jahren bekannt ist, denn er und seine ähnlich emsigen Aktivitäten wurden dort häufig lobend erwähnt: Karl Friedrich Grau. Dieser langjährige Missbach-Freund und -Helfer mit nur bescheidener Nazi-Vergangenheit als höherer HJ-Führer war geschäftsführendes Vorstandsmitglied einer »Studiengesellschaft für staatspolitische Öffentlichkeitsarbeit, anerkannt gemeinnütziges Institut für Erwachsenenbildung e. V.« in Amorbach im Odenwald, sodann Generalbevollmächtigter der »Gemeinnützigen Vereinigung zur Förderung der politischen Willensbildung e. V.« in Bad Neustadt an der Saale, auch Gründungsmitglied und ›Bereichsgeschäftsführer West‹ des Vereins »Deutschland-Stiftung e. V.« sowie Geschäftsführer der »Gesellschaft für konstruktive Politik e. V.« in Amorbach und zahlreicher ähnlicher Institutionen. Vor allem Graus »Studiengesellschaft« erfreute sich lebhafter Unterstützung durch Artur Missbach und seine »Vertraulichen«; fast in jeder Ausgabe wurden fleißig neue Mitglieder geworben und zu Spenden aufgerufen. Dabei ging die »Studiengesellschaft« bei der Geldbeschaffung mitunter seltsame Wege, wie der folgende Brief zeigt, der einige Wochen vor der Bundestagswahl im Herbst 1972 zahlreichen rheinischen, norddeutschen und West-Berliner Missbach-Kunden »vertraulich« zugeschickt wurde: »Liebe Freunde«, hieß es darin, »heute möchte ich Sie an Tatsachen und Erfahrungen erinnern, die nicht vergessen werden dürfen: Im Winter 1917/1918, wenige Monate vor der ›Oktober-Revolution‹, war Nischni Nowgorod noch eine der reichsten Städte Rußlands. Im Februar 1918 erschien dort vor den Industriellen und der Kaufmannschaft General Kornilow, um den letztmöglichen Plan zur Befreiung von den überall vorrückenden Bolschewiki vorzulegen ...« Es folgte alsdann eine Schauergeschichte von zahlungsunwilligen Kaufleuten, die anstelle der geforderten fünf Millionen Goldrubel nach langen Wochen und heftigem Jammern nur eine lumpige Million herausrückten. Natürlich konnte der General mit so wenig Geld nicht siegen; schon bald kamen die Roten und erpreßten von den Reichen Nischni Nowgorods »binnen 24 Stunden über 100 Millionen Goldrubel! Doch nicht genug damit, sie henkten fast die Hälfte von

ihnen. Wer sich retten konnte, war für den Rest des Lebens ruiniert: viele von ihnen verkamen in bitterer Armut« – eine Vorstellung, die den Immobilienmaklern, Zahnärzten und Wurstfabrikanten unter Missbachs Kundschaft besonders grauenvoll war und sie reif werden ließ für das, was von ihnen im Schlußabsatz des Briefes gefordert wurde. Dort hieß es nämlich:
»Wir wissen, welche Absichten Kommunismus und Sozialismus auch mit uns haben ... Noch haben wir die Möglichkeit, mit ›5 Millionen Goldrubel‹ diejenigen auszurüsten und zu unterstützen, die es auf sich nehmen, unserem Volk die Freiheit zu erhalten ... Wenn auch in anderer Gestalt, steht die Bedrohung auch jetzt wieder riesengroß vor uns ... Ich bitte daher: Unterstützen Sie die CSU durch Spenden!«
Als Absender dieses Bettelbriefes trat: »Günther J. Schmidt, Studiengesellschaft für Staatspolitische Öffentlichkeitsarbeit e. V., Zweigstelle Nord« auf, und anstelle einer Adresse waren zwei Konten angegeben: »Konto Commerzbank Hoya/Weser, Nr. 42/34555« sowie die Bankverbindung des CSU-Bezirksverbands München. Nachforschungen ergaben, daß das Commerzbank-Konto in Hoya keineswegs dem dort ganz unbekannten Günther J. Schmidt gehörte, sondern daß es sich, ähnlich wie bei ›Sebastian Bach‹, dem tüchtigen IOS-Werber, um eine Tarnung handelte. Dennoch erklärte der Bankfilialleiter: »Die Sache ist seriös. Für das Konto ist Herr Missbach zuständig.« Dessen Büro wiederum bestätigte, daß Herr Missbach mit der »Studiengesellschaft« hin und wieder zu tun habe; von einer ›Zweigstelle Nord‹ dieser Gesellschaft war jedoch nichts bekannt. Auch der damalige Präsident besagter »Studiengesellschaft«, der CDU-Bundestagsabgeordnete Walter Picard, wollte von einem norddeutschen Ableger seines Vereins, der um Spenden für die bayerische CSU warb, nichts wissen. Nach dessen Satzungen, so erklärte er der ›Frankfurter Rundschau‹, sei es nämlich weder

statthaft noch Aufgabe der Gesellschaft, Parteien zu finanzieren. Das Blatt bemerkte dazu: »Ein interessanter Hinweis, denn die ›Studiengesellschaft‹ ist als gemeinnützig anerkannt; Spenden können von der Steuer abgesetzt werden. Voraussetzung: Das Geld wird laut Satzung verwandt.«
Nun, wie es mit der Verwendung der Gelder in Wirklichkeit aussah, zeigte sich zunächst im Wahlkampf des Herbstes 1972, als eine wahre Flut von Großinseraten die Bürger in Panik zu versetzen und »für Franz Josef Strauß, gegen die Roten in Bonn« zu mobilisieren versuchte.
Ein Großteil dieser Anzeigenkampagne war über Karl Friedrich Graus »Studiengesellschaft« finanziert worden; daneben waren noch ein paar Vereine beteiligt, als deren Geschäftsführer ebenfalls Grau fungierte, und an dem stattlichen Rest hatte die – ebenfalls als ›gemeinnützig‹ anerkannte – »Staats- und Wirtschaftspolitische Gesellschaft e. V.« Köln, den Löwenanteil (wobei hier nur am Rande angemerkt sei, daß diese Gesellschaft Herrn Hugo Wellems zum Geschäftsführer hatte, der wiederum von Dr. Eberhard Taubert beraten wurde.)
Indessen gab es bei Graus »Studiengesellschaft«, die ihre ›Zentralverwaltung‹ in Amorbach, dort ein Postfach, ferner sieben Bankkonten in den nahegelegenen Großstädten, aber keinen Telefonanschluß hatte, nach beendetem Wahlkampf einige Abrechnungsschwierigkeiten. Grau war so frei gewesen, von den durch seine Hände gegangenen Millionenspenden ein wenig – laut Fernseh-Magazin »Report«: zehn Prozent – ›abzuzweigen‹ und einer Institution zuzuleiten, die er als ganz besonders förderungswürdig empfand, nämlich der »Internationalen Studiengesellschaft für staats-, wirtschafts- und gesellschaftspolitische Öffentlichkeitsarbeit e. V.«, die ihren Sitz in Interlaken, genauer: dort das Postfach 160 gemietet hatte.
Diese Gesellschaft wurde 1971 gegründet, und knapp zwei Jahre

bezeichnete sie sich als ›eingetragener Verein‹, obwohl sie erst Ende 1973 auf Drängen der Behörden hin diese Eintragung vornehmen ließ. Auch ihre Bezeichnung als ›internationale‹ Institution, für die die Schweiz die Bewilligung nur erteilt, wenn bestimmte Voraussetzungen erfüllt sind, stieß und stößt noch immer auf Schwierigkeiten: Die Behörden gaben die Genehmigung dazu nur, weil ihnen drei nichtschweizerische Vizepräsidenten der Gesellschaft hinreichende Internationalität zu verbürgen schienen: der Pariser Rechtsanwalt Jean Violet, der Wiener Rechtsanwalt Wolfram Bitschnau und der CDU-Bundestagsabgeordnete Werner Marx. Doch dann erklärten Bitschnau und Marx dem Züricher »Tages-Anzeiger« gegenüber: »Wir waren nie Mitglied der Interlakener Gesellschaft«, geschweige denn deren Vizepräsidenten. Und Violet ließ ausrichten: »Weder die Gesellschaft noch ihr Geschäftsführer sind mir bekannt.«

Geschäftsführer der dubiosen Gesellschaft ist natürlich Karl Friedrich Grau, und er dürfte auch der einzige sein, der genau erklären könnte, warum ein beträchtlicher Teil der anonymen Spenden für den Wahlkampf des Jahres 1972 von Amorbach aus in die Schweiz ›abgezweigt‹ worden ist.

Es mag indes noch andere Motive für die Errichtung des schweizerischen Ausweichquartiers geben. »Die Filialgründung in der Schweiz erfolgte, damit die linke deutsche Regierung nicht an uns ran kann«, erklärte jedenfalls ein Grau-Freund gegenüber ›Report‹, und das Fernsehmagazin behauptete auch, Grau habe im Dezember 1973 gegenüber NPD-Leuten dies noch so erläutert: »Wir haben Listen angelegt von Sozis, Kommunisten und Gewerkschaften. Damit kein Unbefugter drankommt, haben wir sie in der Schweiz in Panzerschränken deponiert.« Später berichtigte Grau dies ein wenig: Als ›politischer Schriftsteller‹ sammle er Material über ›An-

archisten und Kommunisten‹, das er ›selbstverständlich‹ entsprechend sicher aufbewahren müsse.
An sicheren Orten in der Schweiz stehen Karl Friedrich Grau inzwischen mindestens sechs verschiedene Immobilien zur Verfügung, die er in den letzten Jahren erwerben konnte. Dazu der Züricher ›Tages-Anzeiger‹: »Bei einem versteuerten Einkommen von jährlich durchschnittlich 14000 Franken wuchs sein Vermögen von Null im Jahr 1970 auf 392000 Franken im Jahr 1975.«
Leute wie Grau oder Missbach oder auch der verstorbene Dr. Eberhard Taubert konnten nur deshalb erheblichen politischen Einfluß gewinnen, weil sie von anderen Geld bekamen – nicht nur von Ängstlichen und Gutgläubigen, sondern (und in besonders reichem Maße) von Großunternehmern, die mit der Finanzierung ultrarechter Propaganda ihre egoistischen Ziele verfolgen: Weil sie mehr Gewinn machen können, wenn die Löhne und Gehälter niedrig bleiben, brauchen sie Leute, die ›Maßhalte‹- und ›Lohnpausen‹-Appelle ans Volk richten. Weil die Gewerkschaften gerechte Bezahlung der Arbeit erkämpfen, notfalls auch erstreiken, brauchen sie Leute, die die Gewerkschaften bekämpfen, wenn's geht sogar zerschlagen. Weil es profitbringender ist, giftige Abwässer in die Flüsse laufen zu lassen, mit Abgasen die Luft zu verpesten und mit Atommüll die Erde zu verseuchen, brauchen sie Leute, die das ›freie Unternehmertum‹ predigen, die Umweltverwüstungen verharmlosen und diejenigen als ›Spinner‹ verspotten oder als ›Moskau-Jünger‹ verteufeln, die der Zerstörung aus Profitgier endlich Einhalt gebieten wollen. Weil ihnen die grundgesetzliche Sozialbindung des Eigentums ein Greuel ist, brauchen sie Leute, die jeden, der sich auf die Verfassung beruft, als Kommunisten verdächtigen. Weil es leichter ist, Menschen mit wenig Bildung und kaum geförderter Intelligenz auszubeuten, brauchen sie Leute, die gegen Gesamtschu-

len, freien Zugang zu allen Bildungsstätten, Lernmittelfreiheit und Stipendien wettern. Weil nirgendwo mehr Geld verdient wird als mit Rüstung und der Lieferung immer neuer, immer gefährlicherer und immer teuerer Waffen, brauchen sie Angstmacher, Rüstungsbefürworter, Kriegshetzer und Leute, die die Friedensbewegung diffamieren und sie zu spalten versuchen.
Für alle diese heimlichen Helfer haben die jeweils besonders interessierten Industriemagnaten, Bankbosse, Großgrundbesitzer, Großaktionäre und Konzernherren immer Geld übrig. Für in ihrem Sinne wirkende Propaganda und Politik sind sie stets bereit, Millionen zu spenden, die dann von ihnen als ›nützliche Ausgaben‹ verbucht und als ›Betriebsaufwendungen‹ vom zu versteuernden Gewinn abgesetzt oder aus schwarzen Kassen bezahlt werden, von denen das Finanzamt nichts weiß.
Das ist nicht erst seit heute so – das wurde schon immer so gemacht: Unter Kaiser Wilhelm II. finanzierten Krupp und Stumm die Flottenvereine, die nach immer neuen Panzerkreuzern und Schlachtschiffen schrien, die ultrarechte, ›alldeutsche‹ Propaganda oder auch die sogenannten ›gelben‹ Gewerkschaften, die als Streikbrecher eingesetzt wurden.
Der Krupp-Generaldirektor Alfred Hugenberg übernahm in der Weimarer Republik die Führung der Deutschnationalen und baute einen Presse- und Filmkonzern auf, dem die junge Demokratie wenig entgegenzusetzen hatte und dessen Propaganda das ›Dritte Reich‹ vorbereitete. Der Großindustrielle Fritz Thyssen finanzierte nicht nur den Hitler-Putsch von 1923, sondern auch den Aufbau der SA und SS mit Millionenbeträgen, und die ganze Phalanx des großen Geldes setzte vor genau fünfzig Jahren, im Frühjahr 1933, jene ›Regierung der nationalen Konzentration‹ aus Konservativen und Nazis durch, die zunächst genau das tat, was sich die Geldherren erhofft hatten: Zerschlagung der Gewerkschaften und Arbeiterparteien, Verbot jeder Kritik,

Durchsetzung des ›Führer befiehl, wir folgen!‹ – Prinzips auch in der Wirtschaft, massive Aufrüstung ... Die Folgen sollten jedem bekannt sein, aber inzwischen hat sich in vielen Köpfen bereits ein Geschichtsbild durchgesetzt, das auf Verdrängung und Verfälschung der wahren Tatsachen beruht, diese auf den Kopf stellt und die Verantwortung von den Verursachern auf die Opfer abschiebt: Danach waren die ultrarechten Nazis nicht etwa die von den Mächtigen hochgepäppelten, an die Macht bugsierten Verbündeten der Konservativen, sondern – Linke, Sozialisten! Ausgerechnet die deutsche Linke, von der Hitler-Papen-Hugenberg-Regierung im Frühjahr 1933 zerschlagen, gejagt, gefoltert und in die KZs gesperrt, soll an der Ausrottung mißliebiger Minderheiten schuld sein ...!

Bis zu welchen perversen Vorstellungen die besonders in der Adenauer-Ära betriebene Geschichtsfälschung in einzelnen Hirnen geführt hat, wird deutlich durch einen Bericht, den der Schriftsteller und frühere SPD-Bundestagsabgeordnete Dieter Lattmann in seinem Buch ›Die lieblose Republik‹ veröffentlicht hat. Als sich Lattmann 1979 in der Bonner Parlamentarischen Gesellschaft mit anderen Abgeordneten den dritten Teil der Fernsehserie ›Holocaust‹ ansah, saß zufällig neben ihm der CSU-Abgeordnete Carl-Dieter Spranger:

»Kaum war die Rückblende auf Folge 1 und 2 über den Bildschirm geflackert, rückte Spranger auf dem Stuhl hin und her. Ein paarmal lachte er angewidert, rief bei der Hochzeit im Partisanenlager, als Helena und Rudi Weiss einander umarmten, ›Courths-Maler!‹, murmelte mehrmals etwas von ›internationalen Machenschaften‹, die das Deutschlandbild beschädigten. In dem Augenblick, in dem Massenerschießungen die Szene füllten und Maschinengewehre reihenweise nackte Menschen in die Gräber mähten, verließ ihn die Beherrschung: ›Sozialismus‹, schrie er mich an. ›Sehen Sie, Herr Lattmann, dahin führt Sozialismus!‹«

Der damalige CSU-Abgeordnete Spranger, jetzt Parlamentarischer Staatssekretär im Kabinett Kohl, hat weder Dieter Lattmanns Veröffentlichung noch deren kürzliches Zitat im ›Spiegel‹ zum Anlaß genommen, seine haarsträubenden Äußerungen zurückzunehmen oder auch nur abzuschwächen. Die Oberrealschule in Ansbach, wo der aus Sachsen gebürtige Spranger 1957 die Reifeprüfung abgelegt hat, war offenbar nicht imstande, ihm ein einigermaßen richtiges Geschichtsbild zu vermitteln. So haben sich in Sprangers Kopf abstruse Vorstellungen festgesetzt: Alles Sozialistische ist schlecht, alles Schlechte ist sozialistisch – also müssen auch die Mordkommandos der SS Sozialisten, womöglich Jusos, gewesen sein, ihre Opfer hingegen, gleich ob Kommunisten, Gewerkschafter, Sozialdemokraten, Christen oder Juden, Sympathisanten der CSU ...

Vermutlich bedarf es eines so extrem falschen Geschichtsbildes, wenn man einerseits als Christlich-Sozialer für christliche Moral und soziales Verhalten eintreten soll, anderseits sich von Leuten wie Dr. Taubert oder Artur Missbach den Wahlkampf besorgen läßt und das Geld dafür von den gleichen Kreisen, mitunter sogar von denselben Personen, entgegennimmt, die ihr Vermögen in und um Auschwitz gemacht oder noch auf dem Höhepunkt des Holocaust der SS-Führung enorme Summen zur Verfügung gestellt haben.

Falls der Staatssekretär Carl-Dieter Spranger nicht wissen sollte, wer die Finanziers und Freunde des obersten KZ-Herrn und Judenmörders, des ›Reichsführers SS‹ Heinrich Himmler, waren: Im Bundesarchiv in Koblenz befindet sich ein Band Dokumente (BA NS 19/neu 569) über den ›Freundeskreis des Reichsführers SS‹. Von den 26 Personen, die bis zuletzt diesem Kreis angehört haben, waren nicht eben wenige Repräsentanten der Großkonzerne und Banken. Es lohnt sich, die Blätter 8–11 einmal näher in Augenschein zu nehmen. Dort sind zum »Julfest 1944«, viereinhalb Monate vor dem Untergang des Nazi-Regimes, die folgenden Personen als »Angehörige des Freundeskreises« aufgeführt:

1. SS-Brigadeführer Fritz Kranefuß, Braunkohle-Benzin AG;
2. Dr. Rudolf Bingel, Generaldirektor der Siemens-Schuckert AG;
3. Carl Blessing, Kontinentale Öl-AG (nach 1945 erster Präsident der Deutschen Bundesbank);
4. SS-Obersturmbannführer Dr. Heinrich Bütefisch, Vorstandsmitglied der IG Farben AG, Leiter des Leuna-Werks;
5. SS-Brigadeführer Staatssekretär Dr. Hans Fischböck, Reichskommissar für die Preisbildung;
6. Dr. h. c. Friedrich Flick, Generaldirektor, Mitteldeutsche Stahlwerke GmbH;
7. Dr. Karl Ritter v. Halt, Vorstandsmitglied der Deutschen Bank;
8. SS-Gruppenführer Dr. Franz Hayler, Staatssekretär im Reichswirtschaftsministerium;
9. Dr. Ewald Hecker, (Betriebsführer Gewerkschaft Friedrich der Große, Herne, AR Vereinigte Industrie-Unternehmungen AG);
10. Staatsrat Dr. Emil Helfferich (Aufsichtsratsvorsitzer der HAPAG und der Deutschen ESSO AG);
11. Otto Heuer (Vorstandsvorsitzer der Portland Cementwerke Heidelberg);
12. SS-Brigadeführer Präsident Hans Kehrl, Leiter des Planungsamts beim Generalbevollmächtigten für Rüstungsaufgaben;
13. SS-Obergruppenführer Wilhelm Keppler, Staatssekretär im Auswärtigen Amt;
14. Carl Vincent Krogmann, Bürgermeister der Freien und Hansestadt Hamburg;

15. Staatsrat Karl Lindemann, Vorsitzender des Aufsichtsrats des Norddeutschen Lloyd;
16. SS-Standartenführer Prof. Dr. Dr. Emil H. Meyer, Vorstandsmitglied der Dresdner Bank;
17. SS-Brigadeführer Dr. Werner Naumann, Staatssekretär im Reichsministerium für Volksaufklärung und Propaganda;
18. Dr. Alfred Olscher, Vorstandsmitglied der ›Viag‹;
19. SS-Obersturmbannführer Dr. Karl Rasche, Vorstandsmitglied der Dresdner Bank;
20. Hellmuth Röhnert, Vorstandsmitglied der Rheinmetall-Borsig AG;
21. August Rosterg, Generaldirektor der Wintershall AG;
22. Rechtsanwalt und Notar Dr. Heinrich Schmidt I, (Aufsichtsratsvorsitzer der Braunkohle-Benzin AG, der Kali-Bank AG, der Wintershall AG usw.);
23. SS-Brigadeführer Kurt Freiherr v. Schröder, Mitinhaber des Bankhauses I. H. Stein, Köln;
24. SS-Brigadeführer Otto Steinbrinck, stellv. Vorsitzender des Aufsichtsrats der Vereinigten Stahlwerke AG;
25. Reichsbahndirektor Hermann Waldhecker;
26. SS-Hauptsturmführer Kurt Dellmann, Braunkohle-Benzin AG.

Dies also waren die im fünften Kriegsjahr übriggebliebenen Mitglieder des »Freundeskreises des Reichsführers SS Heinrich Himmler«, und sie spendeten ihm zum ›Julfest‹ (Weihnachten) 1944 noch einmal 1,25 Millionen Mark.

Übrigens, der prominenteste Industrielle in Himmlers Freundeskreis, zugleich einer der Hauptnutznießer der Nazi-Diktatur und einer der fleißigsten ›Arisierer‹, wurde nach dem Kriege einer der Hauptförderer der CDU / CSU und war bis zu seinem Tode ein Freund des CSU-Vorsitzenden Franz Josef Strauß. Ja, dessen Sohn und Erbe setzte auf Wunsch seines Vaters sowohl die freundschaftlichen Beziehungen zu Strauß wie die finanzielle Förderung der Union fort – bis in die jüngste Gegenwart hinein. Der Familienname dieser Straußfreunde, geradezu ein Symbol für wirtschaftliche Macht »in diesem unserem Lande«, ist Flick.

Wer war und ist Flick?

Der Mann, der den Namen Flick berühmt gemacht, den Kapitalismus in Reinkultur sein Leben lang gepflegt und in der Politik stets nur ein Mittel zur Erhaltung der wirtschaftlichen Machtverhältnisse und zur Vergrößerung des Profits gesehen hat, war der 1883 in Ernsdorf bei Siegen geborene Holzhändlersohn Friedrich Flick.

Er begann seine Laufbahn 1906 als junger Diplomkaufmann und nunmehriger Prokurist der Bremer Hütte in Geisweid, einem mittleren Unternehmen, bei dem er bereits seine kaufmännische Lehre absolviert hatte. 1913 wechselte er zur ›Eisenindustrie zu Menden und Schwerte‹ über, wo er, knapp 30 Jahre alt, Direktor und Mitglied des Vorstands wurde. 1915, im zweiten Jahr des Ersten Weltkriegs, wechselte Flick abermals die Firma: Er trat in den Vorstand der Charlottenhütte in Niederschelden ein und wurde 1917 Generaldirektor dieses Siegerländer Unternehmens. Mit eigenen Ersparnissen und der Mitgift seiner Frau, einer Siegener Ratsherrentochter, erwarb er nach und nach Aktien der Charlottenhütte, insgesamt weniger als ein Viertel des Kapitals, aber genug, um damit das Unternehmen völlig zu beherrschen, weil alle übrigen Aktien in Streubesitz waren.

Die Charlottenhütte verdiente kräftig am Krieg – an dem ihr junger, sehr energischer, über 1,80 Meter großer Generaldirektor natürlich nicht als Soldat teilzunehmen brauchte –, benutzte die Gewinne zu Ankäufen kleinerer Betriebe, zu Modernisierungen und umfangreichen Rationalisierungsmaßnahmen, sparte Steuern durch Zeichnung von insgesamt 17 Millionen Mark Kriegsanleihe und legte sich gewaltige Schrottreserven zu, denn Schrott war während des Krieges spottbillig zu haben. Gerade noch rechtzeitig, nämlich zwei Tage vor dem Waffenstillstand, stieß Generaldirektor Flick die gezeichnete Kriegsanleihe, die dann wertlos wurde, zu noch günstigem Kurs ab und kaufte mit dem gesamten Erlös Aktien oberschlesischer Kohlenzechen. Auch gehörten ihm 1918 bereits mehr als die Hälfte der Anteile an der Charlottenhütte. Er konnte also für sich persönlich mit dem Verlauf und Ausgang des Ersten Weltkriegs sehr zufrieden sein. In den folgenden Jahren der totalen Geldentwertung, des allgemeinen Elends und der Verarmung des deutschen Mittelstands stieg Flick noch viel weiter empor. Wie die anderen Konzernherren, setzte er jede Mark, die er einnahm oder sich von den Banken noch borgen konnte, sofort in Sachwerte um, tilgte wenig später die Kredite mit wertlos gewordenem Geld, aber rückte die kostbaren, heißbegehrten und staatlich subventionierten Erzeugnisse seiner Betriebe nur noch heraus, wenn ihm dafür Wertbeständiges geboten wurde: Devisen, Rohstoffe oder Aktien. 1924, als die deutsche Inflation endete, war Friedrich Flick 41 Jahre alt und ein Industriemagnat mit einem Vermögen von etlichen hundert Millionen Mark neuer Währung und weitgestreutem Konzernbesitz.

1925/26 geriet die deutsche Stahlindustrie in eine schwere Absatzkrise und mußte sich in Notgemeinschaften zusammenschließen. Der wichtigste Zusammenschluß war die ›Vereinigte Stahlwerke AG‹, kurz ›Stahlverein‹ genannt, mit Sitz in Düsseldorf, an dem sich Thyssen, Rheinstahl, Phoenix und auch Flick beteiligten. Flick behielt seine von ihm mehrheitlich beherrschte Charlottenhütte AG als reine Holdinggesellschaft und die erhielt für die Einbringung aller Charlottenhütte-Betriebe in den ›Stahlverein‹ zwanzig Prozent von dessen Aktien. Damit gehörte seiner Charlottenhütte AG genau ein Fünftel des neuen Konzerns, der seinerseits fast die Hälfte der gesamten Stahlerzeugung und rund ein Drittel der Kohlenförderung des Deutschen Reichs beherrschte.

Das war schon erstaunlich genug, aber noch weit erstaunlicher war die weitere Entwicklung: Nur dreieinhalb Jahre später, mitten in der großen Weltwirtschaftskrise, als schon fünf Millionen Deutsche arbeitslos waren, gehörte Flick plötzlich die Mehrheit des ›Stahlverein‹-Kapitals, ohne daß er noch einen Pfennig draufgezahlt hätte!

Der Trick, den Flick angewandt hatte, war im Grunde ganz einfach: Die ›Stahlverein‹-Aktienmehrheit, genau 51 Prozent, waren im Besitz der Gelsenkirchener Bergwerks-AG (›Gelsenberg‹) gewesen. Wer ›Gelsenberg‹ beherrschte, beherrschte auch den ›Stahlverein‹. Also ließ Flick die im Besitz seiner ›Charlottenhütte AG‹ befindlichen ›Stahlverein‹-Aktien heimlich verkaufen und dafür noch heimlicher ›Gelsenberg‹-Anteile erwerben. Der Erlös aus dem Verkauf des 20-Prozent-Anteils am ›Stahlverein‹ reichte vollauf, um die ›Gelsenberg‹-Majorität in den Besitz der Charlottenhütte AG zu bringen. Damit verfügte Flick als Mehrheitsaktionär der Charlottenhütte AG (über deren ›Gelsenberg‹- und damit auch ›Stahlverein‹-Mehrheit) praktisch über ein Mammutunternehmen mit einer beherrschenden Position im Wirtschaftsleben Deutschlands!

Das war aber erst die zweite Stufe des Plans. Der große Coup, den Friedrich Flick in jenen Jahren des Elends und der Massenarbeitslosigkeit landen konnte, stand noch aus.

Im November 1931 begannen an den deutschen Aktienbörsen

Gerüchte zu kursieren. Es hieß, Frankreich wollte sich die bittere Not und den Tiefstand der Aktienkurse zu Nutze machen, um mit einem Schlag die beherrschende Stellung in der deutschen Industrie zu erobern. Es hieß weiter, der ›Crédit Lyonnais‹, das größte Bankinstitut Frankreichs, plane den Aufkauf von ›Gelsenberg‹, eines Unternehmens, dessen Aktien nur noch zwanzig Prozent vom Nennwert kosteten. Die Franzosen sollten bereits hundert Prozent geboten haben, um über die ›Gelsenberg‹-Mehrheit das Herzstück der rheinisch-westfälischen Montanindustrie fest in die Hand zu bekommen.
Diese Gerüchte, an denen kein wahres Wort war, taten ihre Wirkung. ›Der Ausverkauf der Ruhr‹ an den französischen ›Erbfeind‹ wurde von einflußreichen Zeitungen mit großer – vom Hause Flick noch geschürter – Entrüstung gemeldet. In Berlin trat die Reichsregierung zu einer Sondersitzung zusammen und kam zu dem Entschluß, daß diese Transaktion um jeden Preis verhindert werden müßte. Zwar waren die Kassen leer, Renten und Beamtengehälter mußten gekürzt werden, und die Regierung wußte nicht einmal, wie sie ihre dringendsten Verpflichtungen erfüllen sollte, zumal die Massenarbeitslosigkeit einen neuen Höchststand erreicht hatte. Aber dennoch – darin war sich die Regierung auch mit der Reichswehrführung einig –, der ›Stahlverein‹ durfte nicht den Franzosen ausgeliefert werden!
Reichsfinanzminister Dr. Hermann Dietrich wurde beauftragt, mit Friedrich Flick zu verhandeln, und am Ende kaufte das Reich die ›Gelsenberg‹-Mehrheit und damit die Kontrolle über den ›Stahlverein‹ zu etwa dem Vierfachen des Börsenkurses, also zu einem geringeren Preis, als ihn die Franzosen angeblich geboten hatten. Flick ›verzichtete‹ auf den Mehrerlös als guter Patriot, und er spendete sogar noch etliche Hunderttausend Mark an die Wahlfonds der Regierungsparteien. Aber da es gar kein französisches Angebot gegeben hatte, kann man auch sagen:

Flick bekam durch einen Trick das Vierfache dessen, was er an den Börsen bestenfalls hätte herausholen können, und so sah es dann auch die Presse, nachdem die Einzelheiten der Transaktion bekanntgeworden waren. Einer der führenden Wirtschaftsjournalisten, der durchaus nicht im Verdacht sozialistischer Neigungen stand, forderte sogar in einer der Reichswehr-Führung nahestehenden Zeitung die sofortige Enteignung Flicks.
»Die einzig mögliche Antwort«, schrieb er empört, »wäre gewesen, daß die Reichsregierung den Schachtelkonzern Charlottenhütte-Gelsenberg-Vereinigte Stahlwerke umgehend verstaatlicht hätte. Flick und die anderen Aktionäre hätten allenfalls eine langfristige Abfindung durch Staatsobligationen auf der Basis des Börsenkurses erhalten können ... Darüber hinaus hätte der vorliegende Tatbestand Anlaß genug geboten, Herrn Flick als Schädiger der Interessen des Deutschen Reiches zu enteignen ...« Der Verfasser dieses Artikels war Professor Friedrich Zimmermann. Schon damals benutzte er das Pseudonym ›Ferdinand Fried‹, unter dem er dann auch nach dem Kriege noch viele Jahre lang als wirtschaftspolitischer Leitartikler des Springer-Konzerns, vor allem in der ›Welt‹, für die freie Marktwirtschaft stritt. Obwohl es noch manchen Anlaß dazu gegeben hätte, forderte er nie wieder die Enteignung Flicks.
Bei diesem trat, nachdem er 1932 die Staatskasse um fast hundert Millionen Reichsmark ärmer gemacht hatte, insofern ein gewisser Wandel ein, als sich Friedrich Flick nun vom erfolgreichen Börsenjobber zum Industriemagnaten und Wirtschaftsführer mauserte. Mit äußerst geschickten Transaktionen, deren Schilderung Bände füllen würde, schaffte er es binnen weiterer fünf Jahre mit seinen ihm verbliebenen Unternehmensgruppen, ›Mittelstahl‹ und ›Maxhütte‹, der drittgrößte Stahlerzeuger des Deutschen Reichs (nach den ›Vereinigten Stahlwerken‹ und der Essener Firma Fried. Krupp) zu sein. Er hatte nun auch eine eigene

Steinkohle- und Koks-Basis im Ruhrgebiet, die Harpener Bergbau AG, und sein Konzern beschäftigte fast hunderttausend Arbeiter und Angestellte. Was der Familie Krupp erst in der vierten Generation gelungen war, hatte der Holzhändlersohn aus dem Siegerland in knapp zwanzig Jahren geschafft ...!
Zur Sicherung und Festigung seiner wirtschaftlichen Macht trat er nun auch dem – schon erwähnten – exklusiven ›Freundeskreis des Reichsführers SS‹ bei, pflegte dort Beziehungen zur SS-Prominenz und nahm regelmäßig an allen Veranstaltungen teil, ob es sich nun um eine Feier zum Jahrestag des – damals von seinem Konkurrenten Fritz Thyssen mit hunderttausend Goldmark finanzierten – Hitler-Putschs von 1923 handelte, um die Besichtigung eines Konzentrationslagers oder um eine Fahrt im Salonzug ›Heinrich‹ durch die jeweils neu eroberten Gebiete. Und alljährlich zum ›Julfest‹ – dem SS-Ersatz für die christliche Weihnacht – überwies Flick dem immer mächtiger werdenden Himmler eine Spende von hunderttausend Reichsmark für dessen private Liebhabereien.
Es war ein bescheidener Dank für alle die Annehmlichkeiten, die die Nazi-Diktatur seit 1933 den großen Bossen der Wirtschaft nach und nach verschafft hatte: die Zerschlagung der Arbeiterparteien und der Gewerkschaften, das ›Führerprinzip‹ in den Betrieben, wo es nur noch Befehl und Gehorsam gab, die Beseitigung der Tarifautonomie, das Verbot von Streiks, die Festsetzung niedriger Löhne entsprechend den Bedürfnissen der Wirtschaft, die Steuererleichterungen und Subventionen zur Förderung der heimischen Produktion und vor allem die geradezu stürmische Nachfrage, vor allem nach Stahl, infolge der von den Nazis betriebenen Aufrüstung.
In den Jahren 1938/39 konnte sich Friedrich Flick auch an der ›Arisierung‹ beteiligen: Aus dem Besitz der jüdischen Familie Hahn erwarb er beispielsweise knapp 40 Prozent des Aktienka-

pitals der Hochofenwerke Lübeck AG, rundete dieses Paket zur Mehrheit auf und verschaffte sich so die Kontrolle über die Berliner Erzhandlung Rawack & Grünfeld AG.

Aus dem Besitz des tschechischen Petschek-Konzerns brachte Flick die Anhaltischen Kohlenwerke, dann auch noch die in der Niederlausitz gelegenen Braunkohlengruben an sich. Damit konnte er die letzte Lücke in der Brennstoffbasis seiner Hüttenwerke schließen. Von da an bezog seine ›Maxhütte‹ vornehmlich Harpener Kohle, Henningsdorf und Brandenburg wurden von der Niederlausitz aus versorgt, und Unterwellenborn und die übrigen Flickschen Stahlwerke in Sachsen und Thüringen erhielten Braunkohle aus den Anhaltischen Gruben. Das war ein gewaltiger Fortschritt, aber nach dem Kriege, im Nürnberger Kriegsverbrecherprozeß, erklärte Friedrich Flick: »Sollte von 1933 bis 1945 bei mir ein Vermögenszuwachs eingetreten sein, so wäre er selbst dann eingetreten, wenn ich während dieser Jahre nur spazierengegangen wäre!« Aber vorsichtshalber hatte er noch während des Zweiten Weltkriegs 90 Prozent des Kapitals seiner Konzern-Holdinggesellschaft auf dem Wege der Schenkung seinen beiden Söhnen übertragen, behielt sich allerdings das alleinige Entscheidungsrecht in der Geschäftsführung vor.

So vorbereitet erwartete Flick den Untergang des ›Dritten Reiches‹ auf seinem Landsitz in der Nähe von Bad Tölz, wo ihn die Amerikaner kurz nach der Kapitulation verhafteten. Erst zweieinhalb Jahre später, am 22. Dezember 1947, verurteilte ihn ein amerikanisches Militärgericht wegen Unterstützung der nationalsozialistischen Gewaltherrschaft, Teilnahme an der Vorbereitung eines Angriffskriegs, Plünderung in den von Deutschland eroberten Gebieten, Ausbeutung und Mißhandlung von Zwangsarbeitern sowie einer Fülle von weiteren Kriegsverbrechen zu sieben Jahren Zuchthaus.

Knapp drei Jahre später, im August 1950, wurde Flick vorzeitig aus der Haft entlassen. Mit 67 Jahren, so hätte man meinen können, wäre es für ihn Zeit gewesen, sich nach fünfjähriger Haft mit den Resten seines Vermögens zur Ruhe zu setzen. Aber Friedrich Flick dachte gar nicht an eine solche Möglichkeit. Er war im Kriegsverbrechergefängnis auch keineswegs untätig gewesen, hatte vielmehr durch Vermittlung seiner Anwälte, die ihn regelmäßig besuchten, alle Fäden in der Hand behalten und seinen ihm verbliebenen Konzernbesitz schon vorteilhaft umgruppiert.

Flick zögerte auch nicht, das – diesmal nicht erfundene – Angebot einer französischen Gruppe anzunehmen und ihr seine Harpener Bergbau-Aktien zu verkaufen – für 180 Millionen DM, was etwa dem 2,7fachen des Kurswerts entsprach. Er tätigte noch weitere Verkäufe, überließ beispielsweise seine restlichen Kohlen-Interessen dem Mannesmann-Konzern für rund fünfzig Millionen DM und hatte kurz nach seiner Haftentlassung und zu einer Zeit sehr knappen Geldes fast eine Viertelmilliarde flüssige Mittel zur Verfügung!

Damit kaufte er sich unter anderem bei Daimler-Benz ein, wo er knapp 40 Prozent des Aktienkapitals erwarb. Er wurde auch Eigentümer von Krauss-Maffei, der Buderusschen Eisenwerke, der Dynamit-Nobel AG und des Feldmühle-Konzerns. Allein sein Daimler-Aktienpaket hatte 1968, als Friedrich Flick 85 Jahre alt wurde, einen Kurswert von knapp zwei Milliarden Mark. Er war also unter der Herrschaft christdemokratischer Kanzler, von Adenauer bis Kiesinger, noch weit reicher geworden als unter Hitler und gehörte nun zur internationalen Spitzengruppe der Multimilliardäre.

Umgekehrt hatte natürlich auch Flick Anteil an den fortgesetzten Wahlerfolgen der CDU / CSU, die er – wie andere Großverdiener, die von der so unternehmerfreundlichen Unionspolitik profitierten – immer wieder mit großen Beträgen förderte. Sein

engster Mitarbeiter auf dem Gebiet der Spendenpolitik – die manchmal auch der besseren Durchsetzung bestimmter Konzerninteressen diente – war Flicks jüngerer Vetter Konrad Kaletsch, geboren 1898 und bis zu seinem Tod im Jahre 1978 der Senior im Flick-Management.
Besonders enge Verbindung zur Union und später speziell zur CSU des Franz Josef Strauß hielt für Flick der Rechtsanwalt Dr. Wolfgang Pohle, geboren 1903, während des Zweiten Weltkriegs Chefjustitiar des Vereins für die bergbaulichen Interessen, dann Direktor und Generalbevollmächtigter bei Mannesmann, der 1960 zu Flick kam und dort 1965 geschäftsführender Gesellschafter wurde. Daneben war Wolfgang Pohle von 1953–1957 und von 1965 bis zu seinem Tode Bundestagsabgeordneter erst der CDU, dann der CSU und auch Schatzmeister der Strauß-Partei.
Ein weiterer Verbindungsmann Flicks in politischen Bereichen war der Daimler-Benz-Personalchef und spätere BDI- und BDA-Präsident Hanns Martin Schleyer. Ihn hatte Flick schon in der ersten Nachkriegszeit, als der ehemalige SS-Führer Schleyer noch in Haft war, für künftige Führungsaufgaben vorgesehen. Und schließlich kam 1960 Eberhard v. Brauchitsch, ein enger Jugendfreund des Flick-Sohns und -Erben Friedrich Karl, der rasch in die Spitzengruppe des Flick-Managements aufstieg und schon 1965, mit 39 Jahren, persönlich haftender und geschäftsführender Gesellschafter der Friedrich Flick KG wurde. 1971, kurz vor dem Tode Friedrich Flicks, schied v. Brauchitsch wieder aus und wurde Generalbevollmächtigter bei Axel Springer, aber zwei Jahre später holte ihn sein Schulfreund Friedrich Karl Flick, der inzwischen als Alleinerbe die Führung der Gruppe übernommen hatte, wieder zurück. Weitere neun Jahre später, im Herbst 1982, feuerte Friedrich Karl Flick seinen Intimus und engsten Mitarbeiter, wohl um sich

selbst zu entlasten, denn inzwischen war der wahrscheinlich größte Wirtschaftsskandal der bundesdeutschen Geschichte ruchbar geworden.
Der Flick-Konzern, für den allein im Inland fast 50000 Mitarbeiter rund 9 Milliarden DM Jahresumsatz erwirtschaften, war in den Verdacht geraten, Schmiergelder in Millionenhöhe an prominente Politiker gezahlt zu haben. Die Flick-Kassen – darüber bestand bei den Ermittlern bereits Gewißheit – waren in erheblichem Umfang aus am Finanzamt vorbeigeschleusten Geldern gespeist worden, und für die Staatsanwaltschaft erhärtete sich der Verdacht eines Zusammenhangs zwischen den Flick-Zahlungen aus Flicks ›schwarzer‹ Kasse an Politiker und der spektakulärsten Steuerbefreiung der Nachkriegszeit, als das Bundeswirtschaftsministerium Flick gestattet hatte, rund 1,5 Milliarden DM aus dem Verkauf von Daimler-Aktien steuerfrei wieder anzulegen.
Der amtierende Wirtschaftsminister Otto Graf Lambsdorff und sein Vorgänger Hans Friderichs, beide FDP, sehen sich jetzt von einer Anklage wegen Vorteilsannahme bedroht. Friderichs, heute Chef der Dresdner Bank, hatte nach den aufgefundenen Unterlagen eine ›Zuwendung‹ in Höhe von 365000 DM erhalten, Lambsdorff insgesamt 165000 DM. Noch eine Reihe weiterer Politiker hatte die Flick KG ›gefördert‹, darunter den CSU-Vorsitzenden Franz Josef Strauß – so steht es jedenfalls in den vom ›Spiegel‹ veröffentlichen Protokollen der Bonner Staatsanwaltschaft – mit nicht weniger als 950000 DM. Und unter den mit kleineren Parteispenden Geförderten sollten sich auch, wie es den Flick-Gebräuchen durchaus entspräche, Politiker der CDU wie des rechten Flügels der SPD befunden haben.
Die Zahlungen sprudelten aus verdeckten Quellen. »Flicks schwarze Gelder«, wußte der ›Spiegel‹ zu melden, »entstammten einem abenteuerlichen Gegengeschäft mit einer schwarzen

Institution, der die Steuerfahnder Anfang 1982 auf die Spur kamen: Erst spendete Flick – steuerbegünstigt – an ein Unternehmen, das die Finanzen der katholischen Steyler Missionsgesellschaft verwaltet, die ›Soverdia Gesellschaft für Gemeinwohl mbH‹. Anschließend zahlte der Geschäftsführer der ›Soverdia‹, Pater Josef Schröder, achtzig Prozent an Flicks Sonderkasse zurück. Flick-Chefbuchhalter Diehl erinnert sich: ›Etwa 1975/76 wurde ich erstmals von (dem damaligen Flick-Generalbevollmächtigten) Kaletsch angewiesen, von Herrn Pater Schröder Geld in Empfang zu nehmen. Es handelte sich um einen Betrag in Höhe von 800000 DM. Mir war damals klar, daß zwischen diesem Betrag und der vorher gegebenen Spende ein unmittelbarer Zusammenhang bestand. Im folgenden Jahr ereignete sich der gleiche Vorgang mit demselben Betrag ...‹ Insgesamt zehn Millionen Mark flossen nach den Ermittlungen der Bonner Staatsanwaltschaft innerhalb von zehn Jahren an die Soverdia, acht Millionen kamen wieder in Flicks schwarze Kasse zurück ...«
Zehn Prozent der Spendensumme durfte die Steyler Mission behalten, weitere zehn Prozent gingen an den Darmstädter CDU-MdB Walter Löhr, der die Sache vermittelt hatte.
»Den besten Schnitt« – so der ›Spiegel‹ – »machte die Flick-Gruppe: Sie strich nicht nur die geheimen Rückflüsse in Höhe von 80 Prozent der Spenden ein, sondern konnte auch Spendenbescheinigungen über zehn Millionen Mark beim Finanzamt vorlegen. Die Steuervergünstigung betrug damals bis zu 51 Prozent der Spendensumme ...«
Dennoch ist diese krumme Spenden-Angelegenheit nur ein vergleichsweise geringfügiger Nebenaspekt des eigentlichen Skandals, denn wenn es stimmt, was die Staatsanwaltschaft zum Gegenstand einer Anklage zu machen gedenkt, dann hat Flick mit Unterstützung der geförderten FDP-Wirtschaftsminister Fride-

richs und Graf Lambsdorff und unter Vorspiegelung falscher Tatsachen 450 Millionen DM Steuerbefreiung zu Unrecht in Anspruch genommen. Flick hat, um 800 Millionen Mark Einnahmen aus dem Verkauf der Daimler-Aktien steuerfrei in den Erwerb einer starken Beteiligung an der US-Chemiefirma Grace & Co investieren zu können, dieses Geschäft als volkswirtschaftliche Pioniertat ausgegeben. Zum Segen für die deutsche Wirtschaft, so hatten die Flick-Manager behauptet, verschaffte diese Geldanlage in den USA der Bundesrepublik den ersehnten Zugang zu fortschrittlichsten amerikanischen Technologien. Grace und Flick, so machten die Flick-Manager den Ministerien vor, würden eine Kommission bilden, um den Austausch von Wissen abzuwickeln.

»In Wahrheit«, – so der ›Spiegel‹ – »passierte gar nichts. Grace-Präsident Peter Grace kehrte mit ein paar Managern von einer Deutschland-Reise mit der Erkenntnis zurück, daß mit den neuen Eigentümern zwar schöne Schiffstouren und Spesen zu machen wären, aber kein Technologietransfer.«

Der Bonner Staatsanwaltschaft, die in den Flick-Chefetagen über hundert Aktenordner beschlagnahmte, wurde bald auch klar, von wem viele der steuersparenden Ratschläge stammten, deren Befolgung den Skandal heraufbeschworen hat. Zu den Ratgebern Flicks zählte nämlich auch ein alter Freund des Hauses: Franz Josef Strauß.

Aus dem Protokoll seiner staatsanwaltschaftlichen Vernehmung konnte ›Der Spiegel‹ folgendes zitieren:

»... Ich (Franz Josef Strauß) habe, wie angegeben, Herrn Flick vor etwa acht Jahren geraten, in Nordamerika zu investieren. Ich habe ihm geraten, seine inländischen Betriebe zu entschulden und zu modernisieren. Ich habe in dem Zusammenhang ihm einmal, wahrscheinlich im Jahre 1978, einen Brief geschrieben, in dem ich ihm geraten habe, die Voraussetzungen für die Zuerken-

nung des § 6b (Einkommensteuergesetz) und § 4 (Auslandsinvestitionsgesetz) sehr genau zu nehmen. Ich war damals der Meinung, daß für die Erfüllung der Kriterien u. a. ein Kooperationsabkommen der Firma Grace die Prüfung der hiermit verbundenen steuerrechtlichen Frage erleichtern würde.«
Auf einen Vorhalt des Staatsanwalts: »... Herr Ministerpräsident, wir haben Sie nunmehr davon in Kenntnis gesetzt, daß sich aus den im Jahre 1974 beginnenden Aufzeichnungen des Flick-Konzerns aus dem Hefter ›CSU‹, der sich im Gewahrsam der Staatsanwaltschaft befindet, folgende Vermerke ergeben:
›21. 4. (75) Ka/vB wg F. J. S. 200000,–
12. 7. (76) Dr. FKF wg F. J. S. 250000,–
11. 7. (78) Dr. FKF wg F. J. S. 250000,–
24. 10. (79) Dr. FKF wg F. J. S. 250000,–*‹
Können Sie dazu irgendeine Erklärung abgeben?«
Antwort von Ministerpräsident Strauß: »1. Ich bin am Zustandekommen keiner dieser Unterlagen beteiligt. 2. Offensichtlich gibt es auch keine Quittungen, die ich selbstverständlich bei eventuellen Auszahlungen, wenn gewünscht, ausgestellt hätte, zumal steuerlich relevante Vorgänge offensichtlich überhaupt nicht zugrunde liegen. 3. Der Beginn Ihrer Unterlagen ist deshalb verwirrend oder irreführend, womit ich keine Absicht unterstelle, weil neben unzähligen Kleinspendern auch einige Großspender, darunter die Flick-Unternehmungen, die CSU immer wieder unterstützt haben. Ich darf nebenbei bemerken, daß es sich hier nicht um die Honorierung von Ratschlägen handelt, sondern um eine bestimmte politische Linie im Inland und Ausland ...« Diese Aussage von Strauß, der sich, wenn er Gefahr wittert, wie ein Tintenfisch einzunebeln pflegt, spricht für

* Gemeint sind offensichtlich mit Ka Konrad Kaletsch, mit vB Eberhard v. Brauchitsch, mit Dr. FKF Dr. Friedrich Karl Flick, mit F. J. S. Franz Josef Strauß.

sich selbst und bedarf keines Kommentars. Immerhin läßt sich aus dem Schwall von Phrasen zweierlei deutlich erkennen: Strauß kann nicht bestreiten, von Flick viel Geld bekommen zu haben, aber er will das nicht als ›Honorierung von Ratschlägen‹ verstanden wissen, was ihn in den Verdacht der Anstiftung oder Beihilfe zu Straftaten bringen könnte, sondern als Unterstützung einer – und zwar doch wohl seiner – ›politischen Linie‹ im In- und Ausland.
Bleibt zu fragen, welche politische Linie der heutige Vorsitzende der Christlich-Sozialen Union vertritt, was ihn ›über mehr als dreißig Jahre ‹ mit dem Hause Flick so eng verbunden hat und ob man es tatsächlich ›christlich‹ und ›sozial‹ nennen kann, wofür Strauß, seiner eigenen Erklärung nach, lebenslang eingetreten ist.

Wer ist Franz Josef Strauß?

Die Frage, wer Franz Josef Strauß ist, scheint auf den ersten Blick überflüssig. Schließlich kennt beinahe jeder hierzulande FJS – wie er sich nach dem Vorbild amerikanischer Präsidenten gern abgekürzt sieht –, und auch im Ausland ist sein Bekanntheitsgrad erstaunlich hoch – leider! Denn vielen Briten, Franzosen, Skandinaviern, Holländern und Italienern – von den Bürgern der DDR, Polens und der anderen sozialistischen Länder ganz zu schweigen – gilt Strauß geradezu als der Inbegriff dessen, was sie an den Deutschen unsympathisch, provozierend oder gefährlich finden. Umgekehrt hat Strauß im Ausland auch manche Bewunderer, doch davon später.

Hinzu kommt der bemerkenswerte Umstand, daß es unter den persönlichen und politischen Freunden von Strauß von alten Nazis wimmelt, wobei wir uns nur an die wenigen bereits genannten Personen zu erinnern brauchen: So etwa an den Strauß-Berater in Fragen der psychologischen Kriegführung Dr. Eberhard Taubert, an die Strauß-Propagandisten Artur Missbach und K. F. Grau, an den FJS-Intimus Hanns Martin Schleyer und dessen Korpsbruder, den Strauß-Duzfreund Konsul Dr. Fritz Ries, an dessen mit ›Arisierungen‹ und Ausbeutung von Sklavenarbeitern aufgebauten Unternehmen die Strauß-Gattin Marianne be-

teiligt wurde, an den Himmler-Freund und Strauß-Förderer Friedrich Flick – die Liste ließe sich schier endlos fortsetzen ...
Umgekehrt hat Strauß, zumindest in früheren Jahren, stets großen Wert darauf gelegt, daß demokratische Politiker eine von braunen Flecken freie Weste haben. »Jeder, der sich um das höchste Amt bewirbt, muß seine politische Vergangenheit lückenlos aufzeigen können«, erklärte er zum Beispiel 1961 in Weilheim, und an politische Gegner stellte er wiederholt die Frage: *»Was haben Sie in den zwölf Jahren* – der Nazidiktatur – *gemacht?«*
Was seine eigene Vergangenheit, insbesondere seinen politischen Werdegang betraf, so hatte er zu Beginn seiner Laufbahn als Bundespolitiker für das erste amtliche Handbuch des Deutschen Bundestages von 1949 folgendes angegeben:
»Strauß, Franz, Oberregierungsrat, Generalsekretär der CSU, Schongau – (Bayer. Kr. 12 Weilheim) CSU.
Geboren am 6. September 1915 in München als Sohn eines Handwerksmeisters. Nach Besuch des Humanistischen Gymnasiums Studium der Geschichte, Sprachen, Volkswirtschaft und Rechtswissenschaft an der Universität München. Staatsexamen im Jahre 1939/40. Von 1939 bis 1945 Teilnahme am 2. Weltkrieg. Von 1945 bis 1. Januar 1949 stellvertretender und zweimal gewählter Landrat von Schongau. Seit 1. Januar 1949 Leiter des Bayerischen Landesjugendamtes. 1945 Gründungsmitglied der Christlich-Sozialen Union. Von 1946 an Mitglied des Landesvorstands, seit 1949 Generalsekretär der CSU.«
Dieser auf eigenen Angaben beruhende Lebenslauf des damals 34jährigen Abgeordneten Franz Strauß – den zweiten Vornamen, der noch nirgendwo amtlich vermerkt war, legte er sich erst später zu – bedarf einer Reihe von Korrekturen und Ergänzungen sowie im einen oder anderen Punkt einer Erläuterung.
Strauß stammte aus gutkatholischem Elternhaus, besuchte nach

der Machtübernahme durch die Nazis noch das Max-Gymnasium, eine Eliteschule, für die ihn der katholische Theologe Professor Zellinger wärmstens empfohlen hatte, war in allen Klassen Primus, gewann ein Hochschulstipendium und wurde 1934 süddeutscher Straßenmeister im Radfahren.

Der so erfolgreiche und äußerst ehrgeizige junge Mann erfüllte dann bald nach dem Abitur seine Arbeitsdienstpflicht und begann an der Münchner Universität ein Studium der Altphilologie, Geschichte und Germanistik mit dem Ziel, Gymnasiallehrer zu werden. Kurz nach Kriegsausbruch, am 3. September 1939, mußte er sein Studium unterbrechen, weil er zu einem Artillerieregiment eingezogen wurde. Erst im Winter 1940/41 erhielt er Studienurlaub, bestand sein Assessorexamen, mußte wieder einrücken und nahm dann als Unteroffizier am Rußlandfeldzug teil. Am 1. Februar 1942 wurde er zum Leutnant befördert, kam im Sommer 1942 wieder an die Ostfront, nahm im folgenden Winter an der Verteidigung des großen Don-Bogens teil und wurde Anfang 1943, als dort die Front zusammenbrach, wegen Erfrierungen an den Zehen krankgeschrieben. Er konnte es durchsetzen, daß er mit einem der letzten Verwundetentransporte aus dem Kessel ausgeflogen wurde, und so geriet er nicht wie Hunderttausende seiner Kameraden in sowjetische Gefangenschaft. Daheim war seine Gesundheit rasch wiederhergestellt, doch er kam nicht wieder an die Front, sondern zur Lehrgruppe Heer, die in der Luftwaffen-Flakschule IV in Altenstadt bei Schongau in Oberbayern untergebracht war. Dort blieb er bis zum April 1945, wurde noch zum Oberleutnant befördert und war zuletzt Stabsadjutant und Chef der Stabsbatterie.

Am 8. Mai 1945 war der Zweite Weltkrieg für Deutschland endgültig verloren; die gesamten Streitkräfte des untergegangenen »Großdeutschen Reiches« hatten bedingungslos kapituliert. Millionen deutsche Soldaten kamen nun in – oftmals jahrelange –

Kriegsgefangenschaft. Der Oberleutnant d. R. Franz Strauß war wiederum einer der wenigen Glücklichen, die diesem Schicksal entgingen. Er hatte einige Tage vor Kriegsende seine Entlassung aus der Wehrmacht erhalten, genauer: Er hatte sich selbst entlassen; die entsprechenden Eintragungen in seinen Papieren waren gefälscht, und er hatte sich damit, noch ehe die ersten Amerikaner in Schongau eingetroffen waren, ins nahegelegene Dorf Schwabniederhofen abgesetzt, den Uniformrock gegen eine Ziviljacke vertauscht und im Pfarrhaus eine vorläufige Unterkunft gefunden.

Natürlich kam dieser kleine Schwindel sehr schnell heraus; kaum waren die Amerikaner einmarschiert, da griff eine Patrouille den gesunden und kräftigen Mann auf, der noch Offizierskeilhosen unter der Ziviljacke trug und behauptete, am 20. April 1945 aus der Wehrmacht regulär entlassen worden zu sein. Sie brachte Strauß in die Kaserne zurück, und er hätte nun eigentlich in ein Gefangenenlager eingewiesen werden müssen und dort noch monate-, vielleicht jahrelang auf seine Entlassung warten können. Doch er hatte erneut großes Glück, nicht zuletzt, weil er vorsorglich seine guten Englischkenntnisse noch aufgefrischt und verbessert hatte, ehe der Krieg zu Ende ging. Damit beeindruckte er die Schongauer Militärregierung, die dringend Dolmetscher brauchte, und so kam es, daß der – wie er erklärte – politisch völlig unbelastete, noch nicht 30jährige Altphilologe Franz Strauß aus München als Hilfskraft der Amerikaner in Schongau bleiben durfte. Dort begann wenig später seine steile politische Karriere.

»Er hatte das Glück, zu jung zu sein, um eine Nazivergangenheit zu haben«, schrieb ein Jahrzehnt nach Kriegsende der britische Labour-Politiker Richard Crossmann über Franz Josef Strauß, als dieser es bereits zum Verteidigungsminister in Bonn gebracht hatte. »Ein SA-Obersturmführer Strauß, ein Kriegsgefangener vielleicht bis 1950 in Sibirien – was wäre aus ihm geworden?«

Bleibt hinzuzufügen, daß einige Details aus der Vergangenheit des Ex-Oberleutnants und nunmehrigen Dolmetschers Franz Strauß sowohl den amerikanischen Besatzern der ersten Nachkriegszeit als auch Richard Crossmann verborgen geblieben waren.

Da gab es zunächst die – von Strauß noch 1949, in seinen Angaben zur Person für das erste Bundestagshandbuch, seltsamerweise nicht erwähnte, dabei doch gewiß nicht nachteilige oder unwichtige – Ernennung zum Studienrat und damit zum Beamten auf Lebenszeit durch den »Führer und Reichskanzler« Adolf Hitler an dessen Geburtstag, dem 20. April 1943.

Vielleicht hätte die amerikanische Militärregierung von Schongau, wäre sie darüber informiert gewesen, die Personalakte ihres Dolmetschers Strauß aus Berlin angefordert. Daraus wäre dann ersichtlich gewesen, daß der Reichsminister für Wissenschaft, Erziehung und Volksbildung in seinem Ernennungsvorschlag an den »Herrn Staatsminister und Chef der Präsidialkanzlei des Führers und Reichskanzlers« die Frage, ob der Studienassessor Franz Strauß »die Gewähr dafür biete, jederzeit rückhaltlos für den nationalsozialistischen Staat einzutreten«, uneingeschränkt bejaht hatte. Dabei hatte sich das Ministerium auf die nachgewiesene Mitgliedschaft des Assessors Strauß im NS-Studentenbund (NSStDB) sowie im Nationalsozialistischen Kraftfahrkorps (NSKK) gestützt. Es sei hier angemerkt, daß sich Strauß zur Mitgliedschaft im NSKK in späteren Jahren durchaus bekannt hat, meist mit dem Zusatz, daß er aus Begeisterung fürs Motorradfahrern diesem ›Verein‹ beigetreten sei. Erwähnt sei auch, daß alle Strauß-Biographen, Freunde wie Gegner, bislang darin übereinstimmten, daß dieser NSKK-Mitgliedschaft keine politische Bedeutung beizumessen sei, erst recht nicht der im NSStDB. Mit dem NSKK hatte es folgende Bewandtnis: Es handelte sich dabei keineswegs um einen harmlosen Klub von Mo-

torsportfreunden, auch nicht um eine jener vielen Nazi-Organisationen, in die sich jene flüchteten, die auf das Drängen ihrer Vorgesetzten hin nur ein Scheinbekenntnis zum Nazitum ablegen und sich auf die Zahlung eines Monatsbeitrags beschränken wollten. Denn im Gegensatz zu diesen weitgehend unpolitischen Organisationen – wie beispielsweise die Nationalsozialistische Volkswohlfahrt (NSV) oder der Reichsluftschutzbund – war das NSKK bis zum Sommer 1934 ein Teil der braunen »Sturmabteilungen« (SA) gewesen, genau wie die »Schutzstaffeln« (SS). Als motorisierte Untergliederung der Bürgerkriegsarmee Hitlers erfüllte das NSKK Transportaufgaben, stellte Kradmelder und Überfallwagen, fuhr zur Einschüchterung der Gegner grölende SA-Trupps durch die Straßen und diente darüber hinaus der paramilitärischen Ausbildung.
Nach der Ermordung des SA-»Stabschefs« Ernst Röhm und zahlreicher hoher SA-Führer, die auf Hitlers Befehl hin am 30. Juni und 1. Juli 1934 von Himmlers SS durchgeführt wurde, erklärte Hitler zur weiteren Entmachtung der SA zwei ihrer Untergliederungen zu eigenständigen Organisationen: die SS und das NSKK, die beide nunmehr – nach dem amtlichen Handbuch für das Deutsche Reich von 1936, herausgegeben vom Reichs- und Preußischen Ministerium des Innern – gleichrangige »Gliederungen der NSDAP« waren.
Der Korpsbefehl Nr. 12b vom 12. Mai 1938 definierte denn auch das NSKK als »die motorisierte Kraft der Partei« und stellte fest: »Führer und Männer des Korps müssen Parteimitglieder sein oder, falls dies noch nicht der Fall ist, die Eignung für eine spätere Aufnahme in die Partei besitzen und die Verpflichtung hierzu eingehen.«
Ferner wurde allen NSKK-Angehörigen »dauernde Schulung« sowie »ein immer tieferes Eindringen in das nationalsozialistische Gedankengut« zur Pflicht gemacht. Verantwortlich für

diese weltanschauliche Schulung war die Abteilung IIb des Personalamts, der auch die Prüfung der Anwärter auf Eignung zur Aufnahme in das Korps oblag, ferner die Auswahl, Ernennung und weitere Schulung von »weltanschaulichen Referenten« für jede NSKK-Einheit. Diese Referenten waren, unabhängig von ihrem Dienstgrad, »Vorgesetzte aufgrund ihrer besonderen Dienststellung« und mußten »einwandfrei zuverlässige, weltanschaulich gefestigte Nationalsozialisten« sein, zudem fähig, Führern und Mannschaften das NS-»Gedankengut« einprägsam zu vermitteln und sie »für Führer und Bewegung zu begeistern«. Was das in der Praxis bedeutete, zeigen beispielsweise die Berichte über das staatlich organisierte, beschönigend »Kristallnacht« genannte Judenpogrom vom 9. November 1938. Am Abend dieses Tages wurden in ganz Deutschland die jüdischen Gotteshäuser, insgesamt fast 200, demoliert, geplündert und niedergebrannt. Alle Geschäfte, Kanzleien, Arztpraxisräume sowie die meisten Privatwohnungen jüdischer Bürger wurden verwüstet, Hunderte wurden ermordet, Zehntausende mißhandelt und in Konzentrationslager verschleppt.
An dieser schändlichen Aktion war das NSKK ebenso beteiligt wie SA, SS und HJ. »Die Aktion wurde unter Mitwirkung des NSKK durchgeführt, das mit dem Wagen von Laden zu Laden fuhr ...«, heißt es in den »Deutschlandberichten« (Archiv der sozialen Demokratie der Friedrich-Ebert-Stiftung, 5. Jahrgang, 1938, S. 1195). An anderer Stelle der »Deutschlandberichte« (1938, S. 1187) wird bestätigt, »daß die Pogromaktionen von SA, SS, NSKK und HJ durchgeführt worden sind.« Und in einer Meldung an das SD-Hauptamt der SS heißt es, viele der bei dem Pogrom verschwundenen Wertsachen seien »in den SA- und NSKK-Heimen« (Bundesarchiv R 58/1081) zu vermuten.
Dies alles muß man wohl bei der Beurteilung der Tatsache berücksichtigen, daß in dem »Vorschlag zur Ernennung RP 4158/

43« des Studienassessors Franz Strauß zum Studienrat ausdrücklich vermerkt ist: »weltanschaulicher Referent und Rottenführer beim Sturm 23/M 86 in München; seit dem 1. 11. 1937 Mitglied des NSDStB«.

Was es mit dieser – auf den ersten Blick harmlos wirkenden – Mitgliedschaft im Nationalsozialistischen Deutschen Studentenbund (NSDStB) auf sich hatte, wird erst klar, wenn man weiß, daß es 1937 im Nazi-Reich zwei nationalsozialistische Studentenorganisationen gab. In der einen, der »Deutschen Studentenschaft«, ließ sich die Mitgliedschaft für einen Studierenden deutscher Staatsangehörigkeit kaum vermeiden; es war beinahe eine Zwangsorganisation. Für die andere, den NSDStB, traf das genaue Gegenteil zu: Hier war die Mitgliedschaft nicht nur freiwillig, sondern unterlag auch strengsten Auswahlkriterien. Anfangs waren höchstens 5000 Studenten zum NSDStB zugelassen, aber auf Anordnung des ›Führer‹-Stellvertreters Rudolf Heß wurde 1934 festgelegt, daß maximal 5 v. H. der Studierenden – das waren damals nur etwa 3000 – Mitglied werden konnten, denn – so Rudolf Heß – der NSDStB sollte »eine Art von intellektueller SS« sein, »die politische Elite« der Nazipartei an den Hochschulen, der Kader-Nachwuchs, speziell für den Sicherheitsapparat.

An der Spitze der NSDStB stand von 1936 an der ›Reichsstudentenführer‹ Dr. Gustav Adolf Scheel, der auch SS-Gruppenführer im Stab Himmlers war. »Scheels führende Position im Sicherheitsdienst (der SS unter Obergruppenführer Reinhard Heydrich) erwies sich als besonders wertvoll«, heißt es dazu in einer amerikanischen Studie, ›Zur Geschichte des NSDStB‹, herausgegeben 1969 von der Universität Michigan. »Es gelang ihm innerhalb eines Jahres, einen Nachrichtendienst innerhalb der Studentenschaft aufzubauen, welcher über alle Aktionen Bericht erstattete. Der geringste Verstoß gegen die Partei und ihre Mitglieder wurde ihm gemeldet. Sobald es irgendwelche Anzeichen von Aufbegehren oder auch nur Unzufriedenheit in der Studentenschaft gab, wurde schnell und ohne großes Aufsehen durchgegriffen ...«

Der ›Reichsjugendführer‹ Baldur v. Schirach formulierte die Erwartungen, die die Naziführung in den NSDStB setzte, folgendermaßen: »Die nationalsozialistische Bewegung schaut auf euch, und sie verlangt von euch, daß ihr auf der Hochschule mit Brutalität den Gedanken der Totalität der nationalsozialistischen Erziehung vertretet.«

In einer Anordnung der Reichsstudentenführung vom 5. Oktober 1937 hieß es sogar: »Ab 1. Januar 1938 tritt eine generelle Mitgliedersperre des NSDStB ein.« Es war also gar nicht so leicht, in »Scheels Gestapo«, wie der NSDStB in der erwähnten amerikanischen Studie genannt wird, aufgenommen zu werden. Franz Strauß gelang dieses Kunststück, kurz vor Toresschluß, am 1. November 1937. Von da an gehörte er zur »politischen Elite«, die die Studierenden, aber auch die Dozentenschaft, zu indoktrinieren und zu bespitzeln hatte, zur »intellektuellen SS«. Und noch Jahrzehnte später – seinem früheren Auslandsreferenten Dieter Huber zufolge noch im Wahlkampfjahr 1976 – soll der CSU-Chef Post erhalten haben, die »An den NSDStB-Spitzel Franz Strauß« gerichtet war und worin ihm der Vorwurf gemacht wurde, einen Kommilitonen, den seither verschollenen Bruder der Absenderin, denunziert zu haben. Huber will diesen Brief mit eigenen Augen gesehen haben, und als er dies Ende Juli 1980 öffentlich kundtat, erhob sich von seiten des sonst so prozeßfreudigen Strauß kein Widerspruch.

Auch dies alles muß man wohl berücksichtigen, wenn man die Vermerke in der Personalakte des Studienassessors Franz Strauß zu werten versucht.

Ferner ist in der Akte angegeben: »Stud. Ass. Strauß ist seit

Kriegsbeginn – mit einer Unterbrechung vom 18. 11. 1940 bis 14. 4. 1941 – im Heeresdienst«, und was er dort, nachdem er in Altenstadt bei Schongau stationiert war, an Funktionen gehabt hatte, wäre für die Amerikaner zweifellos von großem Interesse gewesen. Hätten sie es im Sommer 1945 gewußt, so wäre der Oberleutnant a. D. Franz Strauß bestimmt nicht zum Dolmetscher der Militärregierung und zum Landratsstellvertreter ernannt, sondern mit größter Wahrscheinlichkeit in automatischen Arrest genommen worden und hätte dann keinen so leichten Start in die Kreis-, Landes- und schließlich Bundespolitik gehabt.

Über seine Funktionen bei der Heeresflak in Altenstadt bei Schongau hat Strauß selbst später einige – wohl mehr der Vertuschung als der Aufklärung dienende – Angaben gemacht. In seiner autorisierten Biographie, die Thomas Dalberg unter dem Titel Franz Josef Strauß. Porträt eines Politikers. Autorisierte Biographie 1968 im C. Bertelsmann Sachbuchverlag, Gütersloh, erscheinen ließ, heißt es dazu auf Seite 35:

»Der Leutnant Strauß – im August 1944 wurde er zum Oberleutnant befördert – übernahm neben seiner Aufgabe als Ausbildungsoffizier noch die Funktionen des Abteilungsadjutanten und des Chefs der Stabsbatterie. FJS: ›Ich habe mir die schönsten und abwechslungsreichsten Posten der Abteilung herausgesucht.‹ Für einige Monate übertrug ihm der Kommandeur (›Das machen Sie, Strauß, das überlassen wir keinem andern!‹) auch noch die Wahrnehmung der Aufgabe eines Offiziers für wehrgeistige Führung.

Dieses Nebenamt trug Franz Strauß später den Vorwurf der Ostpropaganda ein, er habe sich in Schongau längere Zeit als NS-Führungsoffizier (NSFO) betätigt und demgemäß die Lehrgangsteilnehmer im Sinn der Hitlerschen Kriegs- und Rassenpolitik beeinflußt. Davon konnte aber keine Rede sein. Als die NS-

Führungsoffiziere aufkamen, zog sich Franz Strauß vom Glatteis der ›weltanschaulichen Ausrichtung‹ der Truppe zurück. Das Amt eines Offiziers für wehrgeistige Führung hatte noch die Möglichkeit geboten, eine vorsichtig dosierte, nach außen hin unverfängliche Aufklärung zu betreiben. Der Titel verpflichtete zu nichts. FJS: ›Dann wurde der NSFO erfunden. Die Abteilung mußte einen geeigneten Offizier melden. Da habe ich dann gestreikt und meinem Kommandeur erklärt: Offizier für wehrgeistige Führung, das habe ich noch gemacht. Aber nun NSFO, das ist mir zu dubios.‹«

Soweit die Darstellung, die Strauß selbst 1968 von seinen Funktionen in Altenstadt bei Schongau gegeben hat – mit viel dichterischer Freiheit, wie man hinzufügen muß. Immerhin gab er damals wenigstens zu, »Offizier für wehrgeistige Führung« gewesen zu sein. Wer dies heute von ihm behauptet oder ihn auch nur nach einer solchen Möglichkeit fragt, wird zwar nicht verklagt, aber – wie es dem Autor geschah – als »übler Geschichtsfälscher« diffamiert und mit Schmähungen bedacht, die dem Wörterbuch des Unmenschen entnommen sein könnten.

Lassen wir unsererseits strenge Sachlichkeit walten, und beschränken wir uns zunächst auf die Frage, was es denn mit der Funktion eines »Offiziers für wehrgeistige Führung« tatsächlich auf sich hatte. Dankenswerterweise hat das Münchner Institut für Zeitgeschichte die Frage gründlich untersucht. Die Ergebnisse wurden in den Vierteljahresheften für Zeitgeschichte, 9. Jahrgang, 1961, Heft I, Seiten 76ff veröffentlicht, und zwar unter der Überschrift: »Zur Geschichte des nationalsozialistischen Führungsoffiziers (NSFO) – Dokumentation –«; sie sind in jeder größeren öffentlichen Bibliothek nachzulesen.

Danach wurde durch Geheimbefehl des Chefs der Heeresrüstung und Befehlshabers des Ersatzheeres vom 14. Mai 1943 angeordnet, daß »jetzt bis zu den Bataillonen Offiziere für poli-

tisch-weltanschauliche Führung eingesetzt werden« sollten; diese hatten »nur politische, nicht aber Betreuungsaufgaben«. Unter Ziffer 2 der Anordnung hieß es: »Die Auswahl einer für diese Aufgaben geeigneten Persönlichkeit ist für den Erfolg entscheidend. Gesichtspunkte für die Auswahl sind: bewährter Frontoffizier, aktivistischer Nationalsozialist ...«
Unter Ziffer 5 hieß es noch einmal: »Die Aufgabe des Offiziers für wehrgeistige Führung der stellv. Generalkommandos und Btle (Bataillone) (Abt [Abteilungen]) ist ausschließlich politisch-weltanschaulich-nationalsozialistisch.«
Das also will Franz Josef Strauß, seiner autorisierten Biographie zufolge, gewesen sein – für einige Monate und neben seinen zahlreichen sonstigen Funktionen. »Der Titel«, so Strauß, »verpflichtete zu nichts.« Was dann später aus dem »Offizier für wehrgeistige Führung« wurde, der berüchtigte NSFO, das sei ihm »zu dubios« gewesen, da habe er gestreikt und seinem Kommandeur mutig erklärt, daß er da nicht mehr mitmache – ein Akt antifaschistischen Widerstands, der Strauß den Kopf hätte kosten können. Das jedenfalls soll denjenigen suggeriert werden, die sich nicht genau auskennen.
Aber ein ganz so offener Nazigegner scheint der als »Offizier für wehrgeistige Führung« sich zu nichts verpflichtet fühlende Strauß nun doch nicht gewesen zu sein. Sein Kommandeur, Generalmajor Hermann Hiller, erklärte dazu in einem Leserbrief, der im ›Spiegel‹ (Nr. 43, Seite 77) 1957 veröffentlicht wurde:
»... Strauß ist mir dienstlich gut bekannt, da er Adjutant einer meiner Abteilungskommandeure an der Flak-Artillerie-Schule Schongau im Jahre 1944 und 1945 war ... Wenn der Verteidigungsminister jetzt immer seine antinationalsozialistische Haltung herauskehrt, so kann ich nur sagen, daß ich damals nichts davon gemerkt habe. Auch als gegen mich wegen einer offenen Kritik am Dritten Reich im Dezember 1944 ein kriegsgerichtli-

ches Verfahren eingeleitet wurde, hat Strauß sich mir gegenüber nicht als ›Widerstandskämpfer‹ zu erkennen gegeben. Andere Offiziere der Flakschule dagegen boten mir seinerzeit Hilfe und Unterstützung an ...«

So steht also Wort gegen Wort, auf der einen Seite die Erklärung von Strauß in eigener Sache, auf der anderen die schriftliche Widerlegung durch General Hiller. Halten wir uns allein an die nachweisbaren Tatsachen, so wird sehr rasch klar, daß die Darstellung, die Strauß in seiner autorisierten Biographie von seiner damaligen Funktion als »Offizier für wehrgeistige Führung« gegeben hat, nicht der Wahrheit entsprechen kann. Er will erst im Laufe des Jahres 1944 »Offizier für wehrgeistige Führung« geworden sein, doch seit Dezember 1943 gab es diese Funktion gar nicht mehr! Denn als aus dem angeblich harmlosen »Offizier für wehrgeistige Führung« der »dubiose« NS-Führungsoffizier (NSFO) wurde, da feierte man in Deutschland und somit auch an der Flakschule von Schongau gerade das Weihnachtsfest 1943. Mit »Führerbefehl« vom 22. Dezember 1943 wurde die Funktion des NSFO geschaffen, und unter den Voraussetzungen, die dieser zu erfüllen hatte, stand »bedingungsloser Nationalsozialist« nun an erster Stelle. Als der Leutnant Strauß 1944 nach Schongau versetzt wurde, waren diese Richtlinien für Nationalsozialistische Führungsoffiziere bereits in kraft, und den NS-»Offizier für wehrgeistige Führung« gab es offiziell schon nicht mehr.

Aber selbst wenn man zugunsten von Leutnant Strauß annimmt, daß es ein paar Wochen gedauert haben mag, bis der Wechsel in der Bezeichnung auch in die Flakschule bei Schongau gedrungen war, so ändert das nichts Wesentliches.

Auch der »Offizier für wehrgeistige Führung« war bereits so etwas wie ein politischer Kommissar, ähnlich dem »Politruk« der Roten Armee. Die Richtlinien wiesen zwar ausdrücklich darauf hin, daß bei der Truppe der Eindruck, es handele sich um einen Kommissar, unbedingt vermieden werden müsse. Aber gerade dieser Hinweis zeigt ja, wie es tatsächlich um die Aufgaben des »Offiziers für wehrgeistige Führung« stand.

Die Richtlinien bezeichnen ihn als »Gehilfe und Berater bei der Durchführung der dem Truppenführer gestellten politischen Führungsaufgaben«; ferner hatte er laufend Personalbeurteilungen abzugeben und Meldungen über die Ergebnisse seiner Indoktrinations- und Überwachungsarbeit zu erstatten. Die Auswahl von geeigneten »Offizieren für wehrgeistige Führung« wie auch dann die der NSFO wurde von der Parteikanzlei des Reichsleiters Martin Bormann überwacht, und bei jeder Gauleitung der Nazi-Partei gab es einen »Gaubeauftragten für Wehrmacht der NSDAP«, der zusammen mit dem »Offizier für wehrgeistige Führung« des jeweiligen Generalkommandos die Ernennungsvorschläge einreichte. Die Kandidaten sollten »bedingungslose, kämpferische, fanatische Nationalsozialisten« sein. »Erfahrungen und praktische Fähigkeiten in der politisch-weltanschaulichen Führung und Erziehung, Zugehörigkeit zur Partei und aktive politische Tätigkeit als Politischer Leiter sind erwünscht.«

Weil sich die Berufsoffiziere der Wehrmacht für diese Aufgabe meist nicht eigneten und die Voraussetzungen nicht erfüllten, wählte man als »Offiziere für wehrgeistige Führung« oder NSFO vorzugsweise solche Reserveoffiziere mit Frontbewährung aus, die als überzeugte Nazis bekannt und in der Partei, SA oder NSKK Funktionäre gewesen waren.

Es bleibe dahingestellt, ob der Leutnant, dann Oberleutnant Franz Strauß ein – vom Standpunkt der Nazi-Partei aus – guter »Offizier für wehrgeistige Führung« bzw. NSFO war oder ein Mißgriff. Jedenfalls sicherte die Ernennung dazu sein Verbleiben an der Flakschule bei Schongau im heimatlichen, vom Krieg kaum berührten Oberbayern. Der Oberleutnant Strauß hat diesen ruhigen Heimatposten nicht dadurch gefährdet, daß er sich als Nazigegner zu erkennen gab, sofern er dies in seinem tiefsten Innern war. Das jedenfalls war der Eindruck, den sein Kommandeur von ihm hatte. Es gibt noch eine Reihe weiterer ehemaliger Soldaten, die sich an den ›Führungsoffizier‹ Strauß erinnern. Nur einer von ihnen bescheinigte Strauß deutliche Nazigegnerschaft – allerdings nur »in den letzten Wochen des Krieges und in den Monaten danach« ... Zu dieser Zeit war Oberleutnant Strauß bestimmt kein ›Führungsoffizier‹ mehr, auch kein »bedingungsloser, kämpferischer, fanatischer Nationalsozialist« – doch davon später.

Zunächst sei erklärt, warum allen diesen dokumentarisch belegten Fakten einige Bedeutung zukommt, und zwar unabhängig von der Frage, ob der »weltanschauliche Referent« des NSKK-Sturms 23/M 86 und zeitweise »Offizier für wehrgeistige Führung (oder gar NSFO) Franz Strauß nun wirklich ein mehr oder weniger überzeugter, womöglich fanatischer Nazi war oder nur so tat.

Die Erklärung ist ganz einfach und ergibt sich bereits aus der Pflichtlektüre, die schon dem NSKK-Referenten Strauß im Jahre 1938 verordnet war. Dabei muß man sich vergegenwärtigen, daß er diese und viele weitere Schriften nicht nur wirklich zu lesen, sondern auch über ihren Inhalt eine Vielzahl von Referaten zu halten hatte.

Zur Pflichtlektüre eines weltanschaulichen Referenten beim NSKK gehörten aber, allein in den auf den Dezember 1938 folgenden acht Wochen, außer Hitlers *Mein Kampf*, Rosenbergs *Mythus des 20. Jahrhunderts* und *Die Spur des Juden im Wandel der Zeiten* sowie weiteren Standardwerken der Nazibewegung, laut Verordnungsblatt der Korpsführung, 4. Jahrgang, Folge 17, die nachstehenden ›Werke‹:

Alfred Rosenberg, Pest in Rußland,
Georg Leibbrandt, Moskaus Aufmarsch gegen Europa,
Otto Keil, Der Bauer in der Sowjetunion, mit einer Einleitung von Reichsleiter Darré,
Paul Schmitz, Moskau und die islamische Welt,
Georg Leibbrandt, Jüdische Weltpolitik in Selbstzeugnissen, mit einer Einleitung von Reichsleiter Rosenberg,
Alfred Rosenberg, Europa und sein Todfeind,
Hans Krebs, Prag und Moskau, mit einem Geleitwort von Reichsleiter Frick,
Sanders, Um die Gestaltung Europas,
Hagemeyer, Europas Schicksal im Osten,
Hermann Greife, Deutsches Schrifttum im Dienste des Bolschewismus sowie
der Katalog der Ausstellung »Europas Schicksalskampf im Osten«. Ein solches oder ähnliches Pensum, ergänzt durch die ›rassenkundlichen‹ Schriften des Nazi-Professors Hans F. K. Günther und Theodor Fritschs wüst antisemitisches Handbuch der Judenfrage, mußte der NSKK-Referent Strauß Monat für Monat, Jahr für Jahr bewältigen, zunächst als aufmerksamer Leser, dann, schlimmer noch: als verantwortlicher Funktionär, der über den Inhalt dieses »NS Schriftguts« regelmäßig zu referieren und ein mehr oder weniger interessiertes Publikum von der Wahrheit auch der kühnsten Behauptungen zu überzeugen hatte. Und wie zuvor beim NSKK, so erging es ihm, dem ehemaligen Musterschüler aus gut katholischem Elternhaus und Einser-Abiturienten des humanistischen Max-Gymnasiums, dann auch später, als »Offizier für wehrgeistige Führung«!
Wenn wir Franz Strauß also unterstellen wollen, daß er, entgegen der Annahme von Vorgesetzten und Untergebenen, kein wirklicher Nazi gewesen sei, dann folgt daraus, daß er bei pflichtgemäßer Erfüllung seiner Aufgaben jahrelang gegen seine

innere Überzeugung und wider besseres Wissen die verblasenen Rasse- und Herrenmenschen-Ideologien der Nazis zu verbreiten geholfen hätte; dann hätte er, ohne ein Judenhasser zu sein, gegen die jüdischen Mitbürger gehetzt und ihre Ausrottung durch ›weltanschauliche Schulung‹ seiner Zuhörer vorbereitet; er hätte, ohne ein Kriegshetzer zu sein, zum Kreuzzug gen Osten aufgefordert ... – wobei anzumerken ist, daß niemand gezwungen wurde, »weltanschaulicher Referent« oder »Offizier für wehrgeistige Führung« zu werden.
Eine andere Frage, nämlich wieviel von der Nazi-Ideologie und dem Nazi-Vokabular sich Strauß tatsächlich zu eigen gemacht hat, wird ein aufmerksamer Zuhörer bei seinen zahlreichen Reden und sonstigen Äußerungen selbst entscheiden können.

Im Mai 1945, als Strauß von den Amerikanern verhört worden war, machten ihn diese wegen seiner Englischkenntnisse zum Dolmetscher und Vertreter des zum kommissarischen Landrat ernannten früheren Bayerischen Volksparteilers Franz Xaver Bauer.
Landrat Bauer sprach kein Wort Englisch, und damit war der Dolmetscher Strauß in einer Schlüsselposition, denn er stellte nun das einzige Bindeglied zwischen den Amerikanern und der Bevölkerung dar. Sein Einfluß stieg noch, als er einen weiteren mächtigen Gönner fand: den Chef der für den Landkreis Schongau zuständigen Einheit des militärischen Geheimdienstes (CIC) der Amerikaner, First Lieutenant (später Captain) Ernest F. Hauser, der Jahre später im weltweiten Bestechungsskandal um die Firma Lockheed und deren »Starfighter« eine wichtige Rolle spielte. Hauser, aus Salzburg gebürtig, herrschte vom Sommer 1945 an im Kreis Schongau wie ein absoluter Monarch. Seinem beinahe ständigen Begleiter Strauß fiel dabei die Rolle eines Oberhofmarschalls zu, der für eine gnädige Stimmung des

launischen Herrschers sorgen und dessen oft sehr harte, mitunter in die privatesten Bereiche eingreifende Befehle abzumildern vermochte, wenn es ihm angebracht erschien.
Unter Hausers strengem Regiment litt damals der ganze Landkreis. Es kam sogar zu einigen mysteriösen Selbstmordfällen. Fröhlich und gänzlich unbeschwert ging es nur an einer Stelle zu: Im CIC-Stabsquartier, der Villa Meisel. Dort verkehrten neben Hauser und seinen Leuten auch einige wenige Deutsche, meist junge Frauen, sowie der offenbar unentbehrliche Landratsstellvertreter und Dolmetscher Franz Strauß, Oberleutnant a. D., der nun einen alten, an Armen und Beinen zu kurz gewordenen dunkelblauen Anzug trug.
Strauß, der damals viele Tage und Nächte mit Hauser verbrachte, ihn überall hin begleitete und dem First Lieutenant selbst bei der Lösung sehr privater Probleme mitunter behilflich war, galt als die rechte Hand des »Schreckens von Schongau«. Doch wußte er es so einzurichten, daß der heimliche Zorn der Schongauer sich allein gegen Hauser richtete, wogegen es von ihm im allgemeinen hieß, daß er das Schlimmste zu verhindern wisse und mit sich reden lasse.
Strauß behauptete später, er sei dann ein »absolut eindeutiger« Nazigegner gewesen, und das mag sogar für die ersten Nachkriegswochen zutreffen. Diese vom Mai 1945 an gänzlich ungefährliche Nazigegnerschaft des ehemaligen NS-»weltanschaulichen Referenten« und »Offiziers für wehrgeistige Führung« kam dem nunmehrigen Landrat-Stellvertreter und CIC-Dolmetscher Strauß jedoch rasch abhanden und wich reinem Zweckmäßigkeitsdenken. Dies um so mehr, als bald für jedermann erkennbar wurde, daß das amerikanische Besatzungsregime in Bayern unter General George Patton von der sogenannten »Entnazifizierung« wenig hielt. Für den wilden Antisozialisten Patton war die Aufrechterhaltung der bestehenden Ge-

sellschaftsordnung vorrangig. Reiche Leute mußten glimpflich behandelt werden; hohe Beamte, die stets nur ›ihre Pflicht erfüllt‹ hatten, wurden wieder eingesetzt. Mit aller Strenge verfolgt wurden nur die kleinen Leute, die Handlanger und ›ausführenden Organe‹. Als Patton am 22. September 1945 in Bad Tölz sogar öffentlich erklärte: »Die Entnazifizierung hemmt den Aufbau«, man brauche die alten Fachleute, und das ganze Problem sei ohnehin eine maßlose Aufbauschung, wurde er von General Eisenhower, dem Oberkommandierenden in Europa, strafversetzt, und auch der ganz in Pattons Sinn handelnde bayerische Ministerpräsident Fritz Schäffer wurde amtsenthoben. Aber die einmal fehlgeleitete Entwicklung ließ sich nicht mehr vollständig korrigieren, zumal die Militärregierungen in den Landkreisen Pattons Politik fortsetzten, richtiger: fast ungehindert fortsetzen ließen, und zwar zunächst von ihren deutschen Gehilfen in den sogenannten »Spruchausschüssen«.
Im Landkreis Schongau war es Franz Strauß, der als geschäftsführender Vorsitzender des Spruchausschusses als Vollzugsorgan der Besatzer, insbesondere seines Freundes, des CIC-Chefs Ernest F. Hauser, darüber zu befinden hatte, wer einen ihn von jeder Verstrickung mit dem Naziregime reinigenden »Persilschein« erhielt und wer nicht.
Wegen dieser Funktion wurde Strauß später von seinen politischen Gegnern heftig angegriffen. Im Bundestag beschuldigte ihn 1955 der damalige SPD-Abgeordnete Arno Behrisch, Strauß habe »als Spruchkammer-Vorsitzender die kleinen PGs gepiesackt« und seinen Landsleuten den Militarismus ausgetrieben, dem er sich nunmehr selbst verschrieben habe. Strauß wies daraufhin eine von der bayerischen Staatsregierung ausgestellte Bescheinigung vor, worin es hieß: »Herr Bundesminister Franz Josef Strauß war in Bayern nie Vorsitzender einer Spruchkammer oder Berufungskammer. Er war auch nie öffentlicher Kläger, es

fehlen auch alle Anhaltspunkte dafür, daß er als Beisitzer bei einer Spruch- oder Berufungskammer eingesetzt war.« Dem Wortlaut nach stimmte das, denn Strauß war nicht Spruchkammer-Vorsitzender, sondern der eines Spruchausschusses, aus dem später die Spruchkammern hervorgingen, aber Strauß hat dennoch die Unwahrheit gesagt, weil er ja den wahren Sachverhalt genau kannte. Diese Kunst, sich an Worte zu klammern, um sich an leidigen Tatsachen vorbeizumogeln, entwickelte Strauß im Laufe seiner politischen Laufbahn zur Perfektion.

Diese Laufbahn nahm im Herbst 1945 von Schongau aus und gefördert von First Lieutenant Ernest F. Hauser ihren Anfang. Zunächst wurde Franz Strauß, nachdem ein Beitritt zu anderen Parteien in Erwägung gezogen worden war, Mitglied Nr. 2 der von Landrat Franz Xaver Bauer (Nr. 1) und einigen weiteren Honoratioren für den Landkreis Schongau gegründeten Christlich Sozialen Union (CSU).

Der Gedanke, eine solche christliche Partei zu gründen, stammte nicht aus Schongau, auch nicht aus München. Die Idee, ein neues großes Sammelbecken aller nicht von den Sozialdemokraten, den damals noch starken Kommunisten oder den Liberalen erfaßten bürgerlichen und bäuerlichen Schichten zu schaffen, entsprach den Wünschen amerikanischer Wirtschaftsführer. Sie wollten damit verhindern, daß die durch den Zusammenbruch der faschistischen Diktaturen orientierungslos gewordenen mittelständischen Bevölkerungsgruppen Europas für den Sozialismus gewonnen würden.

Im Gegensatz zur Zentrumspartei und zur Bayerischen Volks-Partei der Weimarer Zeit, die katholisch ausgerichtet waren, sollte die neue Union in den vier Besatzungszonen Deutschlands überkonfessionell sein. In Bayern, wo starke föderalistische Strömungen zu berücksichtigen waren, bekam die neue Union einen anderen Namen als im übrigen Deutschland und einen selbständigen Landesvorstand. Erster Vorsitzender der CSU in Bayern wurde der Rechtsanwalt Dr. Josef Müller, der seit seiner Schulzeit auf dem erzbischöflichen Knabenseminar zu Bamberg wegen seiner kleinbäuerlichen Herkunft »Ochsensepp« genannt wurde.

Dieser »Ochsensepp«, eine ungewöhnlich schillernde Persönlichkeit, war im Zweiten Weltkrieg der Verbindungsmann zwischen der militärischen Abwehr und dem Vatikan gewesen, hatte aber auch gute Beziehungen zu hohen SS-Führern sowie zu alliierten Geheimdiensten unterhalten. Gegen Kriegsende war er von der Gestapo wegen seiner Kontakte zu den Verschwörern vom 20. Juli 1944 verhaftet worden. Doch dank seiner glänzenden Verbindungen nach allen Seiten war er mit dem Leben davongekommen.

Die Stellung des »Ochsensepp« an der Spitze der bayerischen CSU war nicht unumstritten. Er hatte zahlreiche Rivalen aus dem katholisch-konservativen wie aus dem antiklerikalen, bäuerlich-partikularistischen Lager. Deshalb brauchte er dringend eine eigene Hausmacht, und zu diesem Zweck scharte er zunächst einen Kreis junger Männer mit organisatorischen und sonstigen Talenten um sich. Auf den Schongauer Landrats-Stellvertreter Franz Strauß wurde der »Ochsensepp« im Spätherbst 1945 aufmerksam, teils wegen dessen guten Beziehungen zum US-Geheimdienst, teils wegen des Rednertalents, das Strauß einige Wochen zuvor auf einer Bauernversammlung bewiesen hatte. Er forderte Strauß auf, ihn bei nächster Gelegenheit zu besuchen.

Beim »Ochsensepp« lernte Franz Strauß eine ganze Reihe von jungen Männern kennen, die als gelehrige Schüler des großen Meisters Dr. Josef Müller von diesem zunächst mit den Grundregeln des richtigen Politikerverhaltens vertraut gemacht wurden, später mit allen Finessen des Geschäfts, das der alte Fuchs

perfekt beherrschte. Sie lernten auch, daß es, dem Philosophen Max Weber zufolge, für den Politiker die Alternative gibt, entweder für die Politik oder aber von der Politik zu leben. Franz Strauß entschloß sich, die zweite Möglichkeit zu wählen.
Das galt auch für die meisten anderen jungen Leute des »Ochsensepp«, zu denen die Juristen Dr. Friedrich Zimmermann, Dr. Peter Deeg, Rechtsanwalt Hartwig Cramer, Rechtsanwalt Dr. Richard Thiermann, Dr. Weiß aus Kissingen, Rechtsanwalt Dr. Otto Lenz (der aus Berlin nach München gekommen war) und Achim Oster, ein Sohn des von den Nazis hingerichteten Abwehr-Obersten Hans Oster, gehörten.
Es ist gewiß kein Zufall, daß alle diese und einige weitere Freunde aus dem Kreis um den »Ochsensepp« später in die eine oder andere der vielen Affären verwickelt waren, die den Aufstieg des Franz Strauß begleiteten. Doch nur Strauß selbst – und in seinem Schatten sein engster Vertrauter, Dr. Friedrich Zimmermann – konnten sich dabei, trotz immer mehr Flecken auf der Weste, höher und höher rangeln.
Die erste Sprosse der Leiter zu politischem Erfolg erklomm Franz Strauß bereits im Frühjahr 1946, als er bei den ersten Kommunalwahlen erfolgreich für das Amt des Landrats von Schongau kandidierte. Franz Xaver Bauer hatte dem Jüngeren den Weg freimachen müssen. Des alten Landrats Tochter aber, Ermelinde Bauer, blieb noch jahrelang engste Mitarbeiterin und Vertraute von Strauß, erst im Landratsamt, später als Chefsekretärin des zum Minister in Bonn aufgestiegenen Nachfolgers ihres Vaters.
Aber bis dahin war es noch ein weiter Weg, und im Winter 1945/46 ahnte niemand, daß Bonn einmal westdeutsche Hauptstadt und Strauß dort ein Mann von großem Einfluß werden würde. Landrat Franz Strauß war deshalb zunächst darauf bedacht, das bislang Erreichte abzusichern. Er strebte, neben dem politischen

Amt, eine Versorgungsgarantie an. Im Frühjahr 1946 schaffte er das auch: Er wurde – zum zweitenmal – Beamter. Im Mai 1946 übernahm er als Regierungsrat das Jugendreferat im bayerischen Kultusministerium, an dessen Spitze Dr. Alois Hundhammer stand, Mitbegründer der CSU und als Führer des ultrakonservativen, erzkatholischen Flügels dieser Partei der stärkste Rivale des »Ochsensepp«.

Von Hundhammer, der als ältestes von dreizehn Kindern eines armen Moosbauern geboren, in Klosterschulen erzogen und Ritter, später sogar Statthalter, des Ordens vom Heiligen Grabe war, stammte der politische Leitsatz: »Die Staatsauffassung des Papstes ist die Staatsauffassung der bayerischen Staatsregierung«.

Auf dem ersten Landesparteitag der CSU am 31. März 1946 in Bamberg hatte Hundhammer versucht, seine politischen Vorstellungen durchzusetzen: Er wollte an die Tradition der Bayerischen Volkspartei anknüpfen, die CSU auf katholisch-klerikalen Kurs bringen und die Eigenständigkeit des Freistaats dadurch betonen, daß Bayern einen eigenen Staatspräsidenten erhalten sollte.

Bei der Wahl des Landesvorsitzenden kandidierte Dr. Alois Hundhammer gegen Dr. Josef Müller. Es war dann der Delegierte Franz Strauß aus Schongau, der sich »als Vertreter der Frontgeneration«, wie er sich nannte, für seinen Lehrmeister, den »Ochsensepp« ins Zeug legte. »Wir Jungen haben kein Verständnis dafür, daß die historischen Unterschiede aufrechterhalten werden sollen. Wir erwarten, daß die Sammlungsidee unserer Partei nicht angetastet wird«, erklärte er in dieser Rede, mit der er den Sieg des »Ochsensepp« sicherte.

Damit allerdings hielt Strauß seine Verpflichtungen gegenüber seinem politischen Ziehvater für erfüllt. Als sich der »Ochsensepp« drei Jahre später in eine Geldaffäre verstrickte und durch

finstere Intrigen als Parteivorsitzender gestürzt wurde, rührte Strauß keinen Finger mehr für seinen Gönner, (dem er, neben vielem anderen, auch den zweiten Vornamen verdankt. »Den Josef«, so wußte sich der »Ochsensepp« später zu erinnern, »den haben wir dazugetan, weil's gemütlicher klingt ...«)
Dr. Josef Müller hatte, ehe er stürzte, seinem gelehrigsten Schüler den Posten des Generalsekretärs der bayerischen CSU verschafft. Im Sommer 1949 schließlich, als aus den drei westlichen Besatzungszonen die Bundesrepublik Deutschland entstand, kandidierte der Landrat von Schongau, Oberregierungsrat Franz Strauß, im oberbayerischen Wahlkreis Weilheim für den ersten Bundestag und erhielt ein Direktmandat.
Übrigens, der Titel – noch nicht das Gehalt – eines Oberregierungsrats war ihm durch Ministerialerlaß zugestanden worden, nachdem Strauß zum Leiter des – eigens für ihn geschaffenen – bayerischen Landesjugendamts ernannt worden war. Um dann auch die vollen Bezüge zu erhalten, legte der Abgeordnete Strauß 1953, kurz vor dem Ende der Legislaturperiode, sein Bundestagsmandat nieder und meldete sich in München zum Dienst zurück. Er wurde sogleich befördert und nach erneuter Wahl ins Parlament auch wieder beurlaubt – ein den Stil seiner auf Pfründenwirtschaft spezialisierten Partei charakterisierendes Verfahren, das Strauß den Anspruch auf eine Oberregierungsrats-Pension sicherte und später von seinem engsten Vertrauten, Dr. Friedrich Zimmermann, erfolgreich nachgeahmt wurde.
Die beiden »trickreichen Unzertrennlichen«, wie ihr Lehrmeister, der »Ochsensepp«, sie einmal genannt hat, mußten im September 1949 vorübergehend ihren engen persönlichen Kontakt lockern. Strauß ging als Abgeordneter nach Bonn, ein Wegbereiter auch für Zimmermann; der blieb in München und hielt dort die Stellung, auch für Strauß.
Als Strauß im Spätsommer 1948 nach Bonn, dem vorläufigen

Sitz des Bundestags, abreiste, atmeten viele seiner in Bayern zurückbleibenden Parteifreunde erleichtert auf. Der »Ochsensepp«-Schüler war ihnen allzu ehrgeizig, zudem ein gefährlicher Demagoge. Ausgerechnet dieser mit dem CIC-Mann Hauser so intim befreundete Strauß hatte im Wahlkampf kräftig gegen die Amerikaner gewettert. »Wir sind kein Experiment für demokratisierwütige Besatzungsoffiziere!«, war von ihm auf Wahlversammlungen zu hören gewesen, und mit deutlichem Bezug auf die Deutschlandpolitik der Westmächte hatte er erklärt: »Wir Deutschen haben zwar den Krieg verloren, aber nicht den Verstand!«

Größte Erfolge errang er, wenn er den Leuten mit großem Pathos zurief: »Wer noch einmal ein Gewehr in die Hand nimmt, dem soll die Hand abfaulen!« oder gar erklärte: »Wir haben keine Lust, mit unserem Blut die Grenze zu verteidigen, die die Dummheit der anderen geschaffen hat.« Dergleichen hörte das Publikum gern, das die Leiden des Kriegs noch in frischer Erinnerung hatte.

Mitunter schlug der vor Bauern sehr schlicht und in breitem Dialekt, vor Bürgern sehr hochgestochen redende Strauß aber auch ganz andere, auf die Frömmigkeit der Stammwähler berechnete Töne an. Vor dem CSU-Landesausschuß sprach er den heftig einander befehdenden Vertretern der zerstrittenen Parteiflügel ins Gewissen: »Wir haben den Namen unserer Partei verflochten und verknüpft mit dem Begriff des Christentums. Wenn unsere Partei zerbricht, zerfällt auch äußerlich in seinen Erscheinungsformen, in seinen Wirkungsformen das Christentum in uns. Hier müssen wir uns unserer Verantwortung vor Gott bewußt sein.«

Kaum hatte sich der erste Bundestag konstituiert, begann der außerhalb der bayerischen CSU noch ganz unbekannte Abgeordnete Strauß mit dem zügigen Ausbau seiner neuen Position.

Auf seinen Vorschlag hin schlossen sich die 24 CSU-Abgeordneten in Bonn zu einer ›Landesgruppe‹, einer Fraktion innerhalb der Unionsfraktion, zusammen. Landesgruppen-Vorsitzender wurde zunächst Fritz Schäffer, und Strauß reklamierte für sich als Generalsekretär der Partei den stellvertretenden Vorsitz. Aber kaum war Adenauer zum ersten Bundeskanzler gewählt worden – mit einer Mehrheit von nur einer Stimme, die nur dadurch zustandegekommen war, daß außer Adenauer selbst auch ein Abgeordneter der oppositionellen Bayernpartei mit der Regierungskoalition CDU / CSU, FDP und rechten Gruppen gestimmt hatte –, da wurde Schäffer Bundesfinanzminister, und Strauß konnte zum Landesgruppenvorsitzenden aufrücken. Damit fiel ihm automatisch auch der für Schäffer reservierte Platz im Fraktionsvorstand der CDU / CSU zu. Als einer der jüngsten Abgeordneten im ersten Nachkriegsparlament wurde er stellvertretender Vorsitzender der Unionsfraktion, zudem Vorsitzender eines auf seinen Vorschlag hin gegründeten Ausschusses für Jugendfürsorge. Selbst bei der ersten Kabinettsbildung hatte er schon mitreden dürfen. Als CSU-Generalsekretär hatte er von Adenauer gefordert, auf keinen Fall die Bayernpartei mit in die Regierungskoalition zu nehmen, denn diese machte damals der CSU mit populären, die Eigenständigkeit des Freistaats betonenden Parolen ernsthafte Konkurrenz. Dem Einwand Adenauers, daß dann die Basis der Regierung im Parlament allzu schmal werden könnte, begegnete er mit dem Versprechen, etwa fehlende Stimmen durch seine ausgezeichneten persönlichen Beziehungen zu dem einen oder anderen Bayernparteiler zu ›beschaffen‹.
Tatsächlich stand Strauß bereits seit 1947 in freundschaftlichem Kontakt zu Anton Donhauser, der damals gerade von der CSU zur Bayernpartei übergetreten war und nun der Bundestagsfraktion der BP angehörte. Donhauser, von Beruf Bauingenieur, war dann in der BP rasch aufgestiegen und deren stellvertretender

Landesvorsitzender geworden. Damit hatte Strauß einen direkten Draht zur Parteispitze der CSU-Konkurrenz und zu einem der oppositionellen Wortführer im Bundestag, was sich für die CDU/CSU als sehr vorteilhaft erweisen sollte.
Zu den ersten wichtigen Entscheidungen des Bundestags nach der Kanzlerwahl gehörte im Winter 1949/50 die Klärung der Hauptstadt-Frage. Ursprünglich waren sich fast alle Politiker darin einig gewesen, daß nur Frankfurt am Main als vorläufiger Sitz des Parlaments und der Regierung des neuen westdeutschen Staates infrage kam. Konrad Adenauer hatte indessen andere Pläne, und inzwischen war es ihm gelungen, sich in der Regierungskoalition mit seinem Wunsch weitgehend durchzusetzen, die nahe seinem Wohnsitz in Rhöndorf gelegene, linksrheinische und gutkatholische Kreisstadt Bonn zur – natürlich nur »provisorischen« – Bundeshauptstadt zu machen.
Gerade die Tatsache, daß sich Bonn gar nicht zur Hauptstadt eignete, würde – so argumentierte der Kanzler listig – die Vorläufigkeit solcher Wahl unterstreichen und den unbeugsamen Willen zur Wiedervereinigung Deutschlands mit Berlin als endgültiger Hauptstadt für jedermann deutlich machen. Dagegen hätte die Entscheidung für Frankfurt, das alle Voraussetzungen für eine Bundesmetropole erfüllte, etwas Definitives, das es unbedingt zu vermeiden gelte.
Dennoch war es zunächst keineswegs sicher, daß sich im Bundestag eine Mehrheit für Bonn finden würde. Zur allgemeinen Überraschung stimmten aber dann etliche Bayernparteiler, entgegen einem unmittelbar zuvor gefaßten Fraktionsbeschluß, für Bonn als Hauptstadt, und damit war die Frage entschieden. Die Gegner dieser Lösung fügten sich als gute Demokraten dem Mehrheitsvotum, und als sie entdeckten, daß die Entscheidung für Bonn auf ganz undemokratische, höchst anfechtbare Weise zustandegekommen war, gab es kein Zurück mehr.

Immerhin: Ein 18köpfiger parlamentarischer Untersuchungsausschuß, der erste in der bundesrepublikanischen Geschichte, förderte einiges zutage: Die BP-Bundestagsabgeordneten Anton Donhauser und Hermann Aumer sowie weitere Mitglieder der BP-Fraktion, die alle entgegen vorheriger Absprache für Bonn votiert hatten, waren in finanziellen Schwierigkeiten gewesen. Sie hatten sich über ihre Geldmisere freimütig geäußert, und zwar ausgerechnet gegenüber dem Generalsekretär ihrer Konkurrenzpartei, der CSU, Franz Strauß, dessen Name nun erstmals in der außerbayerischen Presse auftauchte. Strauß – so der ›Spiegel‹, der die Affäre ans Licht gebracht hatte – sollte sich voller Verständnis für die Nöte der Bayernparteiler gezeigt und ihnen versprochen haben, mit seinem Parteifreund, Bundesfinanzminister Fritz Schäffer, darüber zu sprechen. Schäffer konnte den Geldbedürftigen dann auch wirklich behilflich sein, und zwar mit nichtverbrauchten Mitteln aus dem Wahlkampffonds der Union. Hermann Aumer berichtete später ohne Scheu, um welche Beträge es sich gehandelt habe: »Je etwa 20000 DM für jene, die mitzureden hatten, 10000 DM für die Einflußreichen und je 1000 DM für die anderen«, die einflußlosen Hinterbänkler. Er selbst gehörte wohl zu den »Mitredenden«, denn er kassierte insgesamt 21500 DM – ein für damalige Verhältnisse sehr üppiges Almosen. Ein ursächlicher Zusammenhang dieser Zuwendungen mit dem Sinneswandel der Empfänger in der Hauptstadtfrage konnte nicht mit letzter Sicherheit nachgewiesen werden.

Übrigens, noch im Laufe der ersten Legislaturperiode schieden Anton Donhauser und elf weitere Abgeordnete aus der BP-Fraktion aus und schlossen sich der CSU-Landesgruppe des Franz Josef Strauß an, und wiederum ergab sich bald darauf, daß den Überläufern mancherlei finanzielle Unterstützung aus CSU-Kreisen zuteil geworden war. Strauß-Spezi Anton Donhauser mußte später wegen einer rechtskräftigen Verurteilung in einem Betrugsverfahren aus der CSU ausgeschlossen werden, aber der durch seine Machenschaften schwer angeschlagenen Bayernpartei war damit nicht geholfen. Ihre Reste wurden 1957/1958 in der sogenannten »Spielbanken-Affäre« politisch – und, was den BP-Führer Geislhöringer betraf, auch physisch – vernichtet. Der Vorsitzende des Untersuchungsausschusses, der Korruption bei der Vergabe von Lizenzen für Spielbanken in Bayern aufdecken sollte, war Dr. Alois Hundhammer. Er ließ die beiden BP-Führer August Geislhöringer und Josef Baumgartner in eine Falle tappen und eine für die Aufklärung nebensächliche Aussage – von der Hundhammer bereits wußte, daß sie nicht der Wahrheit entsprach – beeiden. Die biederen Bayernparteiler wurden daraufhin später zu harten Freiheitsstrafen verurteilt; Geislhöringer starb im Zuchthaus. Der Bundesgerichtshof, der schließlich die Urteile aufhob, rügte Hundhammer, er habe seine politischen Gegner vorsätzlich falsch schwören lassen, »um eine Handhabe zur Ausschaltung« dieser lästigen CSU-Konkurrenz »zu gewinnen«.

Ebenfalls in Zusammenhang mit den Anstrengungen der CSU, die Bayernpartei durch die »Spielbanken-Affäre« zu vernichten, mußte sich 1960 auch der engste Vertraute von Franz Josef Strauß, Rechtsanwalt Dr. Friedrich Zimmermann, wegen Falscheids vor einer Strafkammer verantworten; er hatte gegen den BP-Vorsitzenden Baumgartner gerichtete unwahre Aussagen vor Gericht beschworen.

In erster Instanz wurde Friedrich Zimmermann schuldig gesprochen und zu einer Freiheitsstrafe verurteilt. Im Revisionsverfahren hielt das Gericht dem Juristen Zimmermann für seine »objektiv falschen Zeugenaussagen« den »latenten Krankheitszustand« und eine »hierdurch verminderte geistige Leistungsfähigkeit« zugute. Friedrich Zimmermann wurde aus Mangel an Beweisen freigesprochen. Unter dem Aktenzeichen 15 KLs 2/60 V 104/61 bescheinigte die Strafkammer ihm ausdrücklich: »Es kann keine Rede davon sein, daß die Unschuld des Angeklagten erwiesen wäre ... Der Angeklagte hat als Zeuge ... gewagt und gefährlich geantwortet. Er hat mit dem Feuer gespielt.« »Angesichts des weiter bestehenden erheblichen Tatverdachts« mußte Zimmermann seine Verteidigungskosten selbst tragen.

Nach der Zerschlagung der Bayernpartei konnte die CSU-Landesgruppe mit 52 (zuvor nur 25) Abgeordneten in den 1953 gewählten zweiten Bundestag einziehen; sie hatte in Bayern mehr Mandate errungen als die FDP im ganzen Bundesgebiet, und Franz Josef Strauß war entschlossen, damit gegenüber Konrad Adenauer aufzutrumpfen und das Beste für sich herauszuholen. Adenauer, der einsah, daß an dem hemdsärmeligen und von brennendem Ehrgeiz besessenen Strauß kein Weg mehr vorbeiführte, bot ihm das Familienministerium an. Strauß, damals noch Junggeselle, verzichtete dankend. »Das entspricht nicht meinem Familienstand«, soll er erläuternd hinzugefügt haben. Auch Adenauers nächstes Angebot, das Verkehrsministerium, lehnte Strauß ab, denn das hätte ihm in jenen Jahren des mühsamen Wiederaufbaus viel Arbeit, aber wenig Ruhm eingebracht, und für eine sorgfältige Karriereplanung bot dieses Ressort keine gute Basis.

Schließlich akzeptierte Strauß ein drittes Angebot des Kanzlers, als Bundesminister für Sonderaufgaben, ohne Geschäftsbereich, ins Kabinett einzutreten. Dieser mit keinerlei Arbeit verbundene Posten entsprach genau seinen Wünschen; der Ministerrang steigerte sein Selbstbewußtsein ins Grenzenlose, und so nahm er denn auch im Bundestag sofort nach seiner Vereidigung in der ersten Reihe auf der Ministerempore Platz, obwohl dort nur der Kanzler und die Inhaber der klassischen Ressorts zu sitzen pflegen. Bei der nächsten Sitzung des Parlaments sah sich Strauß denn auch auf die hintere Sitzreihe zurückverwiesen, aber er war fest entschlossen, bald wieder ganz vorn seinen Platz einzunehmen. Kaum mehr als zweieinhalb Jahre später war es dann soweit.

Sein ganzes Sinnen und Trachten war vom Beginn seiner Ministerkarriere an darauf gerichtet, sein glanzloses Amt, dessen gesamter behördlicher Apparat aus Ermelinde Bauer, seiner Sekretärin, bestand, gegen das des künftigen Bundesverteidigungsministers und Oberbefehlshabers der in Kürze aufzustellenden Bundeswehr einzutauschen. Zwar war ein anderer dafür vorgesehen, nämlich Theodor Blank, der seit Oktober 1950 »Beauftragter der Bundesregierung für alle mit der Verstärkung der alliierten Besatzungstruppen zusammenhängenden Fragen« war. Hinter dieser Bezeichnung verbarg sich Blanks wirklicher Auftrag: die Vorbereitung der Wiederbewaffnung, gegen die sich die Mehrheit der westdeutschen Bevölkerung noch energisch sträubte. Gustav Heinemann, damals noch Mitglied der CDU und Bundesinnenminister, war bereits aus Protest gegen Adenauers Wiederaufrüstungspläne Ende 1950 zurückgetreten, und nicht nur die sozialdemokratische Opposition, sondern auch der damals noch starke linke Flügel der CDU, leistete hartnäckigen Widerstand gegen die feste Absicht des Kanzlers, neu aufzustellende westdeutsche Streitkräfte in ein westliches Paktsystem zu integrieren. Deshalb war Theodor Blank, ein redlicher christlicher Gewerkschafter, von Adenauer zum heimlichen Rüstungsminister ausgewählt worden; er sollte beschwichtigend auf die Kritiker aus den eigenen Reihen wirken.

Für den ehrgeizigen Strauß galt es offenbar als wichtigste Aufgabe, Theodor Blanks Position zu untergraben und ihn dann zu stürzen sowie gleichzeitig Adenauers Abneigung dagegen zu überwinden, ihn mit Blanks Ressort zu betrauen. Wiederholt hatte Adenauer dem ungestümen jungen Bayern versichert: »Solange ich Bundeskanzler bin, werden Sie, Herr Strauß, nicht Verteidigungsminister!«

Wie Strauß zu Werke ging, sein Ziel dennoch zu erreichen, ist geradezu ein Musterbeispiel für politische Intrige übelster Art. Dabei halfen ihm vor allem alte Freunde aus dem Kreis der jungen Leute um den »Ochsensepp«, in erster Linie sein Freund Achim Oster, der als Spionageabwehrchef im Amt Blank über beste Informationen verfügte. Oster führte Strauß einen weiteren Gehilfen zu, nämlich den für die Abteilung Luftwaffe im ›Amt Blank‹ zuständigen General Josef Kammhuber, einen Bayern aus dem Landkreis Altötting, der keine Skrupel zu haben schien, Strauß gegen seinen Chef Blank behilflich zu sein. Mit den genauen Details von jeder Panne, die im ›Amt Blank‹ zu verzeichnen war, konnte Strauß in der CDU/CSU-Fraktion Stimmung gegen den ungeliebten Theodor Blank machen. »Ich muß in Zukunft mal andere Worte gebrauchen, sonst merkt der Blank immer gleich, daß ich's vom Kammhuber habe«, witzelte Strauß damals.

Blanks Verteidigungskonzept – eine in vier Jahren aufzubauende Bundeswehr in Stärke von 500000 Mann mit ausschließlich konventionellen Waffen – wurde von Strauß indessen nicht nur parteiintern kritisiert. Vielmehr wetterte der junge Bundesminister ohne Geschäftsbereich, der sich selbst häufig als »Sonderminister des Bundeskanzlers Dr. Adenauer« ankündigen ließ, in zahlreichen öffentlichen Reden gegen dieses »unmögliche Konzept des Herrn Blank«. In Zeitungsartikeln plädierte er für eine mit Raketen und Atomwaffenträgern ausgerüstete Streitmacht. Seine Freunde setzten das Gerücht in Umlauf, »der arme Theo Blank« sei ein todkranker Mann, seiner schweren Aufgabe längst nicht mehr gewachsen und nur noch eine Belastung.

Nach diesen Vorbereitungen trat als nächster Dr. Friedrich Zimmermann auf den Plan. Er hatte die Nachfolge von Strauß als Generalsekretär der CSU angetreten und war inzwischen auch stellvertretender Vorsitzender der Jungen Union geworden, deren Bundeskongreß in Travemünde bevorstand. Zimmermann sorgte dafür, daß in Travemünde der CSU-Bundestagsabgeordnete Dr. Richard Jaeger, ein ehemaliger Max-Schüler und Klassenkamerad von Franz Strauß, dem dieser den für seinen Plan so wichtigen Vorsitz im Verteidigungsausschuß verschafft hatte, als Hauptredner auftrat.

Was Jaeger in Travemünde dann ausführte, veranlaßte die erschütterten Delegierten der Jungen Union, sofort eine Entschließung zu verabschieden, in der der Rücktritt Theodor Blanks noch vor Ablauf der Legislaturperiode gefordert wurde. Einer Pressemeldung zufolge sagte daraufhin Dr. Richard Jaeger zu Dr. Friedrich Zimmermann: »Daß meine Rede und dein Kongreß und die Resolution bloßer Zufall sind, nimmt uns niemand ab.« Doch das war auch gar nicht mehr nötig.

Inzwischen war es ein offenes Geheimnis, daß die bayerische CSU einträchtig an Blanks Ministersessel sägte – die einen, weil sie sich von Franz Josef Strauß als Nachfolger in diesem Amt fette Pfründen für sich und ihre Freunde erhofften, die anderen, weil sie Strauß ganz fest eingespannt in ein Bonner Ressort sehen wollten, um in Bayern Ruhe vor ihm zu haben. Zu den letzteren gehörte der damalige CSU-Vorsitzende Hanns Seidel, der der Presse in München erklärte: »Da Theodor Blank sich im Dienst für das Vaterland verzehrt hat, wird eine neue Kandidatur Blanks für das Verteidigungsministerium nach der nächsten Bundestagswahl (1957) von der CSU abgelehnt.«

Adenauer sträubte sich aber noch dagegen, Blank fallenzulassen und durch Strauß zu ersetzen. Im »Bulletin« der Bundesregierung ließ er veröffentlichen, daß er »eine Verlagerung des Schwergewichts zugunsten der Atomwaffen vorerst für verfehlt halte«. Das war deutlich gegen den – inzwischen zum Atomminister avancierten Strauß gerichtet. Der setzte sich ja in ständiger Überschreitung seiner Kompetenz für eine atomare Bewaffnung der Bundeswehr ein. Minister Strauß, für militärische Fragen zwar gar nicht zuständig, aber eifrig bemüht, seine glänzenden Beziehungen zu den Amerikanern unter Beweis zu stellen, übermittelte dem Bundeskanzler im Gegenzug den Wunsch des US-Luftwaffenministers Quarles, ein Gespräch mit Adenauer zu führen. Quarles wurde im Palais Schaumburg empfangen und riet dem verdutzten Kanzler zu schleuniger Korrektur der bundesdeutschen Rüstungspläne, so wie Atomminister Strauß sie bereits empfohlen habe.

Während dann die Strauß-Freundesriege die umlaufenden Gerüchte, Blank sei krank, amtsmüde und tief enttäuscht vom geringen Rückhalt, den er bei Adenauer habe, kräftig anheizten, holte Strauß zum letzten Tiefschlag aus. Über Herbert Blankenhorn, Adenauers NATO-Botschafter in Paris, ließ er dem Kanzler melden, bei den Verbündeten beginne man an der Vertragstreue Bonns zu zweifeln, weil Verteidigungsminister Theodor Blank einesteils mit der zugesagten Aufrüstung stark im Rückstand sei, andernteils nichts zu unternehmen scheine, diesen Mangel zu beheben.

Damit war Blanks politisches Schicksal besiegelt, denn das Vertrauen der Westalliierten und die über jeden Zweifel erhabene Bündnistreue Bonns waren in Adenauers politischem Konzept der vollständigen Westintegration der Bundesrepublik die tragenden Pfeiler. So trennte er sich eilig von Minister Blank, und am 16. Oktober 1956 wurde Franz Josef Strauß zum neuen Bundesverteidigungsminister ernannt. Es war ihm gelungen, sich zum Oberbefehlshaber der jungen Bundeswehr emporzurangeln.

»Mit der Ernennung zum Verteidigungsminister habe ich die Be-

fehls- und Kommandogewalt über die Bundeswehr übernommen. Tut alles, was in Euren Kräften steht, um der Bundeswehr Achtung und Vertrauen bei unserem Volk und im Ausland zu verschaffen. Vermeidet peinlich und sorgfältig jedes Wort und jede Handlung, die diesem Ziel schaden könnte.
Ich habe volles Vertrauen zu Euch, daß Ihr diese Aufgabe meistern werdet. Als Euer Oberster Vorgesetzter verlange ich Vertrauen und Zivilcourage von Euch und sichere Euch jede Unterstützung in der Durchführung der Euch übertragenen Pflichten zu.
Wir sind uns gemeinsam unserer Sache bewußt, weil sich unsere Arbeit auf den Grundlagen von Sitte und Recht vollzieht.
Bonn, 31. Oktober 1956 gez. Franz Josef Strauß

Mit diesem Tagesbefehl an die Bundeswehr begann Strauß seine Amtsführung als Bundesminister für Verteidigung. Schon einige Tage zuvor, am 7. Oktober 1956, hatte er auf einer Pressekonferenz sein Konzept entwickelt. Der Kernsatz dieser Erklärung lautete: »Der Aufbau der Bundeswehr, das Tempo der Truppenaufstellung, die Bewaffnung, die Ausrüstung und Unterbringung dürfen nur nach dem Grundsatz ›Qualität vor Quantität‹ vollzogen werden.«
Tagesbefehl und Presseerklärung des mit 41 Jahren jüngsten für die Streitkräfte zuständigen Ministers der deutschen Militärgeschichte schienen dafür zu bürgen, daß er sein hohes Amt gewissenhaft und treu, »auf den Grundlagen von Sitte und Recht« verwalten werde.
Doch das Gegenteil war der Fall. Strauß verletzte aufs Gröblichste jeden einzelnen der von ihm aufgestellten Grundsätze. Seine Amtsführung war eine einzige Kette von Machtmißbräuchen, Spezi-Wirtschaft, Skandalen und Affären. Wollte man alles aufführen, was sich der Verteidigungsminister Franz Josef Strauß in

den sechs Jahren seiner Amtszeit an Verstößen gegen »Sitte und Recht« leistete und was trotz aller Vertuschungsversuche davon an die Öffentlichkeit drang, so könnte man damit Bände füllen. Es soll indessen hier nur die Rede von einigen wenigen Affären sein, die kennzeichnend für die Charakterschwächen des Franz Josef Strauß sind und unter verschiedenen Aspekten beweisen, daß er gänzlich ungeeignet für ein hohes politisches Amt ist.
An die übrigen, die eine sehr ausführliche Darstellung verlangen würden und die vom Autor in seiner 1980 erschienenen Dokumentation »Neues Schwarzbuch: Franz Josef Strauß« genau beschrieben worden sind, sei hier nur erinnert: Da war die Affäre um die Beschaffung des Schützenpanzers HS 30 – eine haarsträubende Angelegenheit, bei der von einer im Panzerbau völlig unerfahrenen Firma gleich zehntausend Schützenpanzer eines noch gar nicht vorhandenen, nur als Holzmodell existierenden Typs bestellt und der Bundeswehr Pannen über Pannen, der Staatskasse enorme Verluste beschert wurden; da war die beinahe noch skandalösere Beschaffungsaffäre, den ›Starfighter F-104G‹ betreffend, für die Strauß vom Anfang bis zum bitteren Ende die volle Verantwortung für zahllose kostspielige Pannen, eine Vielzahl von – oft tödlichen – Unfällen* sowie die Einbeziehung seines engsten Freundes aus Schongauer Tagen, des Ex-Captains Hauser, in die Abwicklung des Geschäfts mit dem korrupten Flugzeughersteller Lockheed trägt. Und da waren noch Dutzende von kleineren, weniger spektakulären Affären, die jedoch alle eines gemeinsam hatten: Sie ließen im Umkreis von Franz Josef Strauß Leute zu plötzlichem Wohlstand kommen, die vorher als mittellos, arbeitsscheu und anrüchig gegolten hatten.
Strauß versuchte, seine zahlreichen Affären damit zu entschuldi-

* 220 ›Starfighter‹ gingen seit 1960 durch Abstürze oder Bodenunfälle verloren; dabei kamen nach amtlichen Mitteilungen »über hundert« Piloten ums Leben.

gen, daß er – wie er wörtlich erklärte – »es schwer habe, ein ausreichender Beurteiler und Kenner von Menschen zu sein« – obwohl es sich bei den meisten seiner Skandale vornehmlich um Beteiligte handelte, die ihm seit vielen Jahren eng vertraut waren.

Das Landgericht München, das ihm gewiß nicht feindlich gesonnen ist, hat unter dem Aktenzeichen 18 0680/64 aus seiner Bonner Tätigkeit als Bundesverteidigungsminister einen anderen Schluß gezogen, nämlich: »... es kann ... keinem Zweifel unterliegen, daß ... ihm ... der Geruch der Korruption anhafte.« Dafür ist die ›Onkel-Aloys‹-Affäre geradezu exemplarisch.

Notwendige Vorbemerkung: Auf den Fall des Dr. Dr. Aloys Brandenstein – besser bekannt als »Onkel Aloys«-Affäre – wurde der Autor, damals noch Redakteur des Nachrichtenmagazins »Der Spiegel«, im Winter 1960/61 im Zuge von Recherchen, die ganz andere Dinge betrafen, zufällig aufmerksam – wie von ihm detailliert beschrieben in seinem 1963 erschienenen Buch *Meine Freunde, die Millionäre*. Bemerkt sei, daß dieses Buch bereits 1967 in 10. Auflage Verbreitung gefunden hatte; daß es noch heute – Anfang 1982/1983 – als dtv-Taschenbuch im nunmehr 200. Tausend lieferbar ist, auch in Buchclub-Programme aufgenommen und in mehrere Sprachen übersetzt wurde, kurz, im Laufe von 20 Jahren weite Verbreitung gefunden hat, ohne daß von seiten der an dieser Affäre Beteiligten – insbesondere des Ehepaars Dr. h. c. Franz Josef Strauß und Marianne Strauß, geborene Zwicknagl, des mittlerweile verstorbenen Dr. Dr. Aloys Brandenstein, des Brigadegenerals a. D. Herbert Becker oder des Industriellen Carl Diehl – je auch nur die geringste Beanstandung der Darstellung bei dem Autor oder seinen Verlegern vorgebracht, geschweige denn gerichtlich dagegen vorgegangen worden wäre. Besagte, erstmals

vor 17 Jahren vom Autor veröffentlichte Darstellung wird im folgenden, zunächst in einer Kurzfassung der Vorgeschichte, dann im Wortlaut der Urfassung, wiedergegeben:
Der Metallurge und Volkswirt Dr. Dr. Aloys Brandenstein, der während des Zweiten Weltkriegs in der Rüstungsindustrie unternehmerisch tätig gewesen war, hatte bei Kriegsende seinen Wohnsitz im oberbayerischen Bad Aibling. Seine dortige Maschinenfabrik, die er dann allerdings veräußern mußte, bildete eine Zeitlang die Basis seiner wirtschaftlichen Existenz und gesellschaftlichen Stellung. Damals schloß er Freundschaft mit der Familie des im nahen Rott am Inn lebenden Brauereibesitzers und späteren CSU-Landtagsabgeordneten Dr. Max Zwicknagl. Dessen Töchter, von denen die eine, Marianne, 1957 den damaligen Bundesverteidigungsminister Strauß ehelichte, nannten Dr. Dr. Brandenstein »Onkel Aloys«.
Von 1954 an befand sich Dr. Dr. Brandenstein in großer wirtschaftlicher Not. Er war nach Frankfurt am Main verzogen und bewohnte dort eine sehr bescheidene Zweieinhalbzimmerwohnung. Er hatte drückende Schulden, war nicht einmal mehr in der Lage, in seiner Stammkneipe eine noch offene Zeche von 6 DM zu begleichen, weshalb der Wirt ihm das Lokal verbot, und lebte kümmerlich von winzigen Darlehen, die ihm mitleidige Bekannte gaben. Einer seiner Gläubiger, dem er von seinen glücklicheren Tagen in Aibling und von seiner engen Freundschaft mit Familie Zwicknagl erzählt hatte, machte Dr. Dr. Brandenstein darauf aufmerksam, daß eine der Zwicknagl-Töchter vor kurzem den Bundesverteidigungsminister Strauß geheiratet habe und daß sie dem notleidenden Nennonkel nun vielleicht behilflich sein könnte.
Das war im Winter 1957/58. Dr. Dr. Brandenstein griff den Vorschlag begierig auf. Das Geld zum Telefonieren lieh ihm sein Bekannter, ebenso die bescheidene Summe, die der von Frau

Marianne Strauß zu einem Besuch aufgeforderte »Onkel Aloys« für die Fahrt von Frankfurt nach Bonn benötigte.
Schon sehr bald nach dem Besuch in Bonn, wo Dr. Dr. Brandenstein auf Empfehlung des Ehepaars Strauß Gespräche mit dem ihn äußerst zuvorkommend behandelndem Oberst Becker vom Bundesverteidigungsministerium hatte führen können, besserte sich die wirtschaftliche Lage des »Onkels« mit einem Schlag: Er konnte seine Schulden zurückzahlen, zog aus der ärmlichen Behausung in Frankfurt in eine Villa in Remscheid um, wurde dort Generalbevollmächtigter der Panzerkettenfabrik Backhaus KG mit einem Gehalt von monatlich 7500 DM – einem im Jahre 1958 geradezu fürstlichen Einkommen! – nebst freier Wohnung, Dienstwagen mit Fahrer sowie Vertrauensspesen und hatte außerdem noch sehr erhebliche Nebeneinnahmen.
Die Anstellung bei Backhaus hatte Dr. Dr. Brandenstein einer Intervention des Obersten Becker zu verdanken. Der Anstellungsvertrag war vorher aufgesetzt worden und wurde dem Chef der Backhaus KG, Erwin Backhaus senior, zur Unterschrift vorgelegt von dem Vertreter eines seiner Hauptgläubiger, dem Neußer Kaufmann Christian Steinrücke. Mit diesem hatte Oberst Becker die Einzelheiten vorher abgesprochen, wogegen Herr Backhaus den Namen seines neuen Generalbevollmächtigten erst erfuhr, nachdem er den von ihm unterschriebenen Anstellungsvertrag in Augenschein genommen hatte, Erwähnung verdient, daß die Backhaus KG auf ihren einzigen Großkunden, die Bundeswehr, völlig angewiesen war; daß Strafverfahren gegen Mitglieder der Familie Backhaus schwebten, und zwar im Zusammenhang mit den Bundeswehrlieferungen ihres Werks, und daß schließlich in den Beziehungen zwischen der Backhaus KG und dem Beschaffungsamt der Bundeswehr in Koblenz erhebliche Spannungen bestanden, die die Existenz der Firma gefährdeten.

Nachdem sich mit dem Eintritt des Dr. Dr. Brandenstein in die Firma Backhaus KG deren Auftragslage und Liquidität zunächst in erstaunlichem Maße verbessert hatten, gingen Anfang 1959 die Bestellungen und Zahlungen der Bundeswehr in so starkem Maße zurück, daß die Familie Backhaus ihr Unternehmen zu verkaufen beschloß. Ihr Generalbevollmächtigter Dr. Dr. Brandenstein wußte sofort einen Käufer und vermittelte diesen auf der Stelle. Es war der Nürnberger Industrielle Carl Diehl, der nach sehr kurzen Verhandlungen die Backhaus KG zum Preis von 7 Millionen DM erwarb. Hierzu ist anzumerken, daß der Diehl-Konzern der Hauptlieferant der Bundeswehr für Granat- und andere Zünder war, sein Inhaber Carl Diehl ein Förderer der bayerischen CSU und einer der engsten Freunde des Ministers Strauß.
Dr. Dr. Aloys Brandenstein erhielt für seine Vermittlerdienste eine Kommanditbeteiligung an der Backhaus KG im Nennwert von 200 000 DM, die im Zeitpunkt ihrer Einräumung knapp eine Million Wert gewesen sein mag. Dr. Dr. Brandenstein verlegte seine Haupttätigkeit jedoch nun auf seine bisherige Nebenerwerbstätigkeit, auf allerlei Auslandsgeschäfte. Im Juni 1959, wenige Wochen vor dem Verkauf der Backhaus KG an Diehl, hatte er der Bundeswehr bereits Granaten aus Portugal im Gesamtwert von 77 Millionen DM beschafft, wobei angemerkt sei, daß die Zünder und andere Einzelteile dieser Granaten vorher aus der Bundesrepublik nach Portugal exportiert worden waren, vornehmlich von Unternehmen der Diehl-Gruppe und ebenfalls durch Vermittlung des Dr. Dr. Brandenstein, der nicht schlecht daran verdiente.
Bis Anfang 1961 nahm Dr. Dr. Brandenstein bei solchen und ähnlichen Geschäften mit Rüstungsgütern etliche Millionen DM ein.
Soweit die Vorgeschichte; das weitere folgt wörtlich dem eingangs erwähnten Text von 1963:

»Auch der Führungsoffizier, dem er anvertraut worden war, Oberst Becker, konnte sich nicht beklagen. Etwa zur gleichen Zeit setzte sich dessen Dienstherr (Minister Dr. h. c. Strauß) über das ausdrückliche Verbot des Parlaments hinweg und schuf für den Vater des Portugalgeschäfts ein neues, eigenes Ressort, gegen den heftigen Widerspruch der dafür in ihren Kompetenzen beschnittenen Beamten und Militärs: eine dritte Unterabteilung, speziell für Beschaffung, in der Abteilung Wehrwirtschaft des Bundesverteidigungsministeriums.
Oberst Becker bekam damit die Planstelle eines Generals, und während der von ihm betreute ›Onkel Aloys‹ seine Geschäfte auf weitere Länder und Rüstungsgüter ausdehnte und die Bundeswehr gegen angemessene Provisionen mit Fallschirmen, Uniformen, Patronen, Granaten, Panzerketten, Panzerfäusten und vielerlei sonstigem aus dem In- und Ausland belieferte, überwand Franz Josef Strauß auch den Widerstand des Chefs der Personalabteilung seines Ministeriums, General Hansen, der sich mit der ... Begründung, ein Verbot des Parlaments dürfe nicht einfach mißachtet werden, gegen Beckers wachsende Macht sträubte. Schließlich wurde General Hansen zur Truppe versetzt. Ein neuer Personalchef wurde ernannt, und noch im selben Jahr erhielt Oberst Becker den ihm aus bloßer Rücksicht auf die Weisungen der Volksvertretung vorenthaltenen Lohn: Er wurde zum (Brigade-)General befördert.«
(Hierzu ist anzumerken, daß der 1955 vom Bundestag eingesetzte Personalgutachterausschuß den ehemaligen Feuerwerker Herbert Becker, wegen seines hervorstechendsten Merkmals auch »Ohren-Becker« genannt, nur unter der Bedingung für die Offizierslaufbahn zugelassen hatte, daß er den Rang eines Oberst nicht überschreiten dürfe und auf sein Spezialgebiet, amerikanische Materiallieferungen, beschränkt bleiben müsse. Später, nach Bekanntwerden der »Onkel Aloys«-Affäre, wurde

Brigadegeneral Becker zur Militärmission in Portugal versetzt. Die Staatsanwaltschaft ermittelte gegen den General: Er sollte Dr. Dr. Brandenstein Bedarfszahlen der Bundeswehr verraten haben. Die Ermittlungen wurden mit dem Vermerk eingestellt, die Beweise reichten nicht aus; Verdacht bestehe aber nach wie vor.)

Im Winter 1960/61, als der Autor den »Onkel Aloys« zufällig entdeckte und seine Recherchen weitgehend abgeschlossen hatte, war die nun zum Diehl-Konzern gehörende Firma Backhaus KG in Remscheid (Kommanditist: Dr. Dr. Brandenstein) schon wieder ein blühendes Unternehmen mit nunmehr ungetrübt guten Beziehungen zum Beschaffungsamt der Bundeswehr. Dr. Dr. Brandenstein, inzwischen Eigentümer einer sehr stattlichen Villa in Bad Godesbergs bester Wohngegend, Am Stadtwall 34, erwarb gerade eine Besitzung in der Schweiz, und zwar in Ober-Ägeri am Ägerisee. Als vielfacher Millionär, der er in sehr kurzer Zeit geworden war, verkehrte er in den besten Lokalen und teuersten Nachtbars, ließ überall, wo er hinkam, Champagner auffahren und erzählte jedem, der es hören (oder auch nicht hören) wollte, wie überaus wohlhabend er nun sei und daß er all dies unverhoffte irdische Glück allein ›dem Mariandl‹ zu verdanken habe, der treusorgenden Gattin des allseits verehrten und großmächtigen Herrn Bundesverteidigungsministers Dr. h. c. Franz Josef Strauß. Und er schwatzte noch manches mehr, das besser unerwähnt bleibt.

Es waren indessen wohl weniger diese freimütigen Äußerungen des »Onkels«, die das Weitere veranlaßten, als vielmehr die Tatsache, daß sie dem Autor, damals noch ›Spiegel‹-Redakteur, zu Ohren kamen. Jedenfalls hatte dann der Autor das Vergnügen, vom damaligen Vorsitzenden des Bundestagsausschusses für Verteidigung, Herrn Dr. Friedrich Zimmermann, aufgesucht zu werden. Dr. Zimmermann hatte seinerseits gerade einen Brief

seines langjährigen Duz-Freundes, des Ministers Strauß, erhalten, und diesem sehr förmlichen Schreiben war eine (übrigens nicht eidesstattliche) Erklärung des Dr. Dr. Brandenstein beigefügt, worin dieser höchst merkwürdige Behauptungen aufstellte. Einerseits erklärte der »Onkel Aloys«, daß er sich in seiner »größten wirtschaftlichen Notlage« an die Familie von Marianne Strauß mit der Bitte um Hilfe gewandt hätte, anderseits sah er es als seine Verpflichtung an, »allen Behauptungen entgegenzutreten«, er sei »von irgendjemandem irgendwie protegiert worden«. Ja, Dr. Dr. Brandenstein ging schließlich dementierend auf Dinge ein, die niemand behauptet, nicht einmal zu denken gewagt hatte: »Ich möchte ausdrücklich betonen, daß selbstverständlich weder Familie Dr. Zwicknagl noch Familie Strauß an meinen Geschäften beteiligt sind, waren oder sein werden oder von mir irgendwelche Zuwendungen resp. materielle Vorteile irgendwelcher Art erhalten haben bzw. erhalten werden. gez. Dr. Aloys Brandenstein.«
Die vor einem Kölner Notar abgegebene Erklärung war in Abschrift beglaubigt worden von dem (später in Korruptionsverdacht geratenen) Strauß-Adjutanten Repenning und von ihm mit dem Dienstsiegel – Bundesadler mit Unterschrift »Der Bundesminister für Verteidigung« – versehen worden, wodurch den schlichten Ausführungen des Dr. Dr. Brandenstein wohl ein beinahe regierungsamtlicher Charakter verliehen werden sollte, den sie zweifellos gar nicht hatten.
Zur Überraschung des Autors wurden ihm von Herrn Dr. Zimmermann sowohl die Erklärung des Dr. Dr. Brandenstein als auch der an Zimmermann gerichtete Begleitbrief des Ministers Strauß übergeben mit dem Bemerken, eine Rückgabe sei nicht erforderlich. Die Originale beider Dokumente sind seither im Besitz des Autors. Offenbar waren die an der »Onkel Aloys«-Affäre unmittelbar Beteiligten und auch Dr. Friedrich Zimmer-

mann als deren Beauftragter der kühnen Meinung, die Sache hätte damit ihr Bewenden. Der vom bettelarmen und verschuldeten Schnorrer binnen weniger Monate zum multimillionenschweren Bundeswehr-Beschaffer aufgestiegene Dr. Dr. Aloys Brandenstein hatte ja erklärt, er sei nicht protegiert worden, und zudem war dieser »Onkel Aloys« ja nun außer Landes, hatte sich auf seinen Landsitz in der Schweiz zurückgezogen und überdies beim Bundesamt für Beschaffung nunmehr Hausverbot. Vor allem aber hatte der »Onkel Aloys« ja, sogar gesiegelt vom Minister-Adjutanten, ausdrücklich betont, daß Familie Strauß von ihm keine »Zuwendungen resp. materielle Vorteile irgendwelcher Art erhalten« habe, auch nicht erhalten werde.
Solche absurden Verdächtigungen waren bis dahin von keinem seriösen Presseorgan auch nur angedeutet worden. Erst zweieinhalb Jahre später meldete sich der Fahrer des Dr. Dr. Brandenstein im ›Stern‹ zu Wort. Dieser Chauffeur, Paul Scharwächter, wußte sich zu erinnern, daß Dr. Brandenstein mitunter in Augenblicken heitersten Vergnügens, aber akuten Bargeldmangels, ihn, den Fahrer, beauftragt habe, den Kofferraum des Dienstwagens zu öffnen. Aus einem verschlossenen Koffer, zu dem Dr. Brandenstein den Schlüssel hatte, entnahm dieser dann das benötigte Bargeld, wobei der Fahrer deutlich gesehen haben wollte, daß besagter Koffer bündelweise mit nagelneuen Banknoten angefüllt war.
Scharwächter hatte – so erläuterte er dem ›Stern‹-Reporter und blieb bei dieser erstaunlichen Darstellung auch bei mehrfachen Rückfragen – wiederholt seinen Dienstherrn Dr. Dr. Aloys Brandenstein zum Haus des damaligen Bundesverteidigungsministers Strauß auf dem Bonner Venusberg gefahren, stets in gewissem Abstand zum Eingang gehalten und dem »Onkel Aloys« geholfen, besagten Koffer bis zur Tür der Ministervilla zu transportieren, und jedesmal sei der Koffer, seinem Gewicht nach,

gut gefüllt von ihm zum Haus getragen worden. Hingegen kam Dr. Brandenstein nach beendetem Besuch jedesmal mit demselben Koffer zurück, der dann, wiederum seinem Gewicht nach zu urteilen, leer war.
Dem ›Stern‹, der Scharwächters Erzählungen veröffentlichte, wurde die Verbreitung bestimmter Teile dieses Textes untersagt, da das Gericht darin die Tatsachenbehauptung sah, Dr. Dr. Brandenstein habe mit Strauß teilen müssen. Darüber hatte der Fahrer Scharwächter selbstverständlich nur haltlose Vermutungen äußern können; schließlich sagt das Gewicht eines Koffers ebensowenig über die genauen Einzelheiten seines Inhalts aus wie ein flüchtiger Blick hinein bei anderer Gelegenheit. Vom Inhalt jenes ›Stern‹-Artikels war daher auch nicht die Rede, weil etwa Autor oder Verlag solche Vermutungen teilten, sondern nur um zu dokumentieren, in welches Zwielicht der Minister Strauß durch seine Beziehungen zum »Onkel Aloys« bereits geraten war.
Sodann gab es auch noch ein Fräulein Ellen Borrmann, eine langjährige Freundin des »Onkel Aloys« Brandenstein, die von diesem zur Miteigentümerin einer Uniformfabrik gemacht und mit sechsstelligen Beträgen subventioniert worden war. Als die Dame im Frühjahr 1965 weitere 300000 DM von ihrem Förderer verlangte, soll sich dieser bereit erklärt haben, auch diese Zahlung zu leisten. Ihrem Geschäftsführer gegenüber vertrat Fräulein Borrmann die Ansicht, Herr Dr. Dr. Brandenstein könne ihr die Bitte um Geld gar nicht abschlagen, da sie viel zu viel über Brandensteins Geschäfte und die daran Beteiligten wisse. Sie fuhr dann in die Schweiz, um den Betrag dort abzuholen. Welches Wissen sie auch gehabt haben mochte – sie nahm es mit ins Grab. Denn auf der Rückfahrt verunglückte sie tödlich.

Noch ein weiterer Skandal aus der Amtszeit von Franz Josef Strauß als Verteidigungsminister sei hier kurz erwähnt, weil er als besonders typisch gelten kann und weil sich daran eine die Bundesrepublik erschütternde Affäre anschloß: der FIBAG-Skandal. Im Jahre 1959 wollten die amerikanischen Streitkräfte in der Bundesrepublik ein sogenanntes »Housing (Wohnungsbau) Project« durchführen. Es umfaßte einen Bedarf von rund 5500 Wohnungen im Gesamtwert von rund 300 Millionen DM. Das Projekt sollte von amerikanischer Seite teilweise vorfinanziert, später von deutschen Stellen übernommen und als Stationierungskosten aus dem Bundeshaushalt, also aus Steuermitteln, bezahlt werden. Die Verhandlungen wurden zunächst von einem amerikanischen Anwaltsbüro mit der Großbaufirma Heilmann & Littmann geführt, und zwar unter der Bezeichnung »Rental Guarantee Housing«. 1960 erhielt die Firma Heilmann & Littmann jedoch die Mitteilung, das Projekt müsse als nicht mehr durchführbar angesehen werden. Der Vorvertrag wurde gelöst; die amerikanischen Anwälte erstatteten die Hälfte des bereits erhaltenen Honorars zurück.
Nunmehr versuchte einer der amerikanischen Anwälte, Bernhard Brach, aus dem gescheiterten Projekt doch noch Kapital zu schlagen: Es sollte eine Firma gegründet, diese mit Empfehlungen ausgestattet und alsdann dieser »Mantel« an den Meistbietenden verkauft werden.
Es fanden sich einige an diesem »Luftgeschäft« Interessierte: ein gescheiterter Münchner Architekt, Lothar Schloß; dessen Bekannter, Wolfgang Winkel, der sich als Kaufmann bezeichnete, sowie der Passauer Zeitungsverleger Johann Evangelist Kapfinger, der das für das geplante Geschäft Wichtigste einbrachte: Er verfügte über beste Beziehungen zur CSU-Landesleitung, besonders zum damaligen CSU-Generalsekretär Dr. Friedrich Zimmermann, und er war ein Duz-Freund von Minister Strauß.

Zu diesem Kreis stieß noch der Bauingenieur und Inhaber eines Architekturbüros, Carl Willy Braun, der seinerseits den Kaufmann Hans Herrschaft der Gruppe zuführte; Herrschaft sollte »Generalbevollmächtigter für die Grundstücksbeschaffung« werden. Die Firma, die dann am 6. Mai 1960 gegründet wurde, erhielt den Namen »Finanzbau Aktiengesellschaft«, abgekürzt FIBAG. Es wurde vereinbart, daß der Mitgesellschafter Kapfinger 25 Prozent des FIBAG-Kapitals (500000 DM) als Gratis-Aktien bekommen sollte, denn ohne ihn war an Empfehlungen, wie die FIBAG sie brauchte, nicht zu denken.

Kapfinger wandte sich an seinen Freund, den Bundesverteidigungsminister Franz Josef Strauß, und dieser stellte mit Datum vom 1. Juni 1960 dem FIBAG-Chef Lothar Schloß ein eigenhändig unterschriebenes Empfehlungsschreiben aus. Es war mit der in angelsächsischen Ländern üblichen Eingangsformel »To whom it may concern« (An denjenigen, den es angeht) versehen und lautete:

»Betr. Rental Guarantee Housing Project.

Um das vorgenannte Projekt zu realisieren, wurde von Herrn Schloß eine Aktiengesellschaft gegründet und von ihm heute den Ministerien die Planungsunterlagen, Kostenberechnungen und Finanzierungsvorschläge eingereicht. Ich begrüße und befürworte die Ausarbeitung dieser Vorlagen, weil sie der Durchführung eines im gemeinsamen Interesse liegenden Planes dienen. Ich bitte, Herrn Schloß bei seiner weiteren Arbeit jede Unterstützung zu gewähren. gez. Strauß.«

Dieses Empfehlungsschreiben wurde dem Lothar Schloß am 2. Juni 1960 ausgehändigt, aber er und seine Geschäftsfreunde fanden es wohl noch nicht ausreichend. Kapfinger wurde nochmals bei seinem Freund Strauß vorstellig, und der wandte sich nun – am 20. Juni 1960 – mit einem persönlichen Brief an den amerikanischen Verteidigungsminister Thomas S. Gates.

Dieses zweite Schreiben in Sachen FIBAG mit dem Briefkopf »Dr. h. c. Franz Josef Strauß, Bundesminister« hatte laut Protokoll des späteren FIBAG-Untersuchungsausschusses, den der Bundestag einsetzte, folgenden Wortlaut:
»Sehr geehrter Herr Kollege!
Nach den meinem Ministerium zugegangenen Informationen ist die amerikanische Armee daran interessiert, eine beträchtliche Zahl von Wohnungen für Angehörige der US-Armee in Deutschland zu bauen. Das Bundesministerium für Verteidigung hat damit unmittelbar nichts zu tun, hat aber die Pläne des Architekturbüros Lothar Schloß, München, die bei ihm eingereicht sind, geprüft und Herrn Schloß die in Abschrift beigefügte Bestätigung ausgestellt. Es handelt sich um dieselbe Firma, die bereits im Jahre 1956 das amerikanische Unterkunftsprojekt in Frankreich bearbeitet hat. Dieses Projekt wurde dann aus verständlichen Gründen einer französischen Firma übertragen.
Ich weise darauf hin, daß die von dem Architektenbüro Schloß vorgelegte Planung hier geprüft und als brauchbar bezeichnet worden ist. Wenn Sie daran interessiert sind, das Unterkunftsprojekt der US-Armee in Deutschland weiter zu verfolgen, bitte ich, diese Ihren Experten bekannte Planung prüfen zu lassen und zu verfolgen.
Mit freundlichen Grüßen
gez. Strauß
The Hon. Thomas S. Gates,
Secretary of Defense,
Pentagon, Washington 25, D. C.«
Eine Abschrift dieses Briefs an seinen amerikanischen Kollegen schickte Strauß an seinen Freund Kapfinger, dazu ein Begleitschreiben, datiert vom 4. August 1960, das begann:
»Lieber Hans! In der Beilage übersende ich Dir Durchschrift meines Briefes an den amerikanischen Verteidigungsminister

Mr. Gates ...« und mit den Worten schloß: »Ich glaube, wir sollten auch bei den Amerikanern nicht allzu stark drängen, weil das erfahrungsgemäß zu negativen Rückschlüssen und negativen Reaktionen führt. Mit freundlichen Grüßen! Dein Franz Josef Strauß.«

Das FIBAG-Projekt wurde nie durchgeführt. Doch noch jahrelang prozessierte Franz Josef Strauß gegen die Verbreitung einer angeblichen Äußerung Kapfingers, das werde ein Bombengeschäft; es sei nur schade, daß er die Hälfte des Gewinns an Strauß abgeben müsse. Kapfinger selbst, gegen den Strauß aber *nicht* gerichtlich vorging, erklärte dazu später als Zeuge: »Es ist durchaus möglich, daß ich ironischerweise das gesagt habe.« Er gab dann auch eine eidesstattliche Erklärung ab. Darin bestritt er aber nur ganz bestimmte, von niemandem behauptete Tatbestände, etwa daß er »mehr als 25 Prozent« unter Hinweis auf Teilungsverpflichtungen gegenüber Strauß von seinen FIBAG-Mitgesellschaftern verlangt hätte.

Eine gerichtliche Klärung des Verdachts auf falsche eidliche Bekundungen Dr. Kapfingers im Zusammenhang mit den sich aus der FIBAG-Affäre ergebenden Gerichtsverfahren war nicht möglich. Dr. Johann Evangelist Kapfinger legte ärztliche Atteste vor, die seine Verhandlungsunfähigkeit bescheinigten. Das Verfahren gegen ihn wurde schließlich eingestellt.

Dagegen steht fest, daß der Bundesverteidigungsminister Strauß den Bundestag und dessen Untersuchungsausschuß in Sachen FIBAG mehrfach falsch oder irreführend unterrichtete oder durch Beamte seines Ministeriums falsch oder irreführend unterrichten ließ.

Anzumerken ist ferner, daß der den Minister Strauß und Dr. Kapfinger vor dem FIBAG-Untersuchungsausschuß des Bundestags belastende Zeuge Hans Herrschaft von Strauß wahrheitswidrig landesverräterischer Beziehungen verdächtigt wur-

de. Der Minister behauptete sogar, er sei von Herrschaft »im kommunistischen Auftrag« belastet worden. Einen Tag nach seiner Aussage in Bonn wurde Hans Herrschaft in München in Untersuchungshaft genommen und von zahlreichen Beamten in Zivil über seine angeblichen »Ostkontakte« verhört. Dabei lautete die gegen ihn erhobene Beschuldigung auf Staatsgefährdung. Grundlage seiner Verhaftung bildete ein sogenanntes »Protokoll«, das keine Unterschrift trug und bei dem die vernehmende Behörde, falls es eine solche war, mit der Chiffre-Bezeichnung »L II G« angegeben wurde.
Die Beziehung des Falles Herrschaft zu Minister Strauß wurde offenkundig, als der Erste Staatsanwalt Gietel – der zuständige Staatsanwalt Wuschek trat gegenüber Herrschaft kein einziges Mal in Erscheinung – dem Untersuchungshäftling zur »Erleichterung seiner mißlichen Lage« nahelegte, eine Ehrenerklärung für Minister Strauß abzugeben. Herrschaft lehnte dies ab; dennoch verbreitete die Justizpressestelle München, er hätte eine Ehrenerklärung für Strauß angeboten.
Erst nachdem Hans Herrschaft durch seinen Anwalt dagegen öffentlich protestieren ließ, gab die Justizpressestelle den wahren Sachverhalt zu. Gietel wurde kurze Zeit später zum Oberstaatsanwalt befördert, Herrschaft nach 26 Tagen Haft wieder auf freien Fuß gesetzt. Das Verfahren gegen ihn wurde aber erst, obwohl er ständig auf einen ihn rehabilitierenden Prozeß drängte, nach fünf Jahren ohne Verhandlung eingestellt. Natürlich konnte auch der FIBAG-Untersuchungsausschuß die Affäre nicht aufklären, die wegen zahlreicher Klagen, die Strauß anstrengte, noch viele Jahre lang die Gerichte beschäftigte. Dabei verschwanden eines Tages die FIBAG-Akten spurlos, als sie 1963 mit der Post von Bonn an ein Nürnberger Gericht geschickt werden sollten. Erst zwölf Jahre später, im Herbst 1975, tauchten sie in einem Schließfach des Mainzer Hauptbahnhofs wieder

auf. Inzwischen hatte das Landgericht Bonn ein von der Staatsanwaltschaft gegen Dr. Kapfinger angestrengtes Ermittlungsverfahren wegen Verdachts der uneidlichen Falschaussage vor dem Untersuchungsausschuß ebenfalls eingestellt. Fehlt im Fall Herrschaft der letzte Beweis dafür, daß die Verhaftung dieses unbequemen FIBAG-Zeugen von Minister Strauß selbst oder mittelbar, etwa über den ihm unterstehenden Militärischen Abschirmdienst (MAD) veranlaßt wurde, so ist in einem anderen Fall, der damit ursächlich zusammenhängt, die Verantwortung des damaligen Bundesverteidigungsministers Franz Josef Strauß für eine rechtswidrige Festnahme erwiesen. Zur Vorgeschichte: In der Spiegel-Ausgabe Nr. 40 vom 3. Oktober 1962 erschien ein Artikel mit der Überschrift »Balkan in Bonn?«, worin es unter anderem hieß:

»Ist Dr. Aloys Brandenstein, der Nenn-Onkel der Frau Marianne Strauß, durch Vermittlung des Ministers innerhalb eines Jahres mehrfacher Millionär geworden, nachdem er vorher nie im Rüstungsgeschäft tätig und in anderen Geschäften bis aufs Hemd abgebrannt war? ... Stimmt es, daß ein im Rüstungsgeschäft bis dato nicht tätig gewesener Peter Deeg innerhalb einer Stunde ein Geschäft über 25 Millionen Mark ›aufreißen‹ konnte, das die ›Profis‹ in Monaten nicht zustande gebracht hatten? Stimmt es, daß dieser Peter Deeg, von einem ordentlichen Gericht rechtskräftig wegen Betrugs vorbestraft, Duzfreund ... des jetzigen CSU-Vorsitzenden Strauß war? Ist diese Duzfreund-Demokratie das Leitbild, das wir dem Osten entgegenhalten sollen? ... Stimmt es, daß der Verleger Kapfinger vor Aufkommen der FIBAG-Affäre seinen Passauer Verlag testamentarisch der CSU vermacht hatte – Schlüssel zur Schloß-Affäre? ...« Der Artikel endete: »Es mag sein, daß Opposition und Presse die Streitigkeiten um den Verteidigungsminister (Strauß) leid sind. Wäre dem so, dann müßte man es als Zeichen dafür nehmen, daß der

Organismus Bundesrepublik schon aufgehört hat, gegen die Balkanische Krankheit, die von München aus das Land infiziert, Abwehrstoffe zu entwickeln.«
Diesen Artikel hatte Spiegel-Herausgeber Rudolf Augstein mit seinem Pseudonym ›Moritz Pfeil‹ gezeichnet. Er folgte der Veröffentlichung der »Onkel Aloys-« und der »Dr. Peter Deeg-Affäre« in Heft 39 des Nachrichtenmagazins. Es mußte jedem klar sein, daß der ›Spiegel‹ die Angriffe auf Strauß fortsetzen und auf Untersuchung der immer zahlreicher werdenden Skandale bestehen würde.
Wenige Tage nach Erscheinen des »Balkan in Bonn?«-Artikels, aber natürlich nicht deswegen, sondern – so sollte zumindest die Öffentlichkeit glauben – wegen einer Geschichte im folgenden ›Spiegel‹-Heft (»Bedingt abwehrbereit«, Nr. 41/1962), erstattete ein Parteifreund von Franz Josef Strauß, Friedrich August Freiherr von der Heydte, dessen Beförderung zum Brigadegeneral der Reserve trotz dringender Befürwortung durch Bundesverteidigungsminister Strauß vom Bundespräsidenten bislang nicht unterschrieben worden war, Strafanzeige gegen das Hamburger Nachrichtenmagazin und dessen verantwortliche Redakteure wegen Landesverrats und landesverräterischer Fälschung.
Am 23. Oktober, nachdem die Bundesanwaltschaft um gutachtliche Stellungnahme des Bundesverteidigungsministeriums ersucht und diese erhalten hatte, unterzeichnete der zuständige Bundesrichter in Karlsruhe die Durchsuchungs- und Haftbefehle gegen die Spiegel-Redaktion. Einen Tag zuvor hatte Freiherr von der Heydte endlich seine Beförderung zum Brigadegeneral erhalten. Dazu erklärte er gegenüber dem ›Stern‹: »Ihre Leser dürfen es« – nämlich die Beförderung zum General auf Vorschlag von Strauß – »nicht damit« – nämlich mit seiner Strafanzeige gegen den ›Spiegel‹ – »in Verbindung bringen; daß das sozusagen eine Belohnung war.«

Und Minister Strauß gab gegenüber dem Plenum des Bundestags, gleich nach Durchführung der Polizeiaktion gegen den ›Spiegel‹, die folgende »verbindliche Erklärung« ab:
»Nein, es ist kein Racheakt meinerseits. Ich habe mit der Sache nichts, im wahrsten Sinne des Wortes nichts zu tun!« Da der zweite Satz dieser kurzen Erklärung erwiesenermaßen eine glatte Lüge war, müssen erhebliche Zweifel an der Wahrheit des ersten Satzes gestattet sein, zumal alle Umstände dafür sprechen, daß es sich um einen Racheakt gehandelt hat. Schon Tage zuvor hatte Strauß in angetrunkenem Zustand auf einem Empfang in Bonn verkündet, gegen den ›Spiegel‹ stehe für das Wochenende eine Aktion bevor; einen Tag zuvor hatte er im Bonner Hotel »Bergischer Hof« laut prophezeit, mit dem ›Spiegel‹ gehe es so nicht weiter, bald werde etwas geschehen. Und einen Tag nach dem Bonner Empfang prahlte Strauß vor seinen Mitarbeitern: »Jede Minute, die die mich mit FIBAG beschäftigt haben, werde ich denen heimzahlen!«
Zwei Tage darauf, am 26. Oktober 1962 gegen 21 Uhr, rückten acht Beamte der Sicherungsgruppe Bonn unter Führung des Bundesanwalts Buback in die Redaktion des ›Spiegel‹ im Hamburger Pressehaus ein. Sie präsentierten einen Durchsuchungs- und Beschlagnahmebeschluß wegen Verdachts auf Landesverrat. Außerdem hatten sie Haftbefehle gegen Rudolf Augstein und den ›Spiegel‹-Redakteur Conrad Ahlers. Ein von Ahlers verfaßter Artikel, »Bedingt abwehrbereit«, sollte den Einsatz rechtfertigen. Wie sich später herausstellte, war dieser Verdacht völlig unbegründet; sämtliche Informationen, die als möglicher Landesverrat angesehen wurden, hatten vorher schon andere Zeitungen veröffentlicht, ohne daß jemand Anstoß daran genommen hätte.
Die Fahnder durchsuchten die Redaktionsräume und das ›Spiegel‹-Archiv, besetzten die Telefonzentrale und beschlagnahmten

alle Papiere, die mit Militärischem oder mit Strauß-Affären zu tun hatten. ›Spiegel‹-Anwalt Horst Ehmke erklärte dazu später vor dem Bundesverfassungsgericht: »Das war bewußte Ausforschung eines Presseunternehmens!«
In den folgenden Tagen wurde es immer deutlicher, daß die Öffentlichkeit das Vorgehen gegen den ›Spiegel‹ entschieden mißbilligte. Auch wurde langsam jedem klar, daß es sich nicht um einen »Abgrund von Landesverrat« handelte, sondern – wie es ›Stern‹-Redakteur Peter Koch formuliert hat – »um einen Abgrund von Amtsanmaßung, Kompetenzüberschreitungen, Rechtsverletzungen und Lügen ... Am Rande dieses Abgrunds hing Franz Josef Strauß und versuchte krampfhaft, sich vor dem Absturz zu bewahren. Sein Sündenregister wurde mit jedem Tag länger. Strauß hatte

- in einem nächtlichen Telefonat nach Madrid mit dem dortigen Militärattaché Achim Oster, seinem Spezi aus Schongauer Tagen und Mitverschwörer beim Sturze Blanks, veranlaßt, daß der auf Urlaub in Torremolinos weilende Ahlers von der spanischen Polizei festgesetzt wurde. Ein Haftbefehl – so Strauß – sei bereits über Interpol unterwegs. Dabei hatten Justizministerium sowie Bundesanwaltschaft Strauß ausdrücklich darauf hingewiesen, daß eine Einschaltung von Interpol bei der Verfolgung von politischen Angelegenheiten wie Landesverrat nicht zulässig sei. Auch der damalige CSU-Innenminister Höcherl warnte ihn – wie er sich noch heute erinnert: »Laß die Finger davon«;
- veranlaßt, daß der damalige FDP-Bundesjustizminister Stammberger, der kurz zuvor im Bundestag als einziger Minister für eine Fortsetzung der FIBAG-Untersuchungen gegen Strauß gestimmt hatte, von der Vorbereitung und Durchführung der Aktion gegen den ›Spiegel‹ nicht unterrichtet wurde. Lediglich der CDU-Staatssekretär des Justizministeriums, Dr. Walter Strauß, wurde eingeschaltet;

• gegenüber Oster und gegenüber dem Staatssekretär Walter Strauß behauptet, er handle auf eine direkte Weisung des Bundeskanzlers. Adenauer aber bestritt dies ausdrücklich, und der Fraktionsvorstand der CDU/CSU gab eine offizielle Erklärung heraus: »Der Bundeskanzler hat im Einzelfall keine Weisung erteilt. Das gilt auch für die Frage der Nichtunterrichtung des Justizministers«;
• den Militärischen Abschirmdienst (MAD) bei der Observierung von ›Spiegel‹-Angehörigen eingesetzt und sich über den MAD vom Verlauf der Aktion unterrichten lassen;
• tagelang Parlament und Öffentlichkeit über seine Beteiligung an der Aktion getäuscht. Strauß zuerst: »Ich habe mit der Sache nichts zu tun, im wahrsten Sinne des Wortes nichts zu tun!« Erst nach einem Wochen währenden Eiertanz vor dem Parlament, das ihn bei jeder Fragestunde in die Enge zu treiben suchte, bequemte sich Strauß zu dem Eingeständnis: »Da der Militärattaché (Oster) bei Anruf den Sachverhalt nicht kennen wollte, sondern sagte: ›Ich kenne nur die Stimme des Ministers‹, bin auch ich mit ihm verbunden worden und habe das wiederholt, was vorlag.« Das war zugleich das Eingeständnis, wochenlang das Parlament belogen zu haben. Strauß später: »Lügen heißt, in Kenntnis der Wahrheit – also bewußt – die Unwahrheit zu sagen. Etwas Unrichtiges kann jeder sagen, der nach dem jeweiligen Stand seiner Erkenntnis das wiedergibt, was er weiß, aber später in Einzelheiten etwas korrigieren muß.« Strauß noch später: »Ich habe nie behauptet, daß ich mit der Sache nichts zu tun hätte.«

Das staatsstreichähnliche Unternehmen des Verteidigungsministers bescherte der Nation einige der schönsten Aphorismen. Der damalige CSU-Innenminister Hermann Höcherl prägte den Satz, die Aktion sei »etwas außerhalb der Legalität« gelaufen. Friedrich Zimmermann beschwichtigte Parteifreunde damit,

Strauß habe »zum Wohl des deutschen Volkes gelogen«. Und in einer CSU-Werbeschrift über Strauß stand: »Als ihm seine Feinde die parlamentarische Korrektheit bestritten, trat er zurück. Er hat seine Macht als Oberbefehlshaber nicht ins Spiel gebracht.«

In der Tat: Nachdem Strauß am 11. Dezember 1962 seine Entlassungsurkunde erhalten hatte – er trat allerdings nicht freiwillig zurück, sondern wurde durch den Austritt der FDP-Minister aus der Regierung dazu gezwungen –, brachte er »seine Macht als Oberbefehlshaber« nicht ins Spiel: er räumte seinen Schreibtisch, statt die Bundeswehr aufmarschieren zu lassen. Beim Abgang von der politischen Bühne lieferte er lediglich einige müde Nachhutgefechte. Die Verantwortung für die ›Spiegel‹-Aktion wollte der Selbstverteidigungsminister seinem damaligen Staatssekretär Hopf aufbürden: »In dieser Zuständigkeit war Herr Hopf der Chef meines Ministeriums.« Und Bonner Staatsanwälte, die gegen ihn wegen Amtsanmaßung ermittelten, pöbelte er an: »Ein Amtsverbrechen der Verfolgung Unschuldiger.« Der zuständige nordrhein-westfälische Justizminister, Dr. Artur Sträter von der CDU, konterte: »Unqualifizierte Äußerungen werden die Staatsanwaltschaft bei der Erfüllung ihrer gesetzlichen Pflicht, dem Verdacht eines strafbaren Verhaltens nachzugehen, nicht beirren.«

Im Vertrauen darauf, daß die Zeit nicht nur Wunden heilt, sondern auch das Erinnerungsvermögen schwächt, hat Strauß inzwischen seine Beteiligung an der Affäre auf die Rolle eines Hilfs-Telefonisten reduziert.«

Tatsächlich äußerte sich Franz Josef Strauß später gegenüber dem Bonner Gesellschaftsmagazin ›Elan‹ mit einer Dreistigkeit, die auf das schwache Gedächtnis der Menschen spekulierte: »Meine persönliche Mitwirkung bestand darin, daß ich ... den Anruf in Madrid durchgeführt habe. Das ist der einzige Fall meiner Mitwirkung ... Ich bin seinerzeit gegangen, weil wir einen Sicherheitsfall sehr ernst genommen haben.«

Neben den Beschaffungsskandalen, den Spezi-Affären und das an einen Staatsstreich-Versuch grenzende Vorgehen im ›Spiegel‹-Fall gibt es aber noch etwas ganz anderes, das Strauß völlig untauglich für das Amt des Verteidigungsministers erscheinen ließ, nämlich sein Verhalten als Oberster Befehlshaber der Bundeswehr. Exemplarisch dafür ist der Fall des Oberstleutnant Barth: Am 14. September 1961 verflogen sich zwei Jagdbomber des Lechfelder Luftwaffen-Geschwaders – damaliger Kommodore: Oberstleutnant Siegfried Barth – über die Grenze und das Gebiet der DDR. Sie landeten dann in Berlin-Tegel. Einen Tag danach, nach einer nächtlichen Besprechung mit dem Luftwaffen-Inspekteur General Kammhuber, ausgerechnet in der feucht-fröhlichen Atmosphäre einer Münchner Bar, befahl Bundesverteidigungsminister Strauß die sofortige Ablösung und anderweitige Verwendung des Kommodore Barth, ohne daß der so Gemaßregelte vorher von ihm zu dem Vorfall gehört worden wäre.
Am 16. September verlas General Kammhuber diesen Strauß-Befehl, der ohne eine Untersuchung der Schuldfrage ausgesprochen worden war, vor den versammelten Generalen, Kommandeuren und Kommodores der Luftwaffe. Barth wurde zum Luftwaffenamt versetzt, die feierliche Übergabe des Geschwaders an seinen Nachfolger wurde ihm durch einen weiteren Befehl von Strauß verboten, seine für den 1. Oktober vorgesehene Beförderung zum Oberst unterblieb.
Oberstleutnant Barth ersuchte daraufhin den Minister, gegen ihn ein Disziplinarverfahren wegen Dienstpflichtverletzung einzuleiten. Minister Strauß gab darauf keine Antwort; eine Untersuchung des Vorfalls hatte nämlich im Nachhinein die Unschuld des Geschwader-Kommodores ergeben. Nun erhob Oberstleut-

nant Barth Beschwerde beim Wehrdienstsenat des Bundesdisziplinarhofs wegen Dienststellen- und Ehrminderung. Am 20. Dezember 1961 verhandelte der Senat in München über diese Beschwerde. Als Zeugen waren geladen: die Generale Kammhuber, Harlinghausen, Panitzki und Streib sowie Oberst Krupinski und Oberstleutnant Grasemann. Sie konnten jedoch – ein einmaliger Fall in der deutschen Militärgeschichte – sämtlich nicht vernommen werden. Minister Strauß hatte seinen Staatssekretär Hopf nach München entsandt, und dieser verkündete vor dem Senat, den genannten Zeugen werde vom Minister die Aussagegenehmigung verweigert. Der Senat beriet und beschloß, er müsse die Zeugen hören, zumal sich die Beschwerde ja gerade gegen den Minister richte. Darauf drohte Hopf im Auftrage des Ministers, er werde den Zeugen dienstlich befehlen, nicht auszusagen. Um den Zeugen den Konflikt zu ersparen, verzichtete der Senat schließlich auf die Anhörung. Am 12. Februar 1962 fällten die Richter das Urteil: »Der Beschwerde des Oberstleutnants Barth wird stattgegeben. Seine Rehabilitierung ist sämtlichen Kommandeuren der Bundesluftwaffe zu verkünden.«

Minister Strauß, der laut Dienstvorschrift verpflichtet war, Disziplinarsachen beschleunigt zu behandeln, kam dem Auftrag des höchsten Truppengerichts erst nach fast drei Monaten und auf energische Vorstellungen des Wehrbeauftragten hin nach. Doch damit war der Beschluß des Senats nur in einem einzigen Punkt vollzogen. Die Wiedergutmachung für Barth blieb zunächst weiter unerledigt.

Minister Strauß ging so weit, am 12. Mai 1963, nachdem die Presse den Fall aufgegriffen hatte, im Verteidigungsausschuß des Bundestages – in Verletzung der Geheimhaltungspflicht, die der Senat allen Beteiligten ausdrücklich auferlegt hatte – sinnentstellend ausgewählte Bruchstücke des Urteils zu verlesen, sich dann bescheinigen zu lassen, daß er »völlig korrekt« gehandelt habe und schließlich auch noch das Protokoll der Ausschußsitzung in seinem Ministerium »ergänzen« zu lassen, ehe es in Druck ging. Er ließ alsdann eine wissentlich falsche Darstellung des Falles Barth im amtlichen Bulletin der Bundesregierung veröffentlichen.

Erst unter massivem Druck des Parlaments und der von der Presse alarmierten Öffentlichkeit sowie nachdem Oberstleutnant Barth Klage auf Erfüllung des Münchener Senatsbeschlusses und auf Schadenersatz wegen öffentlicher Ehrenkränkung angedroht hatte, ließ sich Minister Strauß herbei, dem Beschluß des höchsten Truppengerichts nachzukommen.

Es blieb noch die Frage der Kosten zu klären. Minister Dr. h. c. Strauß weigerte sich zunächst, selbst zu zahlen. Er erklärte schließlich – wie unwidersprochen veröffentlicht werden konnte –: »Gut, ich bezahle alles, notfalls aus der Parteikasse der CSU.«

Ebenfalls bezeichnend für das Verhalten von Strauß als Vorgesetzter ist folgendes:

Am 28. April 1958 verlangte Minister Strauß als Oberbefehlshaber der Bundeswehr »vorbildliche Haltung« eines jeden Vorgesetzten »im Dienst wie auch außerdienstlich«.

Am 29. April 1958 gab der Minister seinem Fahrer Leonhard Kaiser Anweisung, sich an die Verkehrszeichen des Polizeiwachtmeisters Hahlbohm, der an der Kreuzung neben dem Eingang zum Bundeskanzleramt Dienst tat, nicht zu halten. Es kam dabei, als der Ministerwagen die nicht freigegebene Kreuzung überquerte, beinahe zu einem Zusammenstoß mit einer vollbesetzten Straßenbahn. Auf der Rückfahrt ließ Strauß seinen Fahrer bei dem Verkehrspolizisten halten und fragte diesen, ob er gegen Kaiser Anzeige erstatten werde. Der Polizeibeamte bejahte dies. Darauf Minister Strauß: »Geben Sie mir Ihren Namen. Ich werde dafür sorgen, daß Sie von der Kreuzung ver-

schwinden.« (Zitiert nach gleichlautenden Meldungen in fast der gesamten Presse der Bundesrepublik, u. a. im Nachrichtenmagazin ›Der Spiegel‹ vom 3. 9. 1958.)
Im weiteren Verlauf der Angelegenheit verlangte Minister Strauß zunächst vom Bonner Polizeipräsidenten Dr. Degenthoff die Entfernung des Hauptwachtmeisters Hahlbohm von seinem Posten, wandte sich dann sogar mit einer Dienstaufsichtsbeschwerde an den neuen Innenminister von Nordrhein-Westfalen, Dr. Dufhues (CDU), worin es hieß:
»Ich muß verlangen, daß der Beamte nicht nur gemaßregelt, sondern in Zukunft auch nicht mehr als Verkehrspolizist in Bonn verwendet wird. Ich kann mir das Verhalten des Beamten eigentlich nur aus einer gehässigen Einstellung heraus erklären, die ich in manchen Fällen bei Polizeibeamten des Landes Nordrhein-Westfalen während der Regierungszeit des Kabinetts Steinhoff [SPD] und unter Amtsführung des Innenministers Biernath habe beobachten müssen! [...] Ich bitte um eine scharfe Untersuchung und um ein strenges Eingreifen.«
Aber Innenminister Dr. Dufhues wies die Beschwerde ab, da der Beamte pflichtgemäß gehandelt hatte. Als dies öffentlich bekannt wurde (und in diesem Zusammenhang auch das Strafregister des Ministerfahrers Kaiser), stellte Strauß Strafantrag gegen Polizeihauptwachtmeister Hahlbohm wegen Verletzung der Amtsverschwiegenheit. Die Verhandlung gegen den Polizeibeamten vor dem Landgericht Bonn ergab, daß Hahlbohm keine Amtsgeheimnisse verraten hatte; er wurde auf Kosten der Staatskasse freigesprochen.
Mit Datum vom 13. August 1959 gab Minister Strauß folgenden fernschriftlichen Befehl:
»An alle Kommandeure.
Betrifft: Kraftfahrzeugunfälle in der Bundeswehr. Verlange beispielhaftes Verhalten im Straßenverkehr und strenge Bestrafung

bei Verkehrsdelikten. Anordne strenge Auslese bei der Auswahl des Fahrpersonals. Wiederholte, auch leichtere Verkehrsverstöße können auf charakterliche Mängel schließen lassen.«
Der ständige Fahrer des Bundesverteidigungsministers, Leonhard Kaiser, dessen Vorstrafen Strauß spätestens seit der Dienstaufsichtsbeschwerde gegen Polizeihauptwachtmeister Hahlbohm bekannt waren, wurde von ihm weiterbeschäftigt, obwohl Kaiser wegen Verkehrsdelikten verschiedenster Art in den Jahren zwischen 1948 und 1949 fünfmal gerichtlich bestraft worden war, außerdem 1944 eine Gefängnisstrafe wegen militärischen Diebstahls und unerlaubter Entfernung von der Truppe erhalten hatte.
In der Nacht vom 7./8. Mai 1962 verursachte Kaiser durch Nichtbeachtung der Vorfahrt und Überschreitung der vorgeschriebenen Höchstgeschwindigkeit einen schweren Verkehrsunfall; drei Personen wurden dabei erheblich verletzt. Er wurde von Minister Strauß trotzdem weiterbeschäftigt. Erst als er bald darauf, diesmal wegen Verkehrsgefährdung und Bedrohung des Fahrers eines von ihm verkehrswidrig überholten Fahrzeugs mit der Dienstpistole, wieder angezeigt und verurteilt wurde, ordnete Strauß Kaisers Versetzung zu einer Bundeswehrdienststelle in München an. Bei Besuchen in München forderte der Minister auch weiterhin regelmäßig Kaiser als Fahrer an.

Ein andermal leistete sich Strauß einen rechtswidrigen Eingriff in die Justiz.
Im Jahre 1960 verkaufte der bayerische Staat dem Nürnberger Makler Hackel ein 30 ha großes Grundstück im Verkehrswert von rund 15 Millionen DM zum ›Vorzugs‹preis von nur 900 000 DM. Bald danach spendete Hackel der CSU einen fünfstelligen DM-Betrag. Die Nürnberger Staatsanwaltschaft leitete ein Ermittlungsverfahren ein, in dessen Verlauf am 20. März

1961 ein richterlicher Befehl zur Durchsuchung der Nürnberger CSU-Geschäftsstelle erwirkt wurde. Der dortige CSU-Bezirksvorsitzende Schäfer wandte sich, nachdem er vergeblich gegen die Durchsuchung protestiert hatte, hilfesuchend an den damaligen CSU-Generalsekretär Dr. Zimmermann, der wegen eines gegen ihn schwebenden Meineidsverfahrens von seinem Amt suspendiert war und deshalb nicht selbst tätig werden wollte, alsdann an den CSU-Vorsitzenden Strauß, der sofort, und zwar unter ausdrücklichem Hinweis auf sein Bundesministerium, vom bayerischen Justizministerium eine Aussetzung der Durchsuchung erwirkte. Die beauftragten Staatsanwälte hatten sie jedoch bereits erzwungen. Strauß hatte außerdem verlangt, der das Verfahren leitende Oberstaatsanwalt Dr. Sauter sollte unverzüglich ihn, »den Bundesverteidigungsminister«, in Bonn anrufen. Da Dr. Sauter dies ablehnte, rief Strauß ihn nun selbst an und verlangte darüber Auskunft, welcher Partei der Oberstaatsanwalt und die beauftragten Staatsanwälte angehörten.
Diesen Mißbrauch seines Ministeramts zu parteipolitischen Zwecken, verbunden mit einem Eingriff in die Unabhängigkeit der Justiz und in ein schwebendes Verfahren, versuchte Strauß gegenüber dem Parlament nach längerer Verweigerung der Auskunft mit der – wissentlich falschen – Behauptung zu rechtfertigen, er habe nicht als Bundesminister, sondern nur als besorgter Landesvorsitzender der CSU gehandelt. Da er den Oberstaatsanwalt jedoch ausdrücklich um »unverzüglichen Anruf bei dem Herrn Bundesminister der Verteidigung« hatte ersuchen lassen, mußte Strauß dem Parlament schließlich bekennen, daß ihm »infolge der Aufregung über diesen Vorgang ein Formfehler unterlaufen« sei, den er selbstverständlich bedauere.

Schließlich muß auch noch von seinem Versagen in Krisensituationen die Rede sein:

In der über dreißigjährigen Geschichte der Bundesrepublik hat es nur einmal eine so ernste internationale Krisensituation gegeben, daß mit der Möglichkeit eines Dritten Weltkriegs gerechnet werden mußte. In einen solchen weltweiten Konflikt zwischen den beiden Supermächten und ihren Verbündeten wäre unvermeidbar auch die Bundesrepublik hineingezogen worden, ja sie hätte mit an Sicherheit grenzender Wahrscheinlichkeit das Ziel der ersten gegnerischen Atomschläge dargestellt.
Eine solche Gefahr für die Bundesrepublik bestand nur einmal, nämlich während der Kuba-Krise vom Oktober 1962. Der Konflikt begann am Dienstag, dem 16. Oktober, 9 Uhr früh, als der US-Präsident John F. Kennedy davon unterrichtet wurde, daß sowjetische Spezialisten im Begriff seien, auf Kuba, 150 Kilometer vor der Küste der Vereinigten Staaten, Abschußrampen für Mittelstreckenraketen zu errichten. In Zukunft würde es den Sowjets möglich sein, Washington, Boston oder New York ohne Warnung durch Atomfeuer zu vernichten.
Die Reaktion des Präsidenten auf diese Herausforderung: In den nächsten Tagen wurden sämtliche Streitkräfte der USA in aller Welt in Alarmzustand versetzt, alle wichtigen Politiker nach Washington beordert, und 40 Schiffe der US Navy wurden in die Karibik entsendet. Am 21. Oktober beschloß der amerikanische Krisenstab die Blockade Kubas; kein Schiff mit militärisch verwendbarer Fracht sollte die weitgezogenen Sperren passieren dürfen. Die Sowjetunion wurde ultimativ aufgefordert, sich der Seeblockade zu fügen und keine Atomraketen nach Kuba zu liefern. Alle Verbündeten der USA wurden durch Blitzbesuche des amerikanischen Außenministers Dean Acheson auf den außergewöhnlichen Ernst der Lage hingewiesen, besonders die Bundesregierung, denn man befürchtete sowjetische Repressalien zuerst gegenüber West-Berlin und dessen empfindlichen Verbindungswegen.

In Bonn waren wenige Stunden nach Bekanntwerden der amerikanischen Blockademaßnahmen die Lebensmittelgeschäfte ausverkauft; an den westdeutschen Aktienbörsen purzelten die Kurse, und je näher die sowjetischen Raketenfrachter der amerikanischen Blockadeflotte kamen, desto mehr Goldbarren und -münzen verkauften die Banken und Sparkassen der Bundesrepublik ihren danach in langen Schlangen anstehenden Kunden.
Am Mittwoch, dem 24. Oktober 1962, trat im Kanzleramt der Verteidigungsrat zusammen. Es wurde beschlossen, die Notstandsgesetze im Kabinett beschleunigt zu verabschieden. Bundesinnenminister Höcherl veranlaßte die Länderregierungen, höhere Beamte für den zivilen Bevölkerungsschutz ab sofort in Dauerbereitschaft zu halten.
In der kritischsten Nacht der Kuba-Krise, als sich entscheiden mußte, ob die Sowjetunion die Kuba-Blockade der USA respektieren würde oder nicht, waren zahlreiche Politiker beim Bundespräsidenten Lübke auf Schloß Brühl zu Gast, darunter Bundesverteidigungsminister Franz Josef Strauß, Oberbefehlshaber der bereits in erhöhte Alarmbereitschaft versetzten Streitkräfte der Bundesrepublik.
Strauß sprach in dieser kritischen Nacht den angebotenen alkoholischen Getränken in einem Maße zu, das ihn bald in einen Zustand geraten ließ, wo er die Kontrolle über sein Verhalten verlor. Er rempelte mehrere sozialdemokratische Parlamentarier in rüder Weise an. Auf den Abgeordneten und späteren Bundesjustizminister Gerhard Jahn, ein für Strauß unbequemes Mitglied des FIBAG-Untersuchungsausschusses, mit dem Finger weisend, ließ er sich überlaut vernehmen: »So etwas gehört eigentlich aufgehängt!« Bundestagspräsident Gerstenmaier (CDU), der die Szene aus der Nähe beobachten konnte, verließ daraufhin angewidert den Raum.
In den darauffolgenden Stunden steigerte Strauß seinen Rausch

bis zur Volltrunkenheit. In den frühen Morgenstunden, als sich die Kuba-Krise entschied, wurde der Oberbefehlshaber der bundesdeutschen Streitkräfte aus einem Gebüsch im Park geborgen, wo er sich erbrochen und dann zur Ruhe gelegt hatte.
Anzumerken ist, daß das Gesetz wohl jedem Kraftfahrer verbietet, sich in angeheitertem Zustand seinem Fahrzeug auch nur zu nähern und ihn streng bestraft, wenn er gar das Steuer noch führen will. Es ahndet auch mit großer Strenge den Rausch eines Soldaten auf Posten. Aber der Oberbefehlshaber der Streitkräfte darf sich, selbst bei drohender Kriegsgefahr und im kritischsten Augenblick, ungestraft betrinken. Er sollte dann nur nicht von sich behaupten, der beste Krisenmanager zu sein, der sich finden ließe; er sollte nicht den starken Mann markieren, dessen eiserne Nerven ihn befähigen, jede Lage zu meistern.
Von seinem Pressesprecher wird zwar gelegentlich versichert, »der Chef« habe sich »enorm gebessert«, zumal seit er Kanzlerkandidat sei. Aber noch Anfang 1980 stöhnte der Strauß-Bewunderer Golo Mann (›Spiegel‹ 1/2, 1980, S. 129): »Er (Strauß) hat einen reichen Geist, nur zuviel trinken darf er nicht.«
Doch auch im Dialog mit einem nüchternen Strauß (Der ›Spiegel‹ meldete: »... die Gläser ... bargen freilich nicht den Lieblingstrunk des Kandidaten, nur dessen wichtigsten Zusatz, Wasser«) mußte Professor Golo Mann Befremdliches aus dem Munde des CSU-Chefs vernehmen. Bei dem am 28. Februar 1980 von der ARD zur besten Sendezeit, um 20.15 Uhr, ausgestrahlten einstündigen »Disput« zwischen Franz Josef Strauß und Golo Mann (›Spiegel‹: »Alpenkönig und Menschenfreund«) ließ sich der Kanzlerkandidat der Unionsparteien beispielsweise zum Sturz des Schahs wie folgt vernehmen:
»Der Schah hatte hier den Zusammenhang mit den religiösen Strömungen im Volke – das dürfte wohl auch für seine modern erzogene und sicherlich sehr sozial und emanzipatorisch-fort-

schrittlich eingestellte Frau gelten – verloren. Dazu kommen wie immer Mißbrauchserscheinungen, Verfallserscheinungen der Macht wie Korruption, sicherlich auch Grausamkeiten der Geheimpolizei in der Sicherung der Macht. Nur darf man natürlich moralische Maßstäbe, wie sie vielleicht für Schweden oder für Holland oder für die Bundesrepublik oder für die Schweiz usw. gelten, nicht auf halbentwickelte Länder übertragen, wo sicherlich Herrschaft erworben und Herrschaft gesichert werden kann, nur wenn man manchmal auch mit härteren Methoden vorgeht als es in einem geordneten Rechtsstaat der Fall ist.«
Von seinem »Führer« sagte der ehemalige »weltanschauliche Referent« Strauß: »Hitler wollte seinen europäischen Krieg haben, aber er wollte sicherlich keinen Weltkrieg haben, an dessen Ende das Deutsche Reich ein rauchender Schutthaufen sein mußte. Das wollte er bestimmt nicht.«
Dazu wagte Golo Mann zu bemerken: »Er wollte es nicht, aber er hat auch das durchaus in Betracht gezogen, nicht wahr?«
Strauß erteilte dafür dem Geschichtsprofessor einen sanften Verweis: »Sie halten ihn für intelligenter als ich ihn gehalten habe. Hitler wollte zwar nicht den großen Weltkrieg, aber er hat militärische Handlungen vorgenommen, von denen er wissen mußte, daß sie mit sicherer Unaufhaltsamkeit zum großen Weltkrieg führen werden und dafür fehlte ihm eben, weil er eben ein kleiner Spießbürger, ein bornierter Nationalist und ein zwischen Wahnsinn und Verbrechen hin- und hergetriebener Pathologe war ... – aber ich sag das nur in dem Zusammenhang, daß die wenigsten großen Kriege gewollt sind, in die meisten ist die Menschheit hineingeschlittert und dann gab eines das andere. Und das ist schon bei der Teufelsautomatik der Mobilmachung 1914 der Fall gewesen.«
Schließlich kam Strauß auf sein Lieblingsthema zu sprechen, nämlich auf sich selbst und erklärte: »Ich stehe auf der Grund-

lage des christlichen Sittengesetzes in der weitesten Auslegung seines Textes, nicht in der konfessionellen oder wie man immer sagt: die klerikale Partei, und ich betrachte mich als einen modernen Konservativen. Ich betrachte mich als einen echten Liberalen und als einen europäisch geläutert und europäisch orientierten Nationalen, konservativ und sozialistisch. Der Konservative von heute ist nicht mehr der Konservative von vor 100 Jahren. Der Sozialist von heute, soweit er Marxist ist, ist noch genau dasselbe, was er vor 100 Jahren war. Für mich bedeutet konservativ nicht, an allem zu hängen, was einmal war, – im Gegenteil glaube ich, habe ich mich in meiner politischen Sturm- und Drang-Zeit sehr als Bilderstürmer betätigt –, sondern auch aus einer Wertordnung heraus zu leben, die immer gilt.«
Und auf Golo Manns Frage »Sind Sie auch ein Liberaler?« antwortete Strauß: »Ich bin ein Liberaler ... was Toleranz, was Anerkennung anderer Meinungen, was freiheitliche Gestaltung und Entwicklung des eigenen Lebens anbetrifft.« Dazu meinte der ›Spiegel‹: »Da werden sie aber lachen, die Ratten und Schmeißfliegen.«

Bleibt noch die Frage: Was ist von Strauß als Politiker zu halten? In der Ausgabe vom Mai 1965 des der CDU nahestehenden Monatsmagazins ›Civis‹ hieß es in einer kritischen Studie über die Person und den Politiker Franz Josef Strauß:
»Ohne daß es jemand ausspricht, vergleicht die deutsche Öffentlichkeit diesen Mann mit Hitler.«
Das Magazin betonte zwar sofort, der Schluß sei abwegig, daß für die Deutschen zum zweitenmal die Stunde des Jahres 1933 geschlagen hätte, wenn Strauß eines Tages Kanzler werden sollte. Aber an anderer Stelle dieses ›Civis‹-Artikels heißt es: »In seiner Disziplinlosigkeit liegt Straußens persönliche Tragik. Sie nämlich scheint jenen Unkenrufen recht zu geben, nach denen

Straußens ganz legitimes Streben nach Macht im Staate eines Tages der Demokratie gefährlich werden muß.«
Tatsächlich drängt Strauß selbst unaufhörlich den Bürgern der Bundesrepublik, erst recht den europäischen Nachbarn einen solchen Eindruck auf. Dadurch entdecken die einen an ihm »faschistoide Züge«, die andern sagen gar – nicht diffamierend, sondern zutiefst erschrocken: »Das ist ein Faschist!« Für Franz Josef Strauß sind solche Urteile schlicht »Verleumdungen« und dann »selbstverständlich« »vom Osten inspiriert«, »kommunistisch gesteuert« oder »das Produkt der Untergrundpropaganda eines Kommunismus Moskauer Prägung«.
Aber Franz Josef Strauß sorgt immer wieder selbst dafür, daß sich seine Mitbürger an die Zeit der Nazi-Diktatur erinnert fühlen, auch diejenigen, die über den Verdacht kommunistischer Steuerung erhaben sind. Hierfür einige Beispiele:
Im Wahlkampf 1969, wo es zu Tumulten im Bamberger Landratsamt gekommen war, wurde Strauß von einem örtlichen CSU-Funktionär davon unterrichtet, daß sich einige der Demonstranten bei ihrer Festnahme in übelster Form aufgeführt hätten. Er telegrafierte daraufhin an den damaligen bayerischen Miniserpräsidenten Goppel:
»Lenke Ihre Aufmerksamkeit auf die Vorgänge im Bamberger Raum ... Diese Personen ... benehmen sich wie Tiere, auf die die Anwendung der für Menschen gemachten Gesetze nicht möglich ist ...«
Dazu äußerte sich das Präsidium des Deutschen Richterbundes in einer Presseerklärung:
»Das Vokabular erinnert an Nazizeiten. Auch Rechtsbrecher sind Menschen. Die Störung der öffentlichen Ordnung durch Gewalttaten erfordert gesetzmäßige Schutzmaßnahmen, aber die Ordnung ist – wie Bundespräsident Heinemann jüngst in Berlin sagte – kein Selbstzweck. Der Deutsche Richterbund

wendet sich daher gegen jeden Versuch, unbequeme einzelne oder Minderheiten außerhalb der Legalität zu verfolgen.«

In seiner fernschriftlichen Erwiderung erklärte dazu Strauß: »Hierzu bemerke ich, daß Mitglieder der Gruppe, die sich gern außerparlamentarische Opposition nennt ..., Verhaltensweisen zeigen, die sonst für Geisteskranke bezeichnend sind ... Ich habe aber nicht verlangt, daß Leute, die sich wie Tiere benehmen, auch wie Tiere behandelt werden sollen. Ich habe lediglich festgestellt, daß die Anwendung der für Menschen gemachten Gesetze nicht möglich sei, weil diese Gesetze auch bei Rechtsbrechern noch mit Reaktionen rechnen, die der menschlichen Kreatur eigentümlich sind [...] Es ist daher schwer verständlich, daß ausgerechnet der Deutsche Richterbund derartig menschenunwürdiges Verhalten zu rechtfertigen versucht und mich angreift, wenn ich mich bemühe, ein Mindestmaß an Autorität gerade der Justiz zu erhalten.«

Darauf antwortete der Deutsche Richterbund:

»Ihre von uns kritisierte und auch in Ihrem Fernschreiben wiederholte Auffassung, daß die von Ihnen genannten Verhaltensweisen ›die Anwendung der für Menschen gemachten Gesetze nicht möglich‹ macht, impliziert die Aufforderung zu einer außergesetzlichen Verfolgung. Gegen die Auffassung, daß bestimmte Gruppen unseres Volkes – und mögen sie sich auch gesetzwidrig verhalten – rechtlos gestellt werden sollten, müssen wir uns jedoch im Interesse der Rechtsstaatlichkeit wehren, dies zumal nach den bitteren Erfahrungen, die im ›Dritten Reich‹ mit dem Ausschluß bestimmter Gruppen der Bevölkerung vom Schutz der Gesetze gemacht worden sind. Wir sind auch nicht der Meinung, daß Ihre Äußerung geeignet ist, die Autorität der Justiz zu stärken.«

Und Sebastian Haffner schrieb dazu in einem Kommentar:

»[...] Seit Auschwitz weiß man, worauf es abzielt, wenn

›Menschentieren‹ der Schutz der für Menschen gemachten Gesetze entzogen wird. Konsequenz solcher Gedankengänge ist das Genozid, und Strauß ist zu gebildet und zu intelligent, um das nicht genau zu wissen [...] Man kommt nicht darum herum: Hier hat einer der prominentesten Politiker der Bundesrepublik, ein Minister und Parteivorsitzender, öffentlich und wiederholt die Abschaffung des Rechtsstaats für eine ganze Menschengruppe gefordert, und das mit einer Begründung (›Tiere‹, ›Geisteskranke‹), die als bewußte Anspielung auf Praktiken des Hitlerstaates verstanden werden muß. Ich habe mir vergeblich vorzustellen versucht, daß ein englischer oder französischer Minister etwas Derartiges tun könnte. (England und Frankreich haben ja auch ihre studentischen Rebellen.) Aber wenn er es unglaubwürdigerweise täte – dessen bin ich ganz sicher –, dann würde er von einem Sturm öffentlicher Empörung, nicht zuletzt aus seiner eigenen Partei, von der Szene gefegt werden. Er würde nicht einen Tag länger Minister bleiben können, und er hätte keine Aussicht, es je wieder zu werden.«

Unter dem Datum vom 2. November 1970 veröffentlichte das Nachrichtenmagazin ›Der Spiegel‹ einen Beitrag mit der Überschrift: ›Man muß die FDP zerstören‹. Darin heißt es:
»Eine rechte außerparlamentarische Opposition arbeitet seit dem 29. November 1969 am Sturz der Bonner SPD/FDP-Regierung. Damals, fünf Wochen nach der Kanzlerwahl Willy Brandts, trafen sich mit dem CSU-Vorsitzenden Franz Josef Strauß die Großindustriellen Herbert Quandt und Friedrich Karl Flick [...] – es folgen die Namen weiterer Teilnehmer – Flick hielt den Ablauf der Unterredung in einem ›Notiz‹ genannten Protokoll fest.
Strauß eröffnete das Treffen mit einem Referat: [...] ›Die FDP sei von Linken zersetzt, man müsse sie zerstören [...]‹

In der anschließenden Diskussion einigte sich die Industriellen-Apo darauf, eine vorauszusehende Rezession Karl Schiller in die Schuhe zu schieben. Der SPD-Wirtschaftsminister müsse als Scharlatan dargestellt werden. Man müsse Franz Josef Strauß persönliche und finanzielle Hilfe zur Verfügung stellen. Es gelte, die Massenmedien zu beeinflussen. Strauß versprach, sich um den Bayerischen Rundfunk zu kümmern [...] Flick-Teilhaber Wolfgang Pohle, so wurde anschließend in engerem Kreise verabredet, solle die FDP-Abwerbung in Bayern organisieren. Leute wie Dietrich Bahner und Heinz Starke wackelten sowieso.«

Ein Jahr später, am 14. Oktober 1970, attackierte die inzwischen um Erich Mende, Siegfried Zoglmann und Heinz Starke verstärkte CDU / CSU-Fraktion in einer ›Aktuellen Stunde‹ die Behauptung des Bundeskanzlers Willy Brandt, ›eine rechte außerparlamentarische Opposition‹ plane einen Anschlag auf die SPD / FDP-Regierung. Für die Union wies Fraktionschef Rainer Barzel das ›unglaubliche Wort des Kanzlers‹ zurück. Der CSU-Abgeordnete des Wahlkreises Weilheim, Franz Josef Strauß, fehlte. Er hatte sich wegen einer USA-Reise beurlauben lassen.

Ort der Handlung: Das Restaurant ›Wienerwald‹, New York City, 86. Straße; Zeit: Sonnabend, den 10. Oktober 1970, 20.30 Uhr bis 21.00 Uhr. Szene: Ein durch ein Gitter abgetrennter Tisch, daran sitzend eine dunkelblonde Dame und fünf Herren, unter ihnen Franz Josef Strauß, Vorsitzender der CSU.

Dieser erklärte dort Absichten, die ihm später wohl selbst so ungeheuerlich erschienen, daß er sie dann energisch in Abrede stellte. Sinngemäß ging es darum, was er täte, wollte ihn jemand daran hindern, an die Macht zu gelangen. Der ›Spiegel‹ hatte zwar Augen- und Ohrenzeugen dafür, daß Strauß seine Äußerungen tatsächlich gemacht hatte, und diese Zeugen wollten dies auch beeiden. Aber Strauß konnte seinerseits aus der damaligen

Tischrunde Zeugen benennen, die eidesstattlich versicherten, davon nichts (oder jedenfalls anderes) gehört zu haben.

Am 5. Juli 1970 hatte Strauß auf dem Nürnberger Parteitag der CSU diese als eine »Sammlungsbewegung zur Rettung des Vaterlandes« bezeichnet. Der Karikaturist Rainer Hachfeld hatte ihn daraufhin in einer Karikatur in der Form eines Hakenkreuzes dargestellt. Dagegen stellte Strauß Strafantrag wegen Beleidigung. In dem Prozeß – bei dem Strauß übrigens obsiegte – wurde seitens der Verteidigung ein Gutachten des Historikers Imanuel Geiss über das politische Denken des Franz Josef Strauß präsentiert, dem die folgenden Zitate entnommen sind:
»[...] Strauß selber verkündete im CSU-Hauptquartier vor CSU-Getreuen: ›Ich bin ein Deutschnationaler und fordere bedingungslosen Gehorsam‹ [...] ›Man muß sich der nationalen Kräfte bedienen, auch wenn sie noch so reaktionär sind – mit Hilfstruppen darf man nicht zimperlich sein!‹
(Strauß im Bad Reichenhaller Vertrautenkreis, zitiert nach: ›Der Spiegel‹, 12/1970, S. 106.)
Strauß hat in der Vergangenheit wie in der jüngsten Gegenwart eine Reihe von Argumenten benutzt, wie sie ähnlich auch die extreme Rechte der Weimarer Republik, also NSDAP und Deutschnationale Volkspartei (DNVP), zum Kampf gegen Republik, Demokratie und Politik des Ausgleichs angewandt hatten. Es seien hier nur einige besonders markante Komplexe herausgegriffen: Antikommunismus und Anti-Marxismus, Anti-Intellektualismus, die fixe Idee von der ausländischen Verschwörung gegen Deutschland mit ihren Handlangern im Inland, die Kriegsschuldfrage von 1914, abgewandelt dazu die von 1939, Versailles als diffamierendes Argument [...] Der NSDAP und Strauß ist gemeinsam, daß sie einige formale Phänomene zum Anlaß nahmen oder nehmen, um vom politischen Kern der

Auseinandersetzungen abzulenken oder dessen Existenz gar völlig zu leugnen.
Seit Beginn der Studentenunruhen und dem Auftreten der Apo hat Strauß hier ein besonders dankbares Objekt gefunden [...] Vermutlich hat Strauß mit seinem Verhalten mehr zur Frustration und Rebellion der intellektuellen Jugend beigetragen als irgend jemand sonst in der Bundesrepublik [...]
Der Übergang zur reinen, beleidigenden Diffamierung und Beschimpfung ist leicht vollzogen: ›Organisierte Bande politischer Landstreicher‹, ›Wohlstandsrandalierer‹, ›allenfalls ein moderner zoologischer Garten, in dem man sich von Rauschgift, Maoismus und freier Liebe ernährt‹, war nur ein erster Anfang. Einige Monate später beschimpft er die Apo als ›verdreckte Vietcong-Anhänger, die da öffentlich Geschlechtsverkehr treiben‹. So war das berüchtigte Tierzitat [...] wohl vorbereitet [...] Zur Affinität zwischen Strauß und den direkten Nachfolgern des Nazismus: Die ›Deutschen Nachrichten‹, ein Organ der NPD, hatten bereits ein halbes Jahr vor Strauß geschrieben: ›Teufel, Langhans und wie sie sonst heißen mögen, haben sich wie Affen benommen, warum behandelt man sie nicht so?‹ [...]
Die Verwilderung der Sprache und Verrohung der politischen Sitten, zu denen Strauß (›Krampfhenne‹, ›Bonner Machthaber‹) in großem Maße beigetragen hat, findet auf deutschem Boden nur einen historischen Präzedenzfall – die ›Sammlungsbewegung zur Rettung des Vaterlandes‹, die ins Dritte Reich führte.«
Nachdem Geiss einige hundert Beispiele für deutliche Affinitäten zum historischen deutschen Faschismus und zu seinen zeitgenössischen Nachfahren aufgezeigt hat, kommt er zu dem Ergebnis, daß die Assoziierung von Strauß mit dem Symbol des Hakenkreuzes in einem rein politischen Sinn »durchaus plausibel erscheint«.
Die Affinität zu Faschismus alter und neuer Art, wie Geiss sie

geschildert hat, zeigt sich bei Strauß am deutlichsten in den Spalten des von ihm herausgegebenen CSU-Parteiorgans ›Bayernkurier‹, aber auch in seinen Buchveröffentlichungen, Aufsätzen und Ansprachen, vor allem in seiner Sonthofener Rede vom 19. November 1974, in den Beschreibungen seiner Eindrücke von gerade besuchten Ländern mit faschistischen oder autoritär-rassistischen Regierungen sowie bei der Auswahl seiner politischen Freunde und Mitarbeiter. Einige Beispiele sollen dies verdeutlichen:

Lange vor seiner berühmt-berüchtigten Sonthofener Rede schrieb Strauß in seinem Buch Finanzpolitik – Theorie und Wirklichkeit:
»Man kann einem Volk, auch wenn es ihm gutgeht, die Gegenwart als schwer erträglich und durch düstere Prophezeiungen die Zukunft als gefährlich und katastrophengeladen vorgaukeln, bis sogar Anwandlungen von Hysterie auftreten und durch Angstreaktionen erst die Gefahren heraufbeschworen werden, vor denen angeblich nur gewarnt werden soll. Dazu gehört auch der leichtfertige, das Gesetz der Dimension verletzende Gebrauch der Begriffe Krise, Depression, Inflation und ähnlicher.«
Aber gerade diese Panikmache, vor der er damals warnte, wurde sein eigenes politisches Rezept, die Richtschnur seines Vorgehens. Er hatte sich – nach dem Beispiel Hitlers und anderer faschistischer Führer – die Rolle eines Erretters aus tiefster Not und Schmach auserkoren. Dafür bedurfte er einer Situation, die vom Volk als elend und schmachvoll empfunden wurde, und wenn es sie nicht gab, mußte er sie eben herbeizureden versuchen.
So nannte er denn im außenpolitischen Bereich den Beitritt Bonns zum Atomsperrvertrag »ein neues Versailles, und zwar eines von kosmischen Ausmaßen«, wobei angemerkt sei, daß

den Älteren der den Ersten Weltkrieg beendende Friedensvertrag von Versailles noch unter den Propagandabezeichnungen der Nazis (»Schmachfriede« oder »Versailler Diktat«) in Erinnerung ist. Die Anerkennung der Oder-Neiße-Linie als Westgrenze Polens bezeichnete Strauß als »Landesverrat«, und auch die Anerkennung der DDR, Vorbedingung für die Normalisierung der Beziehungen und für eine Politik der Aussöhnung und Friedenssicherung, nannte Strauß »Verrat«.

Von Willy Brandt behauptete Strauß, er plane eine »Welt-Volksfront«, Herbert Wehner nannte er ein »Kommunistenbürschl«. Die Politik der sozialen Reformen tauchte er bedenkenlos in den Sumpf einer Sprache, wie man sie von einem Primus des humanistischen Max-Gymnasiums nicht erwartet hätte: »Das WC im Bundeskanzleramt ist noch ein Reformscheißhaus ... Willy Brandt führt uns alle in die Scheiße.«

Sogar das erste Konjunkturprogramm des neuen Bundeskanzlers Helmut Schmidt diente ihm als Beweis dafür, daß die Bundesrepublik »in eine Art DDR umgeformt« werden solle. Die Milliarden an Investitionshilfe flössen nur in die Kassen der Großunternehmen, denn – so Strauß – »die kleinen und mittleren Unternehmen kann man nicht verstaatlichen, aber die Großbetriebe werden immer weiterleben als volkseigener Betrieb.« Am wildesten aber trieb er es auf wirtschaftspolitischem Gebiet. Dort malte und malt er noch immer schwarz in schwarz und proklamiert seit Jahren den Staatsnotstand infolge Inflation, Arbeitslosigkeit, Verschuldung und »hausgemachter« Krise. Dabei schert es ihn wenig, daß die Bundesrepublik ein von fast allen Staaten der Erde mit Respekt und kaum verhohlenem Neid als ein Hort der Stabilität und solider Wirtschaftsführung angesehen wird.

»Wir wollen kein Haschisch, Porno und keine langen Haare, sondern eine unternehmerische Leistungsordnung«, lautet seine an Demagogie kaum noch zu überbietende Antwort, wenn man

ihn nach einem Ausweg aus der angeblich so schrecklichen Krise, nach seiner Alternative zum Kurs von Helmut Schmidt fragt. Auch in dieser Antwort des Franz Josef Strauß, die sich bereits an das taktische Konzept hält, das er in Sonthofen verkündete (»Nur anklagen und warnen, aber keine konkreten Rezepte nennen!«), steckt ein faschistischer Kern. Schon Adolf Hitler, ein Meister der Demagogie, wollte sich auf kein Programm festlegen, nur anklagen und geifern, und auch Hitler scheute sich nicht, ärgerliche Randerscheinungen als »System« der Weimarer Republik hinzustellen und Nazi-»Zucht und Ordnung« als einzigen Ausweg.
Strauß will zunächst an den Universitäten endlich »Zucht und Ordnung und die Autorität der Professoren« wiederherstellen, den rebellischen Studenten die Zuschüsse streichen. Das, so hofft er, kommt bei der Arbeiterschaft gut an. Aber die paritätische Mitbestimmung in Großbetrieben, wie sie der DGB fordert, hält er schlicht für »Quatsch«, was ihm wiederum die Sympathie der Unternehmer einbringen soll. Und um die Stimmen der Rentner buhlt er, indem er ihnen erzählt, nur er könne ihre wohlerworbenen Rechte vor dem »Rentenbetrug« der Roten schützen, während er fast gleichzeitig (in der ›Wirtschaftswoche‹ vom 30. 1. 1976) der Unternehmerschaft erklärte: »Ich habe ... unzählige Male wiederholt: der Sozialstaat hat seine Grenzen erreicht und teilweise überschritten ...«
Den Ultrarechten biedert sich Strauß als »Deutschnationaler« an; in der von Hitler verschuldeten Katastrophe von Stalingrad, die Hunderttausenden das Leben und weiteren Hunderttausenden die Gesundheit und viele Jahre der Freiheit kostete, erkennt sein Bayernkurier ein »sinngebendes Opfer«.
Ohne Scheu lobte Franz Josef Strauß 1977 die blutige Pinochet-Diktatur in Chile: »Ich habe keine Zweifel, daß Chile ein demokratisches und freies Land ist und vor allem, weil es in den ver-

gangenen vier Jahren fundamentale Prinzipien der deutschen Demokratie übernommen hat: die Disziplin, den Respekt und die Hilfsbereitschaft.«

»Sorgen Sie dafür«, rief er bei seinem Chile-Besuch 1977 den faschistischen Machthabern zu, »daß die Freiheit in Ihrem Lande ... erhalten bleibt. Arbeiten Sie daran, daß Disziplin, Fleiß, Opferbereitschaft und Gemeinschaftssinn ein blühendes Land Chile schaffen, in dem jeder Bürger mit Stolz sagen kann: ›Ich bin ein freier Chilene!‹«

Nach Hause zurückgekehrt, versicherte Strauß: »Es ist einfach Unsinn, davon zu reden, daß in Chile gemordet und gefoltert würde.« Ebenso verteidigte oder entschuldigte er das rassistische Apartheid-Regime in der Südafrikanischen Union, setzte sich für die Aufhebung des UNO-Boykotts ein und nannte die Befreiungsbewegungen der Afrikaner »terroristisch«.

Wie ›Der Spiegel‹ im Februar und März 1980 enthüllte und mit Spendenquittungen, Dankschreiben und Fotos belegte, unterstützte Strauß, der angebliche »Mann der Mitte«, zahlreiche antidemokratische, ultrarechte Gruppen in südosteuropäischen Ländern. Der CSU-Chef, der von sich behauptet, er habe keinerlei Sympathien für Faschisten, förderte jahrelang ungeniert selbst militante neofaschistische Organisationen in Portugal, Spanien, Italien, Griechenland und der Türkei.

Als diese finanziellen Stützungsaktionen aufkamen, flüchtete sich der engste Strauß-Vertraute Dr. Friedrich Zimmermann im ZDF-Magazin in allerlei Ausreden. Die »Beiträge, die geleistet worden sind«, erklärte Dr. Zimmermann treuherzig, hätten »der demokratischen Entwicklung« in Spanien und Portugal gedient. Zu der finanziellen Förderung der italienischen Neofaschisten und zu den übrigen Strauß-Kontakten in Südosteuropa, Afrika und Südamerika ließ Dr. Zimmermann vorsichtshalber nichts verlauten.

Doch wie es bereits mit der zugegebenen CSU-Finanzhilfe in Spanien und Portugal bestellt ist und wie wenig diese »der demokratischen Entwicklung« dieser beiden Staaten diente, geht hervor aus der Liste der Empfänger. Es waren dies u. a.:

- die erzreaktionäre Splittergruppe des ehemaligen Franco-Ministers Federico Silva Muñoz, die sich »Acción Democratica Española« nennt;
- der ehemalige Propaganda-Minister des Diktators Franco, Manuel Fraga Iribarne und dessen »Alianza Popular« sowie die ultrarechte »Union des spanischen Volkes« (UDPE) des Cruz Martinez Esteruelas.

Auf der Suche nach Bundesgenossen »zur Rettung des Abendlandes« waren Franz Josef Strauß und seine politischen Freunde schon früher nicht zimperlich. Mit den Stützen des spanischen Franco-Regimes und der portugiesischen Salazar-Diktatur verbündete sich Strauß schon zu Zeiten, da von Demokratie auf der iberischen Halbinsel noch nicht im entferntesten die Rede sein konnte. Bereits damals waren einige der späteren Empfänger von CSU-Geldspenden enge Strauß-Vertraute.

Eine Schlüsselrolle spielte dabei das Anfang der fünfziger Jahre gegründete »Centro Europeo de Documentacion e Informacion« (CEDI), das von der Franco-Diktatur finanziert, aber auch aus dem bundesdeutschen Reptilienfonds des Adenauer-Staatssekretärs Hans Maria Globke unterstützt wurde. Als CEDI-Präsident, später »Ehrenpräsident auf Lebenszeit«, amtierte Dr. Otto Habsburg, dessen Einbürgerung in Bayern und Entsendung ins Europa-Parlament als Abgeordneter der CSU von Franz Josef Strauß durchgesetzt wurde. Früher hatte Dr. Habsburg CEDI alljährlich im Escorial-Palast am Südhang der spanischen Sierra de Guadarrama getagt; damals nahm regelmäßig Dr. Richard Jaeger (CSU) an den Treffen mit den spanischen und portugiesischen Faschistenführern teil. 1963 forderte Franz

Josef Strauß im Escorial als CEDI-Gast einen »europäischen Atomwaffenpool«; danach sprach der später von Strauß finanziell unterstützte Manuel Fraga Iribarne, damals Francos Minister für Information und Propaganda; er dankte vor allem der CSU für deren »moralische Rückenstärkung«. Damit spielte er an auf die Hilfe, die dem spanischen Faschismus bei der Abwehr weltweiter Proteste gegen die Hinrichtung Julian Grimaus von seiten der CSU zuteilgeworden war, denn Dr. Richard (»Kopfab«) Jaeger hatte die seiner Meinung nach unangemessene »Aufregung in der Presse über die Hinrichtung des Massenmörders Julian Grimau« wunschgemäß scharf verurteilt.
Außer Franz Josef Strauß und Dr. Richard Jaeger reisten auch Dr. Friedrich Zimmermann, Hanns Seidel und andere CSU-Prominente zu den CEDI-Treffs, deren Tradition heute fortlebt im vom ehemaligen Strauß-Referenten für auswärtige Beziehungen Dieter Huber aufgedeckten Geheimklub »Cercle Violet«. Ein-, zweimal jährlich trifft sich – so meldete ›Der Spiegel‹ – »ein Kreis rechtsstehender Politiker mal in Madrid, mal in Wildbad Kreuth« (dem Sitz der CSU-nahen »Hanns-Seidel-Stiftung, als deren außenpolitischer Berater CEDI-Ehrenpräsident Dr. Otto Habsburg fungiert) oder in Bonn nach Art einer geheimen Bruderschaft. In diesem Zirkel trifft der Kanzlerkandidat seine rechtsextremen Freunde, wie den Spanier Federico Silva Muñoz, Minister unter Diktator Franco, oder den Ultra Kaulza de Arriaga, als Oberbefehlshaber in der portugiesischen Armee einst für ein blutiges Massaker unter Zivilisten verantwortlich«. Auch der portugiesische Putsch-General António de Spinola war mitunter dabei.
»Cercle Violet« heißt dieser Verein, der in der CSU-Zentrale streng »vertraulich« behandelt wird, nach dem Pariser Rechtsanwalt Jean Violet. Dieser hatte 1964, warm empfohlen von Franz Josef Strauß, in Bonn Wiedergutmachungsgelder in Millio-

nenhöhe eintreiben wollen. Die Unterlagen für die Forderungen – es ging um angebliche Metall-Lieferungen während des Krieges – erwiesen sich indessen als gefälscht; der Schwindel flog auf. Strauß hatte zuvor dringend dazu geraten, »im Interesse der deutsch-französischen Beziehungen« die Forderung zu erfüllen. Die Freundschaft des CSU-Chefs Strauß zu dem Schwindler Violet überstand jedoch auch diese Panne, denn der Pariser Anwalt ist ein eifriger rechter Ultra und hat zudem beste Beziehungen zu französischen Geheimdienst-Funktionären mit starken Sympathien für Rechtsextremisten.

In Spanien arbeitet Strauß über die Hanns-Seidel-Stiftung, die sich auch in Namibia, in Chile und einigen anderen Ländern mit engen Beziehungen zu Rechtsextremisten nicht lumpen läßt, vor allem mit dem »Institut für soziale Studien« (IESO) zusammen, wo – so Dr. Habsburg – »die wesentlichsten nichtmarxistischen Parteien« vertreten sind, darunter auch solche ultrarechten Gruppen, mit denen die CDU/CSU keine direkten Beziehungen unterhalten können. Ziel der Seidel-Stiftung in Spanien sei es, so erklärte Dr. Habsburg weiter, »alles zu fördern, was zu einer Neugruppierung der konservativen Kräfte führt« ... In Italien knüpfte die – ebenfalls von Dr. Habsburg geleitete – »Paneuropa-Union« zarte Bande zu den italienischen Neofaschisten von der MSI-DN. Im April 1979 – Dr. Habsburg hatte einige Zeit vorher mit dem MSI-Führer Giorgio Almirante konferiert –, lud die »Paneuropa-Union zwei führende Neofaschisten, Bruno Zoratto und Giovanni de Marco, zu ihrem Bundeskongreß nach Wiesbaden ein. Beide vertraten das – im damaligen Bericht des Bundesverfassungsschutzes den rechtsextremistischen Ausländerorganisationen zugeordnete – »Comitato Tricolore degli Italiani nel Mondo« (CTIM).

»So gut installiert sind die Beziehungen«, berichtete Uly Foerster im »Vorwärts«, »daß das CTIM in aller Offenheit mit dem von der CSU- und CDU-Leuten geführten »Christlichen Gewerkschaftsbund« (CGB) in der Bundesrepublik zusammenarbeitet. MSI-Zoratto, der sich mit dem von ihm verehrten Strauß ablichten ließ, lobte: ›Diese Kooperation ist vertrauensvoll und eigentlich reibungslos.‹«

Doch Strauß und seine Freunde arbeiteten nicht nur mit putschlüsternen Militärs und neofaschistischen Organisationen, die auch vor Terroraktionen nicht zurückschrecken, »vertrauensvoll und eigentlich reibungslos« zusammen, wenn es darum ging, Portugal, Spanien und Italien »vor dem Bolschewismus zu retten«, sprich: die junge Demokratie durch eine neue Diktatur faschistischer Prägung zu ersetzen. Strauß ist dafür bekannt, daß er auch für bereits installierte Gewaltherrschaft schwärmt und sie vor dem Weltprotest gegen ihre Untaten in Schutz zu nehmen sucht. »Ich weiß sehr genau«, erklärte Strauß am 18. November 1977, anläßlich seiner bereits erwähnten Chilereise vor der Presse, »daß die Informationen, die man im Ausland über die Situation in Chile liest, nicht der Wahrheit entsprechen.« Und zwei Tage später ließ er sich gar vernehmen: »Ich habe keine Zweifel, daß Chile ein demokratisches und freies Land ist ...«

Wie weit die Vorliebe des Franz Josef Strauß für den Faschismus geht, zeigte sich auch in seinen Beziehungen zu türkischen Ultras. Was die CDU-Führung mit Entrüstung abgelehnt hatte, nämlich einen direkten Kontakt mit dem Führer der für ihre Bluttaten berüchtigten »Grauen Wölfe«, scheute Strauß nicht. Er traf sich mit dem Chef dieser türkischen Faschistenorganisation, der eine Vielzahl von Morden zur Last gelegt werden, am 28. April 1978. An diesem Tag führte er mit Alparsan Türkesch, dem obersten »Grauen Wolf«, ein »freundschaftliches Gespräch«, während gleichzeitig die Verfassungsschutzbehörden in Bund und Ländern wegen der Anzeichen für wachsenden Einfluß der »Grauen Wölfe« in der Bundesrepublik Besorgnis äußerten und terroristische Gewaltakte dieser türkischen Rechtsextremisten erstmals hierzulande »in den Bereich der Möglichkeit« rücken sahen.

Doch nicht nur für ausländische Faschisten hat Franz Josef Strauß offenbar eine große Schwäche. Er kennt auch keine Skrupel, wenn es gilt, sich mit aufs schwerste belasteten alten Nazis zu verbünden.

»In seinem Amoklauf gegen die sozialliberale Koalition war Strauß jeder Mitläufer recht«, hat dazu ›Stern‹-Autor Peter Koch bemerkt. »Er sammelte die zerstreuten Anhänger der sich auflösenden NPD; er integrierte die rechtsaußen agitierende ›National-liberale Aktion‹ (NLA), später ›Deutsche Union‹, des einstigen HJ-Gebietsführers« – auch SS-Führers in der ›Leibstandarte SS Adolf Hitler‹ – »und späteren FDP-Abgeordneten Siegfried Zoglmann in die CSU; er gewährte den Anhängern des Witiko-Bundes, eines Zusammenschlusses von Altnazis aus dem Sudetenland, politisches Asyl in seiner Partei; er verbündete sich mit der ...« – einschlägig bekannten – »›Deutschland-Stiftung‹; er ließ Verbindung zur ›Deutschen Volksunion‹ aufnehmen, einer Gründung des neofaschistischen Verlegers Gerhard Frey (›Deutsche National-Zeitung‹); und schließlich pflegte er Kontakte zur ›Studiengesellschaft für staatspolitische Öffentlichkeitsarbeit‹, deren hessischer Geschäftsführer, der Weinhändler Grau, seinen Anhängern damit Mut zusprach, daß auch Hitler ›seine Partei einmal mit sieben Leuten angefangen hat, wir aber sind schon über viertausend‹.«

Strauß schämte sich solcher und noch weit schlimmerer Helfer nicht. Nachdem er am 5. Juli 1970 auf dem Nürnberger Parteitag der CSU diese Partei zur »Sammelbewegung zur Rettung des Vaterlandes« erklärt und einen noch schärferen Rechtskurs eingeschlagen hatte, spannte er auch wieder einen Mann für sich ein, von dem bereits die Rede war: Dr. Eberhard Taubert.

Und bis zu dessen wirtschaftlichem Fiasko blieb er auch mit Konsul Dr. Fritz Ries, dem Ausplünderer der Juden und Nutznießer von Auschwitz eng befreundet, ließ es sogar zu, daß seine Frau von Ries am Geschäft beteiligt wurde. Erst der Tod von Fritz Ries – dem Vernehmen nach durch Selbstmord, jedoch mit angeblich zwei Einschüssen im Kopf, von denen jeder tödlich gewesen wäre – beendete diese freundschaftliche Verbindung, der auch politische Bedeutung zukam.

Denn auf Schloß Pichlarn, dem herrschaftlichen Landsitz von Ries in der Steiermark, wurden von 1970 an die Komplotte geschmiedet, erst gegen Willy Brandt, dann gegen Helmut Schmidt, wobei es erst im zweiten Anlauf und mit Hilfe der »Gruppe Genscher-Lambsdorff« gelang, durch Abwerbung von Koalitionsabgeordneten und ein konstruktives Mißtrauensvotum das sozial-liberale Bündnis zu sprengen und den SPD-Kanzler zu stürzen. Schmidts Sturz war vom Standpunkt des Rechtskartells aus dringend nötig geworden – nicht wegen der wirtschaftlichen Depression und der steigenden Arbeitslosigkeit, gegen die die Regierung Kohl-Genscher genauso schwer ankämpfen muß wie vordem Helmut Schmidt, sondern aus Gründen, die mit der amerikanischen Außenpolitik weit mehr zu tun haben als mit der Lage der Bundesrepublik, die im internationalen Vergleich noch immer beneidenswert gut ist.

Worum es Strauß, Kohl & Co vor allem geht, ist die ›Nachrüstung‹ genannte totale Veränderung des bisherigen ungefähren Gleichgewichts zwischen den USA und der Sowjetunion zugunsten der Amerikaner. Um das zu verstehen, muß man wissen, wie das dreieinhalb Jahrzehnte lang herrschende Patt zwischen den beiden rivalisierenden Blöcken entstanden ist. Das erleichtert zugleich das Verständnis für andere aktuelle Probleme, zum Beispiel die unserer polnischen Nachbarn. Vor allem aber kann

man, wenn man Bescheid weiß, die Schein-Argumente von Strauß, Kohl & Co entkräften.
Denn der am Wählerwillen vorbei manipulierte Regierungswechsel in Bonn vom Herbst 1982 soll – auch wenn die Unionsführung dies wortreich zu leugnen versucht – vor allem der Wiederaufnahme einer schon einmal gescheiterten ›Politik der Stärke‹ dienen. Die sowjetische Führung soll in die Knie gezwungen und ihr Machtbereich in Europa drastisch verengt werden – zumindest zurück auf die Grenzen von 1939. Das aber birgt das Risiko eines Atomkriegs in Europa, bei dem, gleich wer am Ende gewinnt, die Europäer, vor allem aber die Deutschen, vernichtet werden würden.
Auch muß, wer die Sowjets in Europa zurückdrängen will, dabei bedenken, daß ihr Vordringen bis zur Elbe nicht die Folge eines von Moskau begonnenen Eroberungskriegs war, sondern das Resultat des unprovozierten deutschen Überfalls auf die Sowjetunion im Sommer 1941 unter Bruch des Nichtangriffspakts von 1939. Damals kamen die Amerikaner der Sowjetunion zu Hilfe, und als Sieger über Nazi-Deutschland schufen sie dann gemeinsam den jetzigen Zustand in Europa, wie ihn Strauß, Kohl & Co, nun im Bündnis mit Washington, wieder verändern wollen – wieder ohne Rücksicht auf die entsetzlichen Folgen, die das für uns haben könnte.

Wenn zwei das gleiche tun

In der Schlußphase des Zweiten Weltkriegs legten die gegen Hitler-Deutschland verbündeten Mächte auf den Konferenzen von Teheran und Jalta die Grenzen ihres künftigen Einflusses fest. In bezug auf Europa wurde schon damals, 1943/1944, zwischen der Sowjetunion und den Westmächten vereinbart, daß die Ostgebiete Finnlands, die baltischen Republiken Estland, Lettland und Litauen, das nördliche Ostpreußen, das östliche Polen sowie das zuvor rumänische Bessarabien zur Sowjetunion gehören sollten, Polen dafür mit den deutschen Gebieten östlich der Oder-Neiße-Linie entschädigt werden würde.
Die sowjetische Besatzungszone in Deutschland sollte das Gebiet zwischen Elbe und Oder, in Österreich das Burgenland, Niederösterreich sowie Oberösterreich nördlich der Donau umfassen. Die aus der sowjetischen Besatzungszone Deutschlands hervorgegangene DDR, Polen, die Tschechoslowakei, Ungarn, Rumänien, Bulgarien, Jugoslawien und Albanien sowie Finnland wurden dem sowjetischen Einflußbereich zugerechnet, das ganze übrige westliche Europa zur Interessensphäre der Westmächte unter Führung Washingtons. Nur hinsichtlich Griechenlands wurde keine klare Vereinbarung getroffen.
Bei dieser Aufteilung Europas ist es in den mehr als dreieinhalb

Jahrzehnten, die seither vergangen sind, im wesentlichen geblieben, von einigen bedeutsamen Ausnahmen abgesehen:
So schloß die Sowjetunion 1948 mit Finnland einen Freundschafts- und Beistandspakt, durch den sie sicherstellte, daß das Land nicht unter den Einfluß der NATO geraten konnte; diese »Finnlandisierung«, die im Westen, zumal in der Bundesrepublik, als abschreckendes Beispiel beinahe vollständiger Abhängigkeit hingestellt wurde, hat die Finnen nicht daran gehindert, eine Demokratie nach westlichem Vorbild und eine blühende kapitalistische Wirtschaft zu entwickeln, eine kleine, für die Landesverteidigung ausreichende Streitmacht zu unterhalten und mit Ost und West gleichermaßen regen Handel zu treiben.
Des weiteren räumte die Sowjetunion, nachdem sie 1955, gegen den zähen Widerstand der Westmächte, einen den Forderungen der Österreicher nach völliger Unabhängigkeit entsprechenden Viermächte-Staatsvertrag mit der Wiener Regierung durchgesetzt hatte, ihre österreichische Besatzungszone. Obwohl sich die Alpenrepublik zu »immerwährender Neutralität« verpflichtet hat und nur zur Landesverteidigung Streitkräfte unterhält – atomare und andere Massenvernichtungsmittel sind geächtet und verboten –, kann sie sich, allen einstigen Unkenrufen des Westens zum Trotz, völliger Unabhängigkeit erfreuen und genießt wegen ihrer stabilen Demokratie und florierenden Wirtschaft allgemeine Achtung.
Im Jahre 1948 löste sich das unter Marschall Titos Führung stehende, kommunistische Jugoslawien von allen Bindungen an den Ostblock und hat sich seither seine Unabhängigkeit bewahrt. Auch nach Titos Tod kam es nicht, wie vom Westen düster prophezeit, zu einer militärischen Intervention Moskaus; die jugoslawische Unabhängigkeit und Blockfreiheit blieben unangetastet.
Schließlich rückte auch Albanien frühzeitig vom Ostblock ab,

ging auf einen antisowjetischen Kurs und trat 1968 endgültig aus dem Warschauer Pakt aus, ohne daß es zum bewaffneten Konflikt mit der Sowjetunion gekommen wäre.
Dagegen gab es in Europa seit 1945 vier sowjetische Militärinterventionen: 1953 gegen den Aufstand in der DDR vom 17. Juni, 1956 gegen Unruhen in Posen und die Erhebung in Ungarn sowie 1968 den Einmarsch der Truppen des Warschauer Pakts in die Tschechoslowakei zur Beendigung des »Prager Frühlings«. Jeder dieser militärischen Eingriffe, die sämtlich innerhalb des sowjetischen Machtbereichs stattfanden, wurde vom Westen zwar mit äußerster Empörung aufgenommen und propagandistisch dazu benutzt, die Sowjetunion als brutalen Unterdrücker der Freiheit und des Selbstbestimmungsrechts der Völker hinzustellen, doch wurde jede direkte Einmischung oder gar ein militärisches Eingreifen vom Westen strikt vermieden. Die Sowjetunion ihrerseits wies darauf hin, daß sie in Anbetracht ihrer wachsenden Bedrohung durch die USA und deren Verbündete zu Interventionen gezwungen gewesen wäre, um ihre Sicherheit zu gewährleisten.
Tatsächlich ist die Sowjetunion seit 1945 von den USA nach und nach eingekreist worden. Amerikanische Raketenstationen, Luftbasen, Marinestützpunkte und Landstreitkräfte wurden ringsum immer näher an die sowjetische Machtsphäre herangeschoben. Von Alaska über den Norden Kanadas, Neufundland, Labrador und Grönland, über Island, die nordbritischen Inseln und Norwegen, durch ganz West- und Südeuropa bis ins türkische Ost-Anatolien zog sich der breite Gürtel der NATO, an den sich im Mittleren Osten der CENTO*-Gürtel von der Tür-

* CENTO = Central Treaty Organization. 1955 geschlossener Pakt zwischen Türkei, Iran, Pakistan und Großbritannien zum Zwecke der Kooperation auf dem Gebiet der Sicherheit und Verteidigung

kei über den amerikanisch beherrschten Iran bis Pakistan anschloß. Die SEATO* mit Thailand, den Philippinen, Australien und Neuseeland, dazu amerikanische Verbündete auf Formosa und in Südkorea, US-Stützpunkte in Japan, auf Okinawa und auf zahlreichen weiteren pazifischen Inseln, vervollständigten den Ring.

Vor allem aber verstärkte der Konflikt mit China, das von 1959 an zu den entschiedensten Gegnern der Sowjetunion gerechnet werden mußte, in Moskau das Gefühl, militärisch eingekreist zu sein, wobei die neuntausend Kilometer lange Landgrenze zur Volksrepublik China ein besonderes Problem darstellt.

Dagegen konnten sich die USA als unbestrittene »Herren im eigenen Haus« und auf dem gesamten amerikanischen Doppelkontinent fühlen. Die langen Landgrenzen mit dem verbündeten Kanada und dem auf seine Unabhängigkeit bedachten, aber als Angreifer nicht infrage kommenden Mexiko bedürfen keines militärischen Schutzes. In den mittel- und südamerikanischen Staaten hielten fast überall mit den USA befreundete, häufig von Washington völlig abhängige Regierungen mit Hilfe des Militärs das Volk in Schach und sicherten die Herrschaft der wenigen reichen Großgrundbesitzerfamilien und des nordamerikanischen Konzernkapitals. Wo Washington die Gefahr eines seinen Interessen schädlichen Umsturzes sah, intervenierte es direkt oder indirekt, so 1947 in Paraguay, 1948 in Costa Rica, 1950 auf Puerto Rico oder 1954 in Guatemala, wo Arbenz Guzman als Präsident einen Linkskurs gesteuert und die mächtige nordamerikanische ›United Fruit Company‹ enteignet hatte. Guzman

* SEATO = South East Asia Treaty Organization. 1957 geschlossener Pakt zwischen den USA. Großbritannien, Frankreich, Australien, Neuseeland, den Philippinen, Thailand und Pakistan zum Zwecke gegenseitiger Verteidigungshilfe sowie wirtschaftlicher und technischer Zusammenarbeit

wurde mit Hilfe der USA gestürzt, und eine Militärdiktatur stellte die alten Machtverhältnisse wieder her – so wie zwei Jahrzehnte später in Chile. Auch gegen die wachsenden Unruhen in Panama, die sich vor allem gegen die amerikanische Vorherrschaft richteten, setzten die USA 1956 ihre Streitkräfte ein.
Auf Kuba, wo die USA schon 1901 eine in ihrem Auftrag regierende Militärdiktatur geschaffen und sich in Guantánamo einen großen Flottenstützpunkt gesichert hatten, lag seit 1934 die Macht faktisch allein in den Händen des Generals Batista, gegen den vom Dezember 1956 an eine wachsende Schar von Aufständischen unter Führung von Fidel Castro einen Guerrillakrieg führte. Trotz starker Unterstützung durch die Amerikaner wurde Batista Anfang 1959 von den Castro-Anhängern gestürzt und vertrieben. Die sofort in Angriff genommene Bodenreform, die zur Enteignung der riesigen Zuckerplantagen amerikanischer Konzerne führte, wurde von Washington zunächst mit wirtschaftlichen und politischen Sanktionen beantwortet. 1961 scheiterte ein vom CIA vorbereiteter Invasionsversuch von Exilkubanern in der Schweinebucht.
Die amerikanischen Boykott- und Isolierungsmaßnahmen veranlaßten Fidel Castro, sowjetische Hilfe in Anspruch zu nehmen und von Moskau Schutz vor neuen militärischen Interventionen Washingtons zu erbitten. Das war für die sowjetische Führung eine willkommene Gelegenheit, den USA zu demonstrieren, wie es ist, vor der eigenen Haustür einer ständigen ernsten Bedrohung ausgesetzt zu sein.
Im Herbst 1962 stellte die US-Luftaufklärung fest, daß auf Kuba einige Dutzend Abschußrampen für sowjetische Kurz- und Mittelstreckenraketen gebaut wurden. Damit vollzog Moskau zwar im Grunde nur nach, was die USA gegenüber der Sowjetunion mit der Installierung von Mittelstreckenraketen in West- und Südeuropa sowie in der Türkei seit 1960 bereits durchgeführt

hatte. Aber Washington sah in dem sowjetischen Vorgehen etwas ganz anderes und reagierte mit größter Heftigkeit.
Am 22. Oktober 1962 forderte US-Präsident John F. Kennedy in einer dramatischen, über alle amerikanischen Rundfunk- und Fernsehstationen ausgestrahlten Ansprache den sofortigen Abbau und die unverzügliche Rückführung aller auf Kuba befindlichen sowjetischen Raketen und Abschußanlagen. Er verfügte sodann als erste Sofortmaßnahme die Blockade der Seewege nach Kuba durch die amerikanische Flotte und drohte schließlich mit der Anwendung aller verfügbaren Waffen – also auch des Atompotentials der USA – für den Fall, daß seine Forderungen von der Gegenseite nicht erfüllt würden.
Mit einem Schlag war die Gefahr einer weltweiten atomaren Auseinandersetzung zwischen den Supermächten akut geworden. Bei allen NATO-Stäben wurde bei höchster Alarmbereitschaft mit den Vorbereitungen für den Kriegsfall begonnen, und in den Hauptstädten der mit Amerika verbündeten Staaten herrschte große Nervosität. In der Bundesrepublik gab es einen Run auf die Bankschalter, und die Lebensmittelgeschäfte setzen ihre gesamten Lagerbestände an haltbaren Waren ab. Am 28. Oktober 1962, dem Tag, an dem mit einem Zusammentreffen der für Kuba bestimmten sowjetischen Raketenfrachter mit der amerikanischen Blockadeflotte zu rechnen war, erreichte die Spannung ihren Höhe-, das Verhalten von Franz Josef Strauß seinen Tiefpunkt.
Kurz zuvor hatten sich Moskau und Washington jedoch verständigt. In einer der Botschaften, die der damalige sowjetische Staatschef Nikita Chruschtschow an Präsident John F. Kennedy richtete, hieß es:
»Wie sollen wir ... es bewerten ..., daß Sie die Sowjetunion mit Militärstützpunkten eingekreist haben, ihre Verbündeten eingekreist haben, buchstäblich rings um unser Land Militärstütz-

punkte angelegt und dort Raketenwaffen staioniert haben? ... Sie sind wegen Kuba beunruhigt. Sie sagen, daß es Sie deshalb beunruhigt, weil die Insel neunzig Seemeilen von der Küste der Vereinigten Staaten entfernt liegt. Aber die Türkei liegt nicht nur in unserer Nähe, sie grenzt an unser Land. Unsere beiderseitigen Wachposten gehen auf und ab und blicken einander an. Sie aber halten sich für berechtigt, für Ihr Land Sicherheit und die Entfernung jener Waffen zu fordern, die Sie als offensiv bezeichnen, erkennen uns aber dieses Recht nicht zu ...«
Chruschtschow versicherte Präsident Kennedy sodann, daß die für Kuba bestimmten Raketen keineswegs für einen Angriff auf die USA, sondern ausschließlich der Abschreckung und dem Schutz der Insel vor einem Überfall konventionell bewaffneter Streitkräfte dienen sollten – genauso, wie die Amerikaner die Aufstellung von Mittelstreckenraketen an den europäischen Grenzen der Sowjetunion und in der Türkei mit der Bedrohung ihrer Verbündeten durch die Rote Armee gerechtfertigt hatten. Darüber hinaus bot Chruschtschow dem amerikanischen Präsidenten an, den geforderten Rückzug aller Raketen von Kuba sofort in die Wege zu leiten, wenn die Amerikaner Kubas Sicherheit vor Angriffen zu garantieren und zumindest die in der Türkei stationierten »Jupiter«-Atomraketen abzubauen bereit wären. Daraufhin lenkte auch Kennedy ein.
Zwar gab er dem Kreml-Chef zunächst nur die gewünschte Sicherheitsgarantie für Kuba, wähend von einem Abzug der Raketen aus der Türkei offiziell nicht die Rede war. Aber es muß wohl auch in dieser Hinsicht bindende Zusagen gegeben haben, denn die Moskauer Führung zog ihre SS-4-Raketen sofort von Kuba ab. Schon acht Wochen später, im Januar 1963, traf die amerikanische Regierung mit Ankara und Rom Abmachungen, die zur Entfernung aller »Jupiter«-Raketen, nicht nur aus der Türkei, sondern auch aus Italien führten. Auch die sechzig amerikani-

schen »Thor«-Raketen, die in Großbritannien stationiert waren, wurden abgezogen.
Indessen verschwanden sie alle nicht ohne Ersatz: »An ihre Stelle«, hieß es dazu in einem ›Spiegel‹-Bericht vom Sommer 1981, »trat der damals letzte Schrei der Rüstungstechnik: Atomgetriebene und mit weittragenden Atomraketen vom Typ ›Polaris‹ bestückte Unterseeboote.«
Was seit jener Zeit ebenfalls blieb, waren die auf Westeuropa gerichteten sowjetischen Mittelstreckenraketen vom Typ SS-4 und SS-5, deren Ersatz durch – zielgenauere und in ihrer Sprengkraft beträchtlich verminderte – SS-20-Raketen zu Beginn der achtziger Jahre, also nach fast zwei Jahrzehnten, die heftigen Reaktionen des Westens und die Debatte um die sogenannte »Nachrüstung« ausgelöst hat.
Es verdient indessen festgehalten zu werden, daß von 1962 an Washington und seine Verbündeten das atomare Gleichgewicht im Mittelstreckenbereich – U-Boote mit »Polaris«-Raketen gegen sowjetische SS-4- und SS-5-Mittelstreckenraketen – stets für ausreichend gehalten haben, zumal es ja im Hintergrund auch noch eine Armada von in Europa stationierten amerikanischen Atombombern gab.
Nicht einmal der – sonst ständig den »Ernst der Lage« beschwörende, auf die »Politik der Stärke« vertrauende Bundeskanzler Konrad Adenauer hielt das Gleichgewicht für gefährdet, obwohl seit 1959 schon zehn Prozent der sowjetischen SS-4 und SS-5 ausgereicht hätten, die Bundesrepublik vollständig zu vernichten. Auch als 1974 die sowjetische SS-20-Mittelstreckenrakete in Produktion ging, um die veralteten SS-4 und SS-5 zu ersetzen, gab es im Westen nirgendwo eine warnende Stimme, geschweige denn einen Protest. Niemand behauptete, nun geriete das Gleichgewicht in Gefahr.
Der französische NATO-Admiral a. D. Sanguinetti hat dazu be-

merkt: »Tatsächlich haben die sowjetischen SS-20 ... keine neue Situation geschaffen. Seit 1959 haben die Russen nach und nach 800 Raketen mittlerer Reichweite von Typ SS-4 und SS-5 installiert, deren Sprengkraft im Megatonnenbereich liegt und mit denen sie praktisch ganz Europa erreichen konnten. Die Einführung der SS-20 ... leitete lediglich die Ablösung dieser veralteten Systeme ein. Offensichtlich sind sie vervollkommnet worden; Reichweite und Zielgenauigkeit wurden verbessert, aber selbst mit drei Sprengköpfen statt einem entspricht jede Rakete (des Typs SS-20) einer um die Hälfte verringerten Explosionskraft (der alten Raketen).«

Insgesamt ist festzustellen, daß die neuen sowjetischen Mittelstreckenraketen SS-20 etwa die gleiche Reichweite haben, wie die inzwischen veralteten SS-5, jedoch eine stark verbesserte Treffsicherheit, weshalb ihre Sprengkraft stark verringert werden konnte.

Die SS-20 haben also das atomare Gleichgewicht in Europa keineswegs verändert. Die Bedrohung Westeuropas, besonders der Bundesrepublik, ist durch die SS-20 nicht größer geworden. Die Gefährdung der am höchsten industrialisierten und am dichtesten besiedelten Gebiete Westeuropas hat sich genaugenommen sogar vermindert, weil die Sprengkraft der neuen sowjetischen Waffen etwa um die Hälfte geringer geworden ist. Und noch eins ist festzuhalten:

Die Stationierung sowjetischer Mittelstreckenraketen, die auf Westeuropa zielen, war die Antwort Moskaus auf die sogenannten »Forward Based Systems«, d. h. die vorgeschobenen, nach Europa verlagerten atomaren Waffensysteme der USA, mit denen Amerika den Schauplatz des möglichen Atomkriegs zu verlagern begonnen hatte – weg von der »eigenen Haustür«, nach Mitteleuropa.

Das Jahrbuch des Internationalen Instituts für Strategische Studien in London, Military Balance 1980–1981 (Militärisches Gleichgewicht 1980–1981) machte folgende Angaben über die – in den zwei Jahrzehnten seit der Kubakrise von 1962 ständig modernisierten und ergänzten – »Forward Based Systems« der USA in Europa:

- 108 Pershing A 1-Raketen mit je 1 Sprengkopf, Reichweite 720 km;
- 156 Jagdbomber F-11 zum Transport von je 2 Sprengköpfen, Reichweite 1900 km;
- 324 Jagdbomber F-4 zum Transport von je 1 Sprengkopf, Reichweite 750 km;
- 60 Marineflugzeuge A-6 und A-7, je 2 Sprengköpfe, Reichweite 900–1000 km;
- 40 Poseidon-Raketen auf U-Booten, je 10 Sprengköpfe, Reichweite 4500 km.

Darüber hinaus muß die Sowjetunion auch die Atomwaffen Großbritanniens und Frankreichs in Rechnung stellen.

Milton Leitenberg vom Stockholmer Institut für Internationale Angelegenheiten hat dazu bemerkt:

»Die NATO hat ... ihre taktischen Nuklearwaffen einschließlich der Flugzeuge weitaus häufiger routinemäßig modernisiert und durch neue Generationen ersetzt, als dies bei den taktischen Nuklearwaffen der UdSSR der Fall war. Die Nuklearpotentiale Großbritanniens und Frankreichs befinden sich zur Zeit in einer Modernisierungsphase, was in der Öffentlichkeit gut bekannt ist. Die sowjetischen Mittelstreckenwaffen stellen teilweise ein Gegenstück zu diesen Systemen dar ... Die NATO konnte nicht erwarten, daß die Sowjetunion ihre 15 und 20 Jahre alten SS-4 und SS-5 niemals erneuern werde, zumal es schließlich der Westen war, der sich sechs Jahre lang ... geweigert hatte, über die eigenen vorgeschobenen Nuklearsysteme (Forward Based Systems) zu verhandeln.«

Leitenberg, dessen Studie 1980 in Hamburg, herausgegeben von Freimut Duve, erschienen ist, stellte zusammenfassend fest, »daß die Zahlen, die die heutige große Übermacht der Sowjetunion bei den euronuklearen Potentialen großer Reichweite beweisen sollen, zum größten Teil frei erfunden sind.«
Natürlich gibt es Gründe für diese freie Erfindung, mit der den Westeuropäern, aber auch den amerikanischen Steuerzahlern, etwas schmackhaft, zumindest aber als »unumgänglich notwendig« hingestellt werden soll, was sich ihnen bei strenger Respektierung der Wahrheit niemals aufschwatzen ließe: die sogenannte »Nachrüstung«, die neuerdings auch schlicht als »Modernisierung« verharmlost wird, obwohl es sich in Wahrheit um etwas ganz anderes handelt.
Tatsächlich geht es nämlich bei dieser »Modernisierung« um eine einseitige drastische Erhöhung der Abschreckung, wodurch das Gleichgewicht zugunsten des Westens stark verschoben werden würde. Dies hätte für die USA den großen Vorteil, daß sie einen Atomkrieg mit der Sowjetunion tatsächlich führen und auch gewinnen könnten, ohne selbst Schaden zu nehmen. Denn das entsetzliche Risiko eines atomaren Schlagabtauschs zwischen den beiden Supermächten über die Ozeane hinweg würde beträchtlich schrumpfen – bis nahe Null.
Allerdings verminderte sich das Risiko nur für die USA selbst, nicht für deren europäische Verbündete, bei denen es sich gewaltig erhöhen würde, und am meisten gefährdet wäre das Gebiet, von dem aus der »aussichtsreiche« Atomschlag gegen Sowjetrußland vornehmlich geführt werden soll: die Bundesrepublik Deutschland.
Bereits von 1983 an ist eine »Modernisierung« des amerikanischen Atomwaffenpotentials in Westeuropa vorgesehen: 108 neue Mittelstreckenraketen vom Typ »Pershing 2« und 464 sogenannte Marschflugkörper (Cruise Missiles) sollen stationiert

werden. Die »Pershing 2«-Raketen sind ausschließlich für die Bundesrepublik Deutschland bestimmt, von den ›Cruise-Missiles‹ hingegen »nur« 96.
Bei diesen Marschflugkörpern handelt es sich um ein völlig neuartiges Waffensystem, eine Art unbemanntes Düsenflugzeug mit einem komplizierten Steuerungs- und Orientierungsmechanismus. Die Marschflugkörper können Radarkontrollen unterfliegen, in Bodennähe selbst Bäume und Schornsteinen ausweichen und – bei einer Reichweite von 3700 km – ihre Ziele fast punktgenau treffen.
Was die Mittelstreckenrakete »Pershing 2« betrifft, so wurde sie bereits lange bevor man von der sowjetischen SS-20 etwas wußte, nämlich schon 1969, der amerikanischen Firma Martin Marietta zur Entwicklung in Auftrag gegeben. Im Mai 1971 und im Januar 1972 erteilte Washington der Firma weitere Aufträge für die »Pershing 2«, und im amerikanischen Militärhaushalt für 1975 gab es bereits Mittel für ein eigenständiges »Pershing 2«-Programm.
Die »Pershing 2« ist also keineswegs, wie heute von amerikanischer und interessierter bundesdeutscher Seite aus ständig behauptet wird, »die Antwort auf Moskaus SS-20«, deren Entwicklung erst Jahre später begann. Sie hat auch mit der »Pershing 1«, deren »Modernisierung« sie angeblich sein soll, kaum noch Ähnlichkeit, denn sie kann Ziele bis zu einer Entfernung von 1800 km punktgenau treffen, wogegen die »Pershing 1« nur eine Reichweite von 750 km hat und zudem eine wesentlich geringere Zielgenauigkeit.
Mit den ausschließlich für die Bundesrepublik bestimmten »Pershing 2«-Raketen können erstmals auch sowjetische Industriezentren wie Charkow oder Kaluga erreicht werden, und eine »verbesserte« Version mit einer Reichweite von 2500 km wird in den USA bereits entwickelt.

»Diese Rakete«, berichtete der Rüstungsexperte des ›Spiegel‹, Wilhelm Bittorf, am 9. Februar 1981, »braucht sechs Minuten für den Flug von der Pfalz nach Moskau. Als erste Rakete überhaupt besitzt sie ein ausgepichtes neues Zielanflugsystem, das sie befähigt, ein vorgegebenes Objekt von nur 25 Meter Durchmesser zu treffen: Wenn man ihr ein Computer-Luftbild des Kreml einspeist, dann findet sie den Kreml mit ihrem Radar-Scanner im Moskauer Häusermeer und schlägt präzise in jedem gewünschten Punkt des sowjetischen Herrschaftszentrums ein ... Eine ›Pershing 2‹ ist auf dem Raketenversuchsgelände von White Sands, New Mexico, auch schon erfolgreich mit einem ›Earth-Penetrator‹-Gefechtskopf getestet worden. Das ist ein extrem harter Kopf, der mit 2200 Stundenkilometer Geschwindigkeit auf den Boden aufschlagen kann, ohne zu zerspringen. Der ›Earth-Penetrator‹ dringt vielmehr bis zu zwölf Meter tief in die Erde ein. Dann erst detoniert seine nukleare Ladung und vernichtet unterirdische Befehlsbunker und Raketensilos, gegen die ein über der Erde explodierendes und weniger zielgenaues Atomgeschoß womöglich verpuffen könnte. Kein anderes Waffensystem kann die sowjetische Hauptstadt und das europäische Rußland bis östlich von Moskau so überraschend und zielgenau attackieren wie die verbesserte Pershing und die Cruise-Missiles. Die großen interkontinentalen Landraketen ›Minuteman 3‹ in ihren nordamerikanischen Silos sind zwar auch außerordentlich präzise – aber sie brauchen mehr als 30 Minuten von North Dakota und Montana bis zu ihren sowjetischen Zielen. Die von U-Booten abzuschießenden strategischen Raketen können erheblich näher an diesen Zielen losgelassen werden. Aber sie sind wenig treffsicher und ganz ungeeignet, wenn es darum geht, ein so winziges Punktziel wie einen Befehlsbunker zu zerstören. Die Sowjets haben nichts Vergleichbares gegenüber den USA, es sei denn, sie stationierten ihre SS-20-Mittelstreckenraketen mit

Zielrichtung Washington auf Kuba und riskierten eine Konfrontation am Rand des Abgrunds ... wie 1962 mit Kennedy.
Da Moskau dies nicht kann, selbst wenn es das wollte, ist eine völlig neue strategische Situation im Entstehen begriffen, bei der von einem Gleichgewicht überhaupt nicht mehr die Rede sein kann. Dies als bloße »Modernisierung« oder »Nachrüstung« zu bezeichnen, stellt eine – so Wilhelm Bittorf in seinem ›Spiegel‹-Beitrag – »unverfrorene Verniedlichung« ohnegleichen dar.
Was die amerikanische Führung mit ihrer »Modernisierung« oder »Nachrüstung« in Westeuropa und speziell in der Bundesrepublik tatsächlich bezweckt, ist etwas ganz anderes. Ein wichtiger Teil dieser Pläne wurde kürzlich von Colin Gray und Keith Payne, zwei Mitarbeitern des von dem »Atomdenker« Herman Kahn geleiteten Hudson Institute, in der dem Washingtoner Außenministerium nahestehenden Zeitschrift Foreign Policy unter der Überschrift »Victory is possible« (Sieg ist möglich) mit kaum noch überbietbarer Dreistigkeit wie folgt beschrieben:
»Die erschreckendste Bedrohung für die Sowjetunion wäre die Zerstörung oder schwere Schädigung ihres politischen Systems. Deshalb sollten die USA imstande sein, wesentliche Führungskader, deren Nachrichtenverbindungen sowie einige ihrer internen Kontrollinstrumente zu vernichten. Die Sowjetunion mit ihrem überzentralisierten Machtgefüge und ihrer riesigen Bürokratie in Moskau wäre durch einen solchen Angriff höchst verwundbar. Die Sowjetunion könnte aufhören zu funktionieren, wenn ihr Sicherheitsdienst, der KGB, lahmgelegt würde. Wenn die Moskauer Bürokratie ausgeschaltet, beschädigt oder isoliert würde, könnte die Sowjetunion in Anarchie auseinanderbrechen; deshalb die extensiven Luftschutzmaßnahmen, die das Überleben der Sowjetführung sichern sollen. Wohlüber-

legte Zielplanung durch die USA und die Beschaffung entsprechender Waffen können der Sowjetunion die Gewißheit ihres politischen Überlebens rauben.«
Es lohnt sich, dieses Zitat aus einem Beitrag, der in einer offiziösen, der amerikanischen Regierung nahestehenden Zeitschrift erschienen ist, zweimal zu lesen und sich dabei vorzustellen, dieser Artikel wäre nicht in Washington erschienen, sondern in einer entsprechenden Moskauer Zeitschrift, und er handelte von Plänen zur Vernichtung des Staatsapparats der USA, Frankreichs oder der Bundesrepublik. Welch ein Aufschrei würde durch die ganze westliche Welt gehen! Welche Empörung würden solche »verbrecherischen Pläne der nach Weltherrschaft strebenden Kreml-Herren« auslösen, und was würde man von sowjetischen Beteuerungen friedlicher Absichten dann noch halten?
Nun aber stammen eben diese verbrecherischen Pläne aus den USA, und was ihnen zugrunde liegt, ist höchst simpel: Die amerikanische Führung findet, der ungefähre Gleichstand der strategischen Atomwaffen beider Supermächte schreckte den Kreml nicht genügend ab – sonst hätten die Sowjets nicht gewagt, in Afghanistan einzumarschieren. Daß Afghanistan über rund 1500 Kilometer an die Sowjetunion grenzt und daß Moskau das Land – ob zu Recht oder Unrecht – als zu seiner Machtsphäre gehörig ansieht, interessiert Washington nicht. (Man zieht dort auch keine Vergleiche zu den rund zwei Dutzend militärischen Interventionen der USA seit 1945, ausnahmslos in Ländern, die nicht an die USA grenzen – wie auf den Philippinen, in Malaysia, im Libanon, in Vietnam, Laos und Kambodscha, von den lateinamerikanischen Militär- und Geheimdienstoperationen der Amerikaner ganz zu schweigen.)
Die amerikanische Führung vertritt den Standpunkt, daß ihr alles erlaubt sei, weil es ja »guten« Zwecken dient, der Sowjet-

union hingegen nichts, weil alles, was Moskau macht, kommunistisch und daher »schlecht« sei. Die Einsetzung des Pinochet-Regimes in Chile samt der Ermordung des demokratisch gewählten Regierungschefs Allende war vom Standpunkt Washingtons aus »gut«, ebenso die Schreckensherrschaft des Schahs im Iran mit Hilfe der CIA oder die heutige blutige Militärdiktatur in der Türkei. Hingegen muß man, so finden die Planer in Washington, ein Mittel finden, die Sowjets davon abzuschrekken, »frech« zu werden. Das geht nur, wenn Washington die Bedrohung der Sowjetunion und ihrer Führung drastisch verstärkt.

Mit den »großen« interkontinentalen Atomraketen, so gehen die Überlegungen weiter, ist das nicht zu erreichen. Deren Einsatz, selbst wenn er auf ein, zwei Schläge gegen abgelegene Industriezentren der Sowjetunion begrenzt würde, könnte allzuleicht einen totalen Schlag Moskaus gegen die USA auslösen, und der soll natürlich vermieden werden. Hingegen ließe sich mit der verbesserten »Pershing« und mit den Marschflugkörpern das Ziel Washingtons, die Bedrohung Moskaus enorm zu verstärken, leicht erreichen.

Mit »chirurgischen Einzelschlägen« – wie Colin Gray in ›Foreign Affairs‹ den Einsatz der neuen Waffen gegen Punktziele im Zentrum Moskaus nennt – ließe sich die Kremlführung gewiß einschüchtern, zumal wenn sie weiß, daß auch zwölf Meter tiefe Betonbunker keinen Schutz gegen den »Earth-Penetrator« der »Pershing 2« mehr bieten können.

»So ›chirurgisch‹ könnte man den Kreml aus dem Antlitz der Erde herausoperieren (oder es wenigstens androhen«), heißt es dazu in dem Kommentar von Wilhelm Bittorf im ›Spiegel‹, »daß sich der ... Nebenschaden selbst in Moskau in Grenzen hält. Dann noch das KGB-Hauptquartier ... Vielleicht rennt das Volk dann jubelnd auf die Straßen ... Happy end (meinen Gray und Payne). Denn dann könne man ›die Heraufkunft einer Weltordnung ins Auge fassen, die mit den westlichen Werten vereinbar ist‹. Im Kreml-Bunker pulverisiert zu werden ohne die Chance einer Gegenreaktion: Diese Furcht soll die Sowjetführer in letzter Instanz zu weltweitem Wohlverhalten zwingen.« Soweit Wilhelm Bittorfs Kommentar.

Wenige Tage zuvor, Anfang Februar 1981, erklärte der Vorsitzende der Vereinigten Stabschefs der amerikanischen Streitkräfte, General David Jones, vor dem zuständigen Ausschuß des Senats in Washington:

»Die Sowjets müssen ständig mit der sicheren Aussicht konfrontiert werden, daß ein militärischer Schachzug gegen amerikanische oder alliierte Interessen einen Konflikt heraufbeschwört, dessen geographische Ausdehnung, dessen Ausmaß und Grad der Gewaltanwendung über das hinausgehen, was sie (die Sowjets) zu riskieren bereit sind.«

Dazu Bittorfs Kommentar im ›Spiegel‹:

»Wie meint der General das? Er meint: Wenn die Sowjets vorhaben sollten, die Golfregion mit konventionellen Kräften anzugreifen, dann müßten sie wissen, daß sich die Vereinigten Staaten nicht nur in der Golfregion und konventionell wehren. Dann müßten sie fest damit rechnen, daß sie notfalls chirurgische Atomschläge von Westeuropa aus versetzt bekommen ... Angenommen, der US-Präsident ließe wirklich ein paar ›Pershing 2‹ aus der Pfalz nach Rußland los, nicht um den Kreml, sondern um wichtige Militäranlagen zu treffen – Kommunikationszentren oder Stabsquartiere zum Beispiel. Dann (meinen die US-Strategen) ständen die Sowjet-Führer immer noch vor der Wahl, lieber leicht beschädigt zur Vernunft zu kommen, als den großen Schlag gegen Amerika und so den eigenen Untergang auszulösen. ›Eskalationskontrolle‹ heißt im Strategen-Jargon dieses mit den Russen zu spielende russische Raketen-Roulette: Immer den

Finger zuerst am Drücker haben und dem Gegner die ›Option‹ aufzwingen, ob er es noch schlimmer haben oder einlenken will. Nicht zuletzt diesem Zweck soll die ›Nachrüstung‹ dienen ...«
Denn zur Abschreckung oder zum Zweitschlag, also zur Vergeltung eines sowjetischen Angriffs mit SS-20-Raketen, reicht das Atomwaffenpotential der NATO noch allemal. Auch wenn es nicht ausreichte, hätte eine Verstärkung der NATO-Atommacht nur dann einen Sinn, wenn entweder die zusätzlichen Raketen nicht zu Lande, sondern auf See, beispielsweise auf schwer auszumachenden U-Booten, stationiert würden, wo sie vor einem Überraschungsangriff der Gegenseite sicher sind – oder wenn man die neuen Waffen zu einem Erstschlag, zu einem Überraschungsangriff auf die Sowjetunion, benutzen will.
Das hat Bundeskanzler Helmut Schmidt schon 1961 erkannt, als er schrieb: »Jedermann weiß, daß einstweilen alle in Europa stationierten Mittelstreckenraketen nur zum Erstschlag, niemals aber zum Zweitschlag geeignet sind.«
Die zur angeblichen »Nachrüstung« vorgesehenen »Pershing 2«-Mittelstreckenraketen haben, ebenso wie die Marschflugkörper, nur »Sinn«, als Erstschlags-, als Überraschungs-Angriffswaffen, als äußerst wirksame Mittel, die Sowjetunion in die Rolle des willfährigen Unterlegenen zu zwingen – oder zu vernichten.
Es gibt indessen noch ein anderes strategisches Ziel, das die USA mit der »Nachrüstung« verfolgen: Indem sie sämtliche »Pershing 2«-Mittelstreckenraketen und fast hundert Marschflugkörper in der dichtbesiedelten, hochindustrialisierten und wegen der Vielzahl besonders empfindlicher Kernkraftwerke, Großraffinerien und Anlagen der Chemie-Industrie innerhalb und nahe ihrer Grenzen besonders gefährdeten Bundesrepublik Deutschland aufstellen und damit Westdeutschland zur Abschußrampe der verschärften Abschreckung machen wollen,

verlagern sie ihr eigenes Risiko weitgehend vom amerikanischen Kontinent weg an den Rhein und an die Donau. Die transatlantische »Schicksalsgemeinschaft«, von der in Bonn und Washington so häufig geschwärmt wurde, könnte dann leicht so funktionieren, daß im Fall eines amerikanisch-sowjetischen Konflikts irgendwo in der Welt – am Persischen Golf, im Fernen Osten oder in Zentralafrika – der große Partner in der westlichen Allianz Schicksal spielt und den kleineren Partner, die Bundesrepublik, seinem Schicksal überläßt: der atomaren Vernichtung durch einen Zweitschlag der von bundesdeutschem Gebiet aus mit einem Überraschungs-Erstschlag angegriffenen Sowjetunion.

»Die Sowjetunion wird vermutlich davon ausgehen«, schrieb der 1981 aus der CSU ausgeschlossene Bundeswehr-Oberstleutnant a. D. und Friedensforscher Alfred Mechtersheimer zu den »Nachrüstungs«-Plänen, »daß der amerikanische Präsident dann früher zum Einsatz von taktischen Atomwaffen bereit ist, wenn er durch die Mittelstrecken-Stationierung in Westeuropa die Risiken des Atomkriegs stärker auf Europa verlagern kann.« Mechtersheimer spricht von einer »Europäisierung der Atomkriegsgefahr«, die es Präsident Ronald Reagan erlauben würde, mit dem Abschreckungspotential aggressiver zu hantieren, weil ja das Territorium der USA selbst bei einem atomaren »Schlagabtausch« in Europa nicht mehr unmittelbar und automatisch gefährdet wäre.

Eine solche Nichtgefährdung der USA entspricht den amerikanischen Vorstellungen vom Krieg. Denn Großstädte, die über Nacht zu rauchenden Trümmerhaufen wurden, blühende Provinzen, die sich in Mondlandschaften verwandelt haben, auch das Elend von Millionen Flüchtlingen, hat die Bevölkerung der Vereinigten Staaten immer nur als ein fernes Geschehen kennengelernt, obwohl im gesamten Zweiten Weltkrieg etwa 300000

GIs auf von den USA weit entfernten Kriegsschauplätzen fielen. Die Grauen der beiden Weltkriege haben die USA verschont, und so wird den Amerikanern nicht einmal so recht bewußt, was sie mit ihrem an sich begreiflichen Wunsch, das Risiko eines neuen, diesmal für die Zivilbevölkerung noch unvergleichbar schrecklicheren Kriegs von sich auf andere abzuwälzen, den Europäern zumuten. Sie meinen, die Abschreckung gelte ja nur den Sowjets und solle allein im kommunistischen Machtbereich Furcht verbreiten.

»Aber«, so Wilhelm Bittorf im ›Spiegel‹ vom 9. Februar 1981, »diese verschärfte Abschreckung der Sowjets ist gar nichts gegen den Schrecken, in dem die Bewohner der Bundesrepublik«, sollte die »Nachrüstung« Wirklichkeit werden, »fortan leben müßten; gegen die Todesfurcht, die sie bei jeder Krise am Golf befiele. Denn wenn in der Konfrontation die Nerven versagen, dann haben die Bundesdeutschen und ihre Nachbarn so viel Chancen wie die Einwohner von Hiroshima am 6. August 1945 ...«

Die »Europäisierung der Atomkriegsgefahr«, wie Alfred Mechtersheimer die Risikoverschiebung zum Nachteil der Alten Welt, besonders der Bundesbürger, genannt hat, ergibt sich zwangsläufig daraus, daß die europäischen Staaten – und vor allem diejenigen, die der Lagerung und Aufstellung amerikanischer Atomwaffen zugestimmt haben – bei einem zukünftigen Konflikt der beiden Supermächte unweigerlich die ersten Opfer sein werden. Schon die Tatsache, daß die Flugzeit der »Pershing 2«-Raketen nur wenige Minuten beträgt, schließt Verhandlungen über den »heißen Draht« völlig aus. Washington kann sich mit Moskau erst zu verständigen versuchen, wenn der »Schlagabtausch« in Europa bereits vorüber ist – mit allen seinen irreparablen Folgen, sowohl für die Menschen in der Sowjetunion wie für die vom Gegenschlag getroffenen Westeuropäer.

Im strategischen Konzept Washingtons aber sind die Verluste der Westeuropäer schon vorausberechnet. Nach einer Mitteilung des amerikanischen Kernphysikers Henry W. Kendall vom Massachusetts Institute of Technology (MIT), rechnet Washington mit »mindestens hundert Millionen Toten auf dem europäischen Kriegsschauplatz«.
Die Bundesrepublik Deutschland als der größte und wichtigste militärische Stützpunkt der USA außerhalb des amerikanischen Kontinents, auf dem schon heute etwa siebentausend Atomsprengköpfe lagern und der künftig, bei durchgeführter »Nachrüstung«, sämtliche 108 »Pershing 2«-Raketen sowie 96 Marschflugkörper stationieren soll, wäre zweifellos das Zentrum einer solchen, vom Pentagon bereits ins Auge gefaßten Katastrophe. Dieser Preis für den »möglichen Sieg« der USA, den allein Europa und vor allem die Bundesrepublik zu bezahlen hätten, erscheint den Planern in Washington nicht zu hoch.
Alle Kenner der heutigen Washingtoner Regierung stimmen darin überein, daß sowohl Präsident Ronald Reagan und seine engsten Berater Meese und Pipes als auch sein Verteidigungsminister Caspar Weinberger »keinerlei Kenntnis von der Welt jenseits der amerikanischen Grenzen« haben und »die Regierung in den Händen von Amateuren und Provinzlern liegt, die in dem Widerstand, den die Wirklichkeit ihren Ansichten entgegensetzt, eine kosmische Gotteslästerung sehen«. So der amerikanische Politikwissenschaftler Norman Birnbaum.
Sie sind wild entschlossen, die USA zur alleinigen Führungsmacht in der Welt zu machen. Da die andere Supermacht, die Sowjetunion, diesen Plänen noch im Wege steht, muß sie durch äußerste Bedrohung zur Unterwerfung gebracht oder vernichtet werden. Das Risiko eines sowjetischen Gegenschlags soll künftig vornehmlich Westeuropa tragen, das militärisch für die USA nichts anderes bedeutet als eine vorgeschobene Bastion. General

a. D. Nino Pasti, zuletzt Stellvertreter des Oberkommandierenden der NATO in Europa und zuständig für den Bereich der Atomwaffen, hat es so ausgedrückt:
»Anliegen der amerikanischen Doktrin ist in der Tat nicht die Verteidigung Europas, die stets und ständig nur im Zusammenhang mit der Verteidigung US-amerikanischer Interessen gesehen wurde.«
Politisch sind die amerikanischen Verbündeten in Europa für Washington nur lästig, zumal wenn sie, wie es Bundeskanzler Helmut Schmidt zäh versucht hat, die Entspannungspolitik aufrechterhalten und auf ernsthafte Abrüstungsverhandlungen drängen.
Auch wirtschaftlich sind die Westeuropäer und zumal die Bundesrepublik der Regierung in Washington sehr unbequem geworden. Als Anfang 1981 vier bekannte Institute – der amerikanische »Council on Foreign Relations«, das Forschungsinstitut der Deutschen Gesellschaft für Auswärtige Politik in Bonn, das Institut Français des Relations Internationales, Paris, und das Londoner Royal Institute of International Affairs – einen gemeinsamen Bericht, betitelt »Die Sicherheit des Westens – Neue Dimensionen und neue Aufgaben« vorlegten, ergab sich daraus eine beträchtliche wirtschaftliche Machtverschiebung zugunsten Europas und zum Nachteil der USA. Denn:
1. sei die EG heute als Ganzes so reich wie die USA geworden;
2. habe sich die EG auf dem Weltmarkt häufig als konkurrenzfähiger als die USA erwiesen;
3. sei die Neigung der Europäer stärker geworden, ihre Interessen gegenüber den Amerikanern kräftiger zu vertreten.
»Es vollzog sich«, schrieb dazu ›US News and World Report‹ im Januar 1980, »ein relatives Anwachsen der EG-Wirtschaftsmacht und eine relative Schwächung jener der USA. Das hatte eine Vergrößerung des außenwirtschaftlichen und außenpoliti-

schen Spielraums der westeuropäischen Länder zur Folge, der mit einer Profilierung ihrer eigenständigen Interessen einherging. Die amerikanische Führungsrolle degenerierte zur ›atlantischen Partnerschaft‹.«
Washingtons Rezept zur Heilung dieser anhaltenden wirtschaftlichen Schwäche der USA lautet: Wettrüsten, und die europäische Konkurrenz soll ebenfalls ihre Militärausgaben kräftig erhöhen. Vor allem aber sollen die Deutschen herunter vom hohen Roß ihres »sozialen Besitzstands«, und Bonn soll sich wieder stärker der Tatsache bewußt werden, wer letztlich in der Bundesrepublik das Sagen hat.

Während der Kanzlerkandidat der SPD, Hans Jochen Vogel, in Washington um einen Verzicht auf die sogenannte ›Nachrüstung‹ warb, versprach Helmut Kohl bei seinem Besuch im Weißen Haus, er werde nach seinem Sieg am 6. März 1983 die neuen amerikanischen Atomwaffen in der Bundesrepublik sofort stationieren lassen und jeden Widerstand der Bevölkerung brechen. Der »Raketenkanzler Kohl«, wie er in den USA bereits genannt wird, hat sich dazu von Präsident Reagan Wahlkampfhilfe erbeten – bis zum Wahltag sollen die Amerikaner sich sanft und abrüstungsbereit geben ...
Auch Kohl selbst führt seinen Wahlkampf auf »weicher Welle« – mit unverbindlichem Geschwätz, wobei viel von Friedensliebe, Harmonie und Volksgemeinschaft die Rede ist. Das Schimpfen überläßt er seinen Wahlhelfern, wobei CDU-Generalsekretär Heiner Geißler Töne anschlagen darf, wie man sie sonst nur von Strauß oder Dregger gewohnt war.
Dazu schrieb die rechtsliberale »Süddeutsche Zeitung« am 10. Januar 1983:
Die Mahnung des Bundespräsidenten an die Parteien, einen fairen und sachlichen Wahlkampf zu führen, war noch kaum

verhallt, da zeigte CDU-Generalsekretär Heiner Geißler schon, was er von solchen Regeln hält. Geißlers böser, auf die moralische Vernichtung des politischen Gegners zielender Satz, alle »anständigen Deutschen« müßten sich am 6. März von den Sozialdemokraten abwenden, läßt für die nächsten Monate Schlimmes befürchten. Wenn es das ist, was der CSU-Landesgruppenvorsitzende Theo Waigel unter »härterer Gangart« versteht, welche die Regierungsparteien jetzt anschlagen wollten, dann braucht man sich um Anstandsabkommen gar nicht erst zu bemühen.

Denn zur Frivolität kommt häufig auch noch die Scheinheiligkeit hinzu, und auch dafür bot der Ludwigshafener CDU-Kongreß ein Musterbeispiel. Dort folgte auf Geißler der Kanzler Helmut Kohl, der die Partei gleichsam väterlich ermahnte, die Bürger mit »Argumenten« zu überzeugen, statt sie, wie es vorher geschehen sei, zu verblenden. Weder eine Schiedsstelle noch ein Abkommen können derart raffinierte Methoden verhindern, deren sich gerade eine frisch an die Macht gekommene Regierungspartei schämen sollte. Wenn die Parteien gesonnen sind, den Wahlkampf wieder nur als Schlammschlacht zu führen, brauchen sie sich um papierene Formeln nicht erst zu bemühen. Es ist dann besser, den Wählern die Rolle des Schiedsrichters zu überlassen, und zwar mit dem wirksamsten Instrument, das sie haben: ihrem Stimmzettel am 6. März.